~ *Dedicatoria* ~

Dedicado a Deborah Faith Murdock Johnson,
Mi hermana, mi confidente y conversadora favorita
en la Tierra.

Por ti, estoy lleno de energía y motivado a terminar los libros
que Dios pone en mi corazón. Gracias por derramar tu vida
entera en la obra de Dios.

Mike

Tu *Futuro* Lo Decide
La Persona En
Quien Eliges *Creer.*

-MIKE MURDOCK

~ Una Palabra Del Editor ~

"Hermana…Estoy sentado aquí en la pista de despegue de Charlotte…a 40 minutos de mi reunión privada con un pequeño grupo de mis socios. Estoy tan cansado, pero oh, el gozo que siento cuando veo sus rostros y su hambre por la Sabiduría de Dios".

Era difícil escuchar con los motores del jet listos para despegar pero mi hermano, el Dr. Mike Murdock, me siguió hablando de una de sus socias quien a pesar de enfrentar numerosos obstáculos iba a estar en la reunión…su agradecimiento por el esfuerzo de de ella en buscar la Sabiduría de Dios era fascinante. Esto de inmediato me recordó a la mujer del flujo de sangre que por tantos años perseveró…HASTA.

Renunciar es algo *normal* en cada Desfile de Pensamientos…Sólo que NUNCA debe estar en La Lista de Opciones.

Aunque mi hermano es conocido por su Unción Financiera…el mensaje subyacente en todo lo que mi hermano me ha enseñado es que Renunciar…no es una Opción…jamás. "Persevera. Siempre hay algo que aprender en cada batalla. APRENDE…CRECE…TRIUNFA. GANA".

Cada Llave de Sabiduría escrita en este libro, tendrá algún significado para ti. Sus Llaves de Sabiduría funcionan para mí como directrices…y lo serán también para ti. Tú querrás tener este libro contigo…cada día.

Cada Llave de Sabiduría llegó a *través* de una Lección de la Vida. Algunas fueron recibidas con gran gozo…otras causaron un profundo impacto con un entendimiento que desgarraba el corazón…pero TODAS eran esclarecedoras y llenas de poder.

¿Por qué escribiría alguien 1,001 Llaves de Sabiduría…si cientos de las buenas, las malas, y las muchas áreas dolorosas de la vida…están contenidas en cada una de estas extraordinarias y memorables Llaves de Sabiduría?

Recuerda a Jesús en Sus viajes…**Era obligado pasar por Samaria**…*estoy cansado…debo descansar…quizá en otra ocasión…ni siquiera soy de aquí*…pero ooohhh, el dolor que siento… **"Tengo que ir"**…*alguien necesita lo que yo sé…lo que yo he descubierto…lo que yo tengo…quien yo soy.*

Este libro…está inspirado con esa *misma* pasión…esa *misma* revelación…esa *misma* unción…esa *misma* Asignación.

Hay MUCHAS NECESIDADES. Estas Llaves de Sabiduría son RESPUESTAS…respuestas a muchas Preguntas embotelladas dentro de cada uno de nosotros. Algunos ya estamos demasiado cansados para preguntar…demasiado desfallecidos para alcanzar.

Jesús Fue. Y a través de las Escrituras…Revelaciones… Lecciones de la Vida…Llaves de Sabiduría…Hoy, ÉL todavía designa…asigna…y envía…A Quien Está Dispuesto a Perseguir…a Proclamar…a Publicar. Mike Murdock respondió El Llamado.

Mi precioso hermano, Dr. Mike Murdock, ha entregado su vida…para APRENDER para que puedas CONOCER La Sabiduría de Dios.

Dios siempre te enviará una Respuesta.

1,001 Llaves de Sabiduría de Mike Murdock, es una Bóveda de Respuestas a Toda Pregunta que no pudiste hacer.

Cuando leas este libro…*Prepárate*…**Tu Vida habrá realizado un cambio.**

Deborah

TABLE OF CONTENTS

Todas las citas de las Escrituras fueron tomadas de la Biblia Reina-Valera Revisión 1960, con excepción de las que indican alguna otra.

1,001 Llaves de Sabiduría de Mike Murdock

ISBN 1-56394-425-1/SB-293 • Copyright © 2009 por **MIKE MURDOCK**

Todos los derechos editoriales pertenecen exclusivamente a Wisdom International.

Compañía Editorial/Editora: Deborah Murdock Johnson

Publicado por: The Wisdom Center • 4051 Denton Hwy. • Fort Worth, TX 76117
1-817-759-0300

Te Enamorarás De Nuestro Website: www.WisdomOnline.com

Traducido y Editado por: Martha Sierra, Maritza Sierra.

1. **Todo Problema En Tu Vida Es Siempre Un Problema de *Sabiduría.***

2. **Cuando Tu *Corazón* Decide El *Destino*, Tu *Mente* Diseñará El *Mapa* Para Alcanzarlo.**

3. **Lo Que *Respetas*, Es Lo Que *Atraerás.***

4. **El Secreto de Tu Futuro Está Escondido En Tu *Rutina Diaria.***

5. **Tus *Recompensas* En La Vida Están Determinadas Por La *Clase de Problemas* Que Estás Dispuesto A Resolver Para Los Demás.**

6. **Lo Que Haces Que Suceda Para *Otros*, Dios Hará Que Suceda Para *Ti.***

7. **Una *Semilla* Fuera de Lo Común Siempre Crea Una *Cosecha* Fuera de Lo Común.**

8 **L**a *Palabra* de Dios Es La *Sabiduría* de Dios.

9 **M**ientras Más *Claras* Sean Tus Metas Mayor Será Tu *Fe*.

10 **T**u *Enfoque* Determina Tus *Sentimientos*.

11 **L**a *Imagen* Que Tienes de *Ti Mismo* Determina Tu *Propia Conducta*.

12 **T**u Respeto Hacia El *Tiempo* Es Una Predicción de Tu Futuro *Financiero*.

13 **T**us Decisiones Determinan Tu *Riqueza*.

14 **L**a *Instrucción* Que Sigues Determina El *Futuro* Que Creas.

15 El Único Dolor de Dios Es Que Se *Dude de Él*...El Único Placer de Dios Es Que Se *Crea En Él*.

16 Tus *Metas* Eligen A Tus Mentores.

17 Tu Éxito Esta Decidido Por Aquello Que Estas *Dispuesto A Ignorar.*

18 La Atmósfera Que Creas Determina El Producto Que Produces.

19 El Tamaño de Tu Enemigo *Determina* El Tamaño de Tus *Recompensas.*

20 Tu *Asignación* Es Siempre *El Problema* Por El Que Dios Te Creó Para Que *Resuelvas* Para Otros.

21 Lo Que Estás Dispuesto A *Dejar Atrás* Determina Lo Que Dios *Te Traerá.*

22 Tu *Futuro* Lo Decide La Persona En Quien Eliges *Creer*.

23 Los Cambios En Tu Vida Siempre Serán Proporcionales A Tu *Conocimiento*.

24 La *Recompensa* Del Dolor Es La *Voluntad* de Cambiar.

25 Todo Lo Que Es Permitido *Aumenta*.

26 Cualquier Cosa Que Cautive Tu Atención *Se Convierte* En *Tu Amo*.

27 Tu Vida Es Lo Que Eliges *Recordar*.

28 Cuando *Quieres* Algo Que Nunca *Has Tenido,* Tienes Que *Hacer* Algo Que *Nunca Has Hecho*.

29 Lo Que Escuchas *Repetidamente* Lo Terminarás *Creyendo.*

30 Todos Los Hombres Caen, Los *Grandes* Se *Levantan de Nuevo.*

31 No Puedes *Corregir* Lo Que No Estás Dispuesto A *Confrontar.*

32 Solo Serás Recordado Por Dos Cosas En La Vida: Por Los Problemas Que *Resuelves* O Por Los Que *Creas.*

33 Dios Nunca Consulta Tu Pasado Para Determinar Tu Futuro.

34 Cualquier Movimiento Hacia El Orden Crea Placer.

35 Si Insistes En Tomar Algo Que Dios *No* Te Dio, Él Retirará *Algo* Que *Sí Te Dio.*

36 La Evidencia de La Presencia de Dios Sobrepasa Por Mucho La Evidencia de Su Ausencia.

37 Nunca Te Quejes de Aquello Que Permites.

38 Ve A Donde Eres *Celebrado* En Vez de Ir A Donde Eres *Tolerado*.

39 Un Día de *Favor* Vale Lo Que Mil Días de *Labor*.

40 La *Guerra* Siempre Rodea El Nacimiento de Un *Milagro*.

41 El Quebrantado Se Hace Maestro En Restaurar.

42 Prosperidad Es Simplemente Tener La Suficiente *Provisión* Divina Para Realizar Una *Instrucción* Divina.

43 Una Hora En La Presencia de Dios Revelará Cualquier Falla de Los Proyectos Mejor Planeados.

44 El Enojo Es El Lugar de Nacimiento de Las *Soluciones*.

45 La Voluntad de *Logro* Da Nacimiento A La *Capacidad de Cambio*.

46 Nunca Gastes Más Tiempo En Una *Crítica* Del Que Le Darías A Un *Amigo*.

47 El Acceso Es *Primeramente* Un Regalo, Después Una *Prueba, Finalmente* Una Recompensa.

48 El Magnetismo de Tu *Bondad* Estará Por Encima Del Recuerdo de Tu *Genialidad*.

49 Cuando *Tú* Sueltes Lo Que Está En *Tu Mano, Dios* Soltará Lo Que Está En *La Suya*.

50 Nunca Rescribas Tu Teología
Para Acomodar Una Tragedia.

51 La Crisis Siempre Ocurre En La
Curva Del Cambio.

52 Nunca Serás Más Grande Que
Una Batalla, Simplemente Debes
Aprender A Combatir.

53 Tus *Recuerdos* Te Esclavizarán
Más Que Cualquier Injusticia.

54 Tu Sentido de Valor No Está En
Tu *Similitud* Con Otra Persona,
Sino En *Lo Que Te Distingue* de
Ella.

55 Lo Que Puedes *Tolerar,*
No Lo Puedes Cambiar.

56 Las Etapas de Tu Vida
Cambiarán *Cada Vez Que*
Decidas Usar Tu Fe.

57 **C**uando Le Pides A Dios Un *Milagro,* Él Siempre *Te* Dará Una *Instrucción.*

58 **A**quello Que *Hace Falta* En Tu Vida Es Algo Que *Todavía* No Has Valorado Verdaderamente.

59 **T**u Reacción A La *Grandeza* Revela Tu *Carácter.*

60 **E**l Honor Es La Semilla Para La Longevidad: de La Vida O de Las Relaciones.

61 **T**us *Palabras* Son Las Semillas De...Los *Sentimientos.*

62 **L**os Amigos Crean La *Comodidad;* Los Enemigos Crean El *Cambio.*

63 **A**lguna Cosa En Tu Mano Puede Crear Cualquier Cosa Que Quieres En Tu Futuro.

64 **D**esconfiar de La Persona Correcta Crea Más Pérdidas Que El Error de Confiar En La *Persona Equivocada.*

65 **T**odo Lo Bueno Es Odiado Por Todo Lo Malo.

66 **U**n Sueño Fuera de Lo Común Requerirá de Un *Mentor* Fuera de Lo Común.

67 **L**o Que Te *Entristece* Es Una Pista A Lo Que Dios Te Ha Asignado *Sanar.*

68 **C**ada Ambiente Exige Un Código de Conducta Para *Entrar* A Él O Para *Permanecer* En Él.

69 **G**randeza No Significa Ausencia de Defectos—Sino La Disposición A Vencerlos.

70 **C**ada Acto de Obediencia Acorta La Distancia A Cualquier Milagro Que Estés Persiguiendo.

71 Tu Reacción A La Palabra de Dios Es La Fotografía de Tu Respeto A Dios.

72 El Problema Que Más Te *Enfurece* Es El Problema Que Dios *Te* Asignó Para Que Resuelvas.

73 La Falsa Acusación Es La Etapa Previa A La Promoción Sobrenatural.

74 Los Milagros Ocurren Tan Rápido Como Las Tragedias.

75 La Diferencia Entre Trascendencia E Intrascendencia Es Un Enemigo...Que Has Decidido Confrontar.

76 Cuando La Gente Errónea *Se Va* de Tu Vida, *Dejan* de Suceder Cosas Malas.

77 La Semilla de Fe Es Sembrar Lo Que Te Fue Dado Para Crear Lo Que Te Fue *Prometido*.

78 La *Desobediencia* Es Siempre *Más Costosa* Que La Obediencia.

79 Un Enemigo Fuera de Lo Común Requerirá *Sabiduría* Fuera de Lo Común.

80 Lo Que Dices No Es Tan Importante Como Lo Que *Recuerdan* Los Demás.

81 Nunca Discutas Tu Problema Con Alguien Incapaz de Resolverlo.

82 El Gozo Es La Recompensa Divina Por Discernir El Propósito Divino Del Momento *Inmediato*.

83 Dios Nunca Responde Al Dolor, Pero Siempre Responde A Tu Búsqueda.

84 Cuando Te Involucras Con El *Sueño de Dios,* Él Se Involucrará Con *Tu* Sueño.

85 **L**a Primera Evidencia de La Sabiduría Es El *Orden*.

86 **L**a Confrontación Es El Intento de *Preservar* Una Relación.

87 **L**os Sabios *Nunca Discuten* Lo Que Quieren Que Los Demás *Olviden*.

88 **L**a Evidencia Del Amor Es La *Pasión Por Agradar*.

89 **E**l Dolor Es La Evidencia Del Desorden.

90 **E**l Endeudamiento Es La Evidencia de La *Codicia*.

91 **D**ar Es La Única Evidencia de Que Has Conquistado La Codicia.

Deja de Ver El Lugar
   Donde Has Estado,
Y Empieza A Ver
   El Lugar Donde
Puedes Estar.

-MIKE MURDOCK

92 Si El Tiempo Sana, Dios Es Innecesario.

93 La Soledad No Es La Ausencia de *Afecto,* Sino La Ausencia de *Dirección.*

94 El Dinero Es Solamente La Recompensa Por Resolver Problemas.

95 El Acceso Es Una Prueba *Continua.*

96 Cuando La *Fatiga* Entra, La *Fe Sale.*

97 La Paciencia Es El Arma Que Fuerza Al Engaño A Revelarse A Sí Mismo.

98 Cualquier Paso Hacia La Autosuficiencia Es Un Paso Alejado de Dios.

99 Tu *Ignorancia* Es El Arma Más Eficaz Que Satanás Posee.

100 Una Mente *Cansada* Difícilmente Toma Buenas Decisiones.

101 Un Sueño Fuera de Lo Común Requiere de *Paciencia* Fuera de Lo Común.

102 Aquello Que No Te Fue Dado Dios Lo Ha Puesto En Alguien Cercano A Ti, Y El Amor Es El Mapa Secreto Del Tesoro.

103 La Evidencia de La Mediocridad Es *El Resentimiento A La Excelencia.*

104 Conducta *Permitida* Es Conducta *Enseñada.*

105 Una Semilla de *Nada* Siempre Crea Una *Etapa de Nada.*

106 Mentoría Significa Sabiduría *Sin* El Dolor.

107 Una Debilidad *No Conquistada* Siempre Da Nacimiento A Una *Tragedia.*

108 El Enojo Sólo Es Pasión Que Requiere Un Enfoque Apropiado.

109 La *Amargura* Es Más Mortal Que La Traición.

110 Una Asignación *Fuera de Lo Común,* Atrae A Un Enemigo *Fuera de Lo Común.*

111 Los Regalos Revelan El Carácter de Quienes Los Reciben.

112 El Dar Es Vaciar Tu Presente Para Llenar Tu Futuro.

113 Obediencia Es La Única Cosa Que Dios Ha Requerido Del Hombre Jamás.

114 Un Negocio Es Simplemente *Resolver* Un *Problema* Por Una Recompensa Pactada.

115 Corrientes de Favor Empiezan A Fluir En El Momento En Que Resuelves Un Problema Para Alguien.

116 Los Campeones Están Dispuestos A Dejar Algo Que *Desean* Para *Proteger* Algo Más Que *Aman*.

117 Un Enemigo *Que No Se Enfrenta* Florecerá.

118 Dios *Crea* Las Estaciones Los Descubrimientos Las *Programan*.

119 Dios Tuvo Un Hijo Pero *Quería* Una Familia; Él Sembró A Su Hijo Para *Crear* A Su Familia.

120 Dios *Envió* A Su Hijo Sin Embargo *Dejó* Su Libro.

121 Los Campeones Están Dispuestos A Hacer Lo Que *Odian* Para Crear Lo Que *Aman*.

122 Todo Lo Que Dios Creó Es La *Solución* A Un Problema.

123 Toda Amistad Alimenta Una *Fortaleza* O Una *Debilidad*.

124 Los *Malos* Tiempos Juntan A La Gente *Buena*.

125 Un Día de *Duda* Creará 365 Días de *Dolor*.

126 Dios Nunca Te Pide Algo Que *No Tienes*; Él Siempre Te Pedirá Algo Que Deseas *Conservar*.

127 El *Orden* Es La Única Obsesión de Dios.

128 La Creatividad Es La Búsqueda de Opciones; El Enfoque Es La Eliminación de Éstas.

129 Si No Sabes A Dónde *Perteneces* Te Adaptarás A Donde *Estás*.

130 Dale A Otro Lo Que No Puede Encontrar En Ningún Otro Lado Y Seguirá Regresando.

131 Tu Persistencia Desmoraliza A Tu Adversario.

132 Los Milagros No Van A Donde Son *Necesitados*—Van A Donde Son *Esperados Con Expectación*.

133 Si Lo Que Tienes En Tu Mano No Es Lo Suficiente Para Ser Tu Cosecha, Debe Ser Tu Semilla.

134 El Acceso Crea *Exigencias;* Las Exigencias Crean *Expectativas* Las Expectativas Crean *Distracción* La Distracción Crea El *Fracaso.*

135 Endeudarte Es Vaciar Tu Futuro Para Llenar Tu Presente.

136 La Provisión *Divina* Sólo Está Garantizada En El *Lugar de Tu Asignación.*

137 Dios Disfraza Sus Mejores Dones En Las Vasijas Más Imperfectas Por Lo Que Solamente Los Más Compasivos Los Disciernen.

138 Los Perdedores Se Enfocan En Lo Que *Están Pasando*; *Los Campeones* Se Enfocan Hacia Donde Están Yendo.

139 El Silencio No Se Puede Citar Falsamente.

140 El Dinero No Te Cambia; Sólo *Magnifica* Lo Que Ya Eres.

141 **E**l Espíritu Santo Es La Única Persona Capaz de Estar *Completamente Satisfecha* Contigo.

142 **D**iligencia Es La Atención *Inmediata* A Una Tarea Asignada.

143 **L**a Inquietud Es Tu Futuro Sollozando A Tus Pies Pidiéndote Instrucciones.

144 **D**ios Nunca Autorizará A Un Hombre A Casarse Con Una Mujer Que Se Rehúse A *Seguir*; Ni A Una Mujer A Que Se Case Con Un Hombre Que Se Rehúse A *Guiar*.

145 **L**os Hombres No Se Ahogan Por *Caer* Al Agua; Se Ahogan Por *Quedarse* Ahí.

146 **E**l Propósito de Los Recuerdos Es *Revisitar* Vivencias Placenteras.

147 **N**ada Sale Del *Cielo* Hasta Que Algo No Deja La *Tierra*.

148 **El** Espíritu Santo Es La *Única* Persona Que Se Requiere Que Obedezcas.

149 **El** Fracaso No Es Un Evento, Sino Una Mera Opinión.

150 **Deja** de Ver El Lugar Donde Has Estado, Y Empieza A Ver El Lugar Donde Puedes Estar.

151 **Lo** Que Tú *Dices* Determina Lo Que Dios Estará Dispuesto A Hacer Por Ti.

152 **El** Dolor No Es Tu Enemigo— Solamente Es La Prueba de Que Tienes Uno.

153 **Lisonja** Es Decir Palabras *Correctas* Por Las Razones *Erróneas*.

154 **Solamente** Un Necio Negocia Con Un Dador.

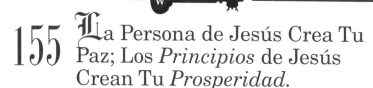

155 La Persona de Jesús Crea Tu Paz; Los *Principios* de Jesús Crean Tu *Prosperidad.*

156 La Fama Genera Persecución; La Persecución Genera Exigencias; Las Exigencias Generan Distracciones; Las Distracciones Generan El Fracaso.

157 La Única Razón Del Fracaso Del Hombre Es Por Un *Enfoque Roto.*

158 Celos Es Creer Que *Otro* Recibió Lo Que *Tú* Merecías.

159 Las Olas de La Desobediencia *de Ayer* Siempre Romperán En Las Costas Del Mañana Durante Algún Tiempo.

160 La Calidad de Una *Nación* Está Revelada Por La Calidad Del *Líder* Que Dios *Permite Que Los Gobierne.*

161 Algo Que *Ya Tienes* Puede Crear *Algo Más* Que Siempre Has Querido.

162 La *Presencia de Dios* Es El Único Lugar Donde Morirán Tus Debilidades.

163 El Enfoque Crea Ceguera.

164 El *Dolor* de Tu *Pasado* Decidirá Tu *Pasión* Por El *Futuro*.

165 Nadie Es Como Parece Al Principio.

166 Satanás Siempre Ataca A Los Que Están En La Fila Próximos A Recibir Una Promoción.

167 La Cura *Más Rápida* Contra La Ingratitud Es La *Pérdida*.

168 La Unción Que *Respetas* Es La Unción Que *Aumenta* En Tu Vida.

169 El Precio Que Dios Estuvo Dispuesto A Pagar Revela El Valor Del Producto Que Vio.

170 Todo Lo Que No Es Reconocido No Es Recompensado, Todo Lo Que No Es Recompensado... Saldrá de Tu Vida.

171 El Problema Más *Cercano A Ti* Es Tu Puerta de Salida de Tus Dificultades.

172 Los *Parásitos* Ven Tus Debilidades Como Una Razón Para *Dejarte;* Los *Aprendices* Ven Tus Debilidades Como Una Razón Para *Quedarse.*

173 El Punto Favorito de Satanás *Para Entrar* En Tu Vida Es Siempre Por Medio de *Alguien Cercano* A Ti.

174 Quien *No Teme A Dios* Da Regalos Para *Manipular Decisiones;* El *Temeroso de Dios* Da Regalos Como *Evidencia de Su Amor.*

175 La Diferencia Entre Las Etapas Simplemente Es Una *Instrucción.*

176 El Precio de La Presencia de Dios Es *Tiempo…En Ella.*

177 La Información Da Nacimiento A La Confianza.

178 El Problema Que Estás *Dispuesto* A Resolver Determina Qué *Persona Te Busca.*

179 Los *Parásitos* Buscan Lo Que Has *Ganado*—Los *Aprendices* Quieren Lo Que Has *Aprendido.*

180 La Lucha Es La Evidencia de Que Aún No Has Sido Conquistado.

181 Quienes No Tienen Tus *Recuerdos No Pueden Sentir Tu Dolor.*

182 Tu Semilla Siempre *Revela* La *Verdadera* Calidad de La Tierra.

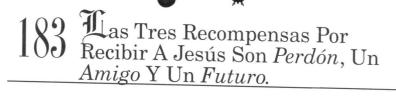

183 Las Tres Recompensas Por Recibir A Jesús Son *Perdón*, Un *Amigo* Y Un *Futuro*.

184 La Integridad No Puede Ser Probada, Solamente *Discernida*.

185 Los Problemas Que Resuelves *Determinan Las Recompensas* Que Recibes En La Vida.

186 La Gente No Siempre Recuerda *Lo Que Dices;* Pero, Siempre. Recuerda *Cómo Se Sintió* Cuando Lo Dijiste.

187 El *Objetivo* de Un Enemigo Es Manchar La *Imagen* Que Tienes *de Ti Mismo*.

188 El *Tiempo* Expondrá Lo Que Un *Interrogatorio* No Puede.

189 La *Calidad* de La Tierra Determina El *Futuro* de La Semilla.

Nunca Te Quejes de Aquello Que Permites.

-MIKE MURDOCK

190 La Voluntad de Dios Es Una *Actitud,* No Un Lugar.

191 Haz Tu Futuro Tan Grande Que Tu Ayer Desaparezca.

192 La Calidad de Tus *Preguntas* Determinará La Calidad de Tus *Descubrimientos.*

193 Popularidad Es Cuando Le Agradas A La *Gente;* Felicidad Es Cuando *Te* Agradas A Ti Mismo.

194 Los *Verdaderos* Amigos Tienen Los *Mismos* Enemigos.

195 Amar Algo Es Considerarlo *Deseable; Respetar* Algo Es Considerarlo *Valioso.*

196 La Calidad de Tu *Semilla* Determina La Calidad de Tu *Cosecha.*

197 Las *Obras* de Dios Nunca Son Proporcionales A Tu *Necesidad* de Él, Sino Proporcionales A Tu *Conocimiento* de Él.

198 No Seas Hallado Nunca Con Algo Que Dios No Quiera Darte.

199 La Etapa de La *Investigación No Es* La Etapa Del *Mercadeo*.

200 Alguien Que Está En Problemas Es Siempre Tu Salida de Un Problema.

201 La Guerra Es La Evidencia de Que Tu *Enemigo* Ha Discernido Tu Futuro.

202 Lo Que Escuchas Determina Lo Que Vas A Estar *Dispuesto A Cambiar*.

203 La Semilla Que Deja Tu *Mano* Nunca Deja Tu *Vida;* Sólo Entra A Tu *Futuro* Donde Se *Multiplica*.

204 Existen Dos Formas Para Incrementar La Sabiduría Los *Errores* Y Los *Mentores*.

205 Los Ojos *Cansados* Difícilmente Ven Un *Buen* Futuro.

206 Quienes Se Sienten Bien Con Tus *Debilidades* Son Posibles Adversarios Contra Tu *Asignación*.

207 Siempre Hay Alguien Observándote Que Tiene La Capacidad de Bendecirte Grandemente.

208 Lo Que No Puedes *Odiar*, No Lo Puedes *Conquistar*.

209 Lo Que Estás *Tratando de Quitar de Tu Vida* Es Algo Que Todavía No Valoras Realmente.

210 Diezmar No Es El *Pago* de Una Deuda—Sino El *Reconocimiento* de Ella.

211 La *Obediencia* Fuera de Lo Común Desata *Favor* Fuera de Lo Común.

212 Nunca Te Quejes de Tu Presente, Si No Estás Dispuesto A Caminar Hacia Tu Futuro.

213 Quienes *Hacen Las Preguntas* Determinan La *Calidad* de Cada Conversación.

214 La Sumisión Comienza Hasta Que El Acuerdo Termina.

215 Cuando Satanás Quiere *Destruirte,* Él Trae Un Engañador A Tu Vida.

216 Cuando Puedes Administrar *Un Día*, Puedes Administrar Tu *Vida*.

217 El *Diezmo* Es La Evidencia de Tu *Obediencia;* La *Ofrenda* Es La Prueba de Tu *Amor.*

218 Lo Que *Entra* A Ti Determina Lo Que *Sale* de Ti.

219 Nunca Es Algo Tan Malo *Como Parece Al Principio.*

220 Quienes Imparten *Conocimiento* También Son Capaces de Impartir *Error.*

221 Lo Que Se Vuelve Familiar Se Hace *Oculto.*

222 Cuando Le Pides A Dios Una *Promoción,* Él Programará Un *Adversario.*

223 Cuando Vuelves A Recordar El *Pasado,* Envenenas El *Presente.*

224 Lo Que Tú Haces *Primero* Determina Lo Que Dios Hace *Después.*

225 Lo Que Ocurre En Tu *Mente* Con El *Tiempo* Sucederá.

226 Nada Dominará Tu Vida Jamás Al Menos Que Suceda *Diariamente*.

227 Quienes Abren La Cerradura de *Tu* Compasión Son Aquellos Para Quienes *Tú* Fuiste Asignado.

228 La Palabra Más Agradable Es Una Palabra Desagradable *No Dicha*.

229 Cuando *Retrasas Una Batalla*, Retrasas Tus *Recompensas*.

230 El Ayer Está En La *Tumba, El Mañana* Está En El *Vientre*—El Único Lugar Donde Siempre Estarás Es En El Hoy.

231 Lo Que Tú *Haces* Es Conforme A Lo Que *Crees*.

232 Lo Que Haces *Diariamente* Determina Lo Que Llegarás A Ser *Permanentemente.*

233 Vístete de Acuerdo Al Lugar Hacia Donde Vas En Vez de Donde Has Estado.

234 Lo Que Te Hace *Sufrir* Es Una Pista A Lo Que Fuiste *Asignado A Sanar.*

235 La *Longevidad* de Toda Relación Está Decidida Por La Voluntad de Perdonar.

236 Cuando Descubres Tu *Asignación,* Descubrirás A Tu *Enemigo.*

237 No Tienes Derecho A Nada Que No Hayas Perseguido.

238 Lo Que Se Te Ha *Dado* Es Suficiente Para Crear Cualquier Cosa Que Se Te Haya *Prometido.*

239 Lo Que *Escuchas* Determina Lo Que *Sientes.*

240 La Gente *Ve* Lo Que Eres Antes de *Escuchar* Lo Que Eres.

241 Lo Que *Odias* Revela Lo Que Fuiste Creado Para *Corregir.*

242 La Evidencia de La Humildad Es La Voluntad de *Alcanzar.*

243 La Gente *Errónea* Da Nacimiento A Etapas de *Tristeza,* La Gente *Correcta* Da Nacimiento A Etapas de *Alegría.*

244 El *Enfoque Elegido* Es El Mundo Que Has Creado Para Ti Mismo.

245 Aquello Que *Siembras* Es Tu *Semilla;* Aquello Que Guardas Es Tu *Cosecha.*

246 La Batalla de La Vida Es Por Tu *Mente;* La Batalla de Tu Mente Es Por *El Enfoque.*

247 *El Protocolo* Te Llevará Más Lejos Que La *Genialidad.*

248 Aquello *Que Más Amas* Es Una Pista Al *Don Que Contienes.*

249 La Evidencia Del Amor Es La *Pasión de Dar.*

250 Tu Asignación Siempre Tendrá Un *Adversario.*

251 Lo Que *Escuchas* Determina Lo Que *Persigues.*

252 Cuando Dios Te Habla de Una *Semilla,* Él Tiene Una *Cosecha* En Su Mente.

253 Cuando *Ignoras* A Dios, Programas Una *Tragedia.*

254 Los Hombres de Éxito Hacen *Diariamente* Lo Que Los Hombres Sin Éxito Hacen *Ocasionalmente.*

255 Nunca Serás Responsable Por El Dolor de Quienes Han *Ignorado Tu Consejo.*

256 La Evidencia Del Amor Es La *Obsesión de Proteger.*

257 Tus Metas Fuerzan A Todo Adversario A *Revelar* Su Oposición Contra Ti.

258 Las Madres Deciden Lo Que Las Hijas *Recuerdan;* Los Padres Deciden Lo Que Los Hijos *Creen.*

259 Cuando Le Pides A Dios Una *Cosecha*, Él Siempre *Te* Pedirá Una *Semilla.*

260 La Mentoría Crea Éxito Sin El Tiempo de *Espera*.

261 La Atmósfera Que Creas Determina El Futuro de Tu *Debilidad*.

262 Solamente Recordarás *Algo Que Enseñas*.

263 La Evidencia Del Amor Es La Voluntad de *Cambiar*.

264 La *Imagen* Que Tienes *de Ti Mismo* Determina La *Clase de Enemigo* Que Estás Dispuesto A Confrontar.

265 *Donde* Estás Determina Lo Que *Muere* Dentro de Ti.

266 Cuando Abres *Tus Manos*, Dios Abrirá *Sus Ventanas*.

267 **D**onde Estás Determina Lo Que *Crece* Dentro de Ti—Tu Debilidad O Tu Fortaleza.

268 **E**l Primer Paso Hacia El Éxito Es La *Disposición A Escuchar.*

269 **N**o Puedes Ser Lo Que No Eres, Pero Sí Puedes *Llegar A Serlo.*

270 **L**a Evidencia Del Amor Es La Disposición Para *Corregir.*

271 **L**a Importancia de Tu Asignación Es Revelada Por La Intensidad de Tu Adversidad.

272 **L**a Evidencia Del Amor Es La Disposición A *Escuchar.*

273 **C**uando *Siembras* Lo Que Se Te Ha *Dado, Cosecharás* Lo Que Se Te Ha *Prometido.*

274 Donde Estás Determina Lo Que *Escuchas*; Lo Que *Escuchas* Determina Lo Que *Crees*.

275 La Mayor Cualidad de Éxito Sobre La Tierra Es La *Voluntad de Llegar A Ser*.

276 Tus *Reacciones* Revelan Quién Eres *Realmente*.

277 La Evidencia de La Lealtad Es La *Disposición A No Traicionar*.

278 Tus *Enemigos* Deciden Tus *Promociones*.

279 Tu *Actitud* Determina Tu *Acceso*.

280 Con Tu *Semilla* Puedes *Crear* Lo Que *No Puedes Comprar* Con Tu *Dinero*.

281 La *Actitud* Del Siervo Determina La *Atmósfera* Del Palacio.

282 La Persona Más Peligrosa En Tu Vida Es Aquella Que Alimenta Tus *Dudas.*

283 Nunca Serás Promovido Hasta Que No Estés *Sobrecalificado* Para Tu Asignación *Actual.*

284 La Evidencia Del Orden Es La *Ausencia de Contienda.*

285 La Crisis Es Solamente La Invitación A Un Milagro.

286 Nunca Pongas Tus Ojos En Algo Que No Pertenezca A Tu Futuro.

287 Tu Semilla Es Una Fotografía de Tu Fe.

La Evidencia Del
Orden Es La
Ausencia de Contienda.

-MIKE MURDOCK

288 El *Lugar Donde* Estás Determina Quien *Te Ve.*

289 La Evidencia Del Deseo Es La *Búsqueda.*

290 Sólo Tendrás Un Éxito *Significativo* Con Algo Que Es Una Obsesión.

291 Las Evidencias de Una Autoridad *Legítima* Son: Provisión, Protección Y Promoción.

292 El Honor Debe Ser Tu Semilla Para Que Lo Obtengas Como Cosecha.

293 La Desconfianza Destruye La Pasión.

294 Tu *Semilla* Es Cualquier Cosa Que Beneficia A Otro; Tu *Cosecha* Es Cualquier Cosa Que Te Beneficia A *Ti.*

295 La Adoración Es La Corrección Del *Enfoque.*

296 Ir En *Pos* Del Mentor Revela La *Pasión* Del Aprendiz.

297 Tu Asignación No Es Tu *Decisión,* Sino Tu *Descubrimiento.*

298 Exponer Cualquier Ineptitud Puede Dar Nacimiento A Un Posible Adversario.

299 Lo Correcto *En El Momento Equivocado* Se Convierte En Algo Equivocado.

300 *El Lugar Donde* Estás Es Tan Importante Como *Lo Que* Eres.

301 Tu *Semilla* Es La *Única* Influencia Que Tienes Sobre Tu Futuro.

302 El *Entendimiento* Que Tienes de Dios Determina Tu *Mensaje* A Los Hombres.

303 La Evidencia de La *Prosperidad* Es La Capacidad de *Prestar;* La Evidencia de La *Impaciencia* Es La *Disposición* A *Pedir Prestado.*

304 La *Recompensa* de La Sumisión Frecuentemente Es *Igual* A La Recompensa Del Acuerdo.

305 Dios Te Da Una Familia Para *Prepararte* Contra Un Enemigo.

306 Lo Que *Eres* Perdura Más Allá de Lo Que *Dice* El Hombre Que Eres.

307 La Evidencia Del Respeto Es La *Inversión de Tiempo.*

308 Tu *Diezmo* Es La Evidencia de Tu *Confianza.*

309 No Puedes Tener Una Vida Plena A Menos Que Tengas Una *Vida Pura,* No Puedes Tener Una Vida Pura A Menos Que Tengas Una *Mente Pura;* No Puedes Tener Una Mente Pura A Menos Que *La Laves Diariamente* Con La Palabra de Dios.

310 Tu Sistema de Creencias Fue Elegido Para *Comodidad* O Para *Cambio.*

311 El Secreto Para Conocer A Un Hombre Es *Conocer Sus Recuerdos.*

312 La *Pérdida* Puede Ser Tu Primer Paso Hacia El *Cambio.*

313 Los Ganadores Son Simples Ex Perdedores...*¡Que Se Pusieron Furiosos!*

314 La *Recompensa* Del Dolor Es La Voluntad de *Escuchar.*

315 La Unción En La Que *Siembras* Es La Unción de La Que *Cosechas.*

316 Los *Parásitos* Quieren Lo Que Esta En Tu *Mano; Los Aprendices* Quieren Lo Que Está En Tu *Corazón.*

317 Todo Milagro *Empieza* Con Una *Conversación.*

318 La Gente *Ingrata* Siempre Es Gente *Infeliz.*

319 Lo Único Que Siempre Necesitarás Saber Es *Lo Próximo Que Vas A Hacer.*

320 Tu *Futuro* Está Determinado Por Aquello Que Estás *Dispuesto A Cambiar.*

321 Quienes *Persiguen* La Grandeza Son *Dignos de Ser Seguidos.*

322 Solamente Serás Recordado Por Tu *Obsesión.*

323 La *Persona* de Jesús Te Prepara Para La *Eternidad;* Los *Principios* de Jesús Te Preparan Para La *Tierra.*

324 Cuando Te Involucras Con La *Familia de Dios,* Él Se Involucrará Con *Tu Familia.*

325 Quienes No Pueden *Aumentarte* Inevitablemente Te *Disminuirán.*

326 La *Pérdida* Es Usualmente Un Paso Para Descubrir A *Dios.*

327 Tus Metas Son *Oportunidades* Para Que Tus Amigos *Ratifiquen* Su Lealtad.

328 Quienes Están En *Desacuerdo Constante* Con Tus Decisiones Son Capaces de Ser *Desleales* En Cualquier Momento.

329 Tu *Fe* Decide Tus *Milagros.*

330 Grandeza Es Simplemente Realizar Las Expectativas Divinas.

331 Quienes No Están de Acuerdo Con Tus *Metas* En Cualquier Momento Estarán En Desacuerdo Con Tus *Decisiones*.

332 Quienes Pecan *Contigo* En Cualquier Momento Pecan *Contra Ti*.

333 Nunca Estás Tan Lejos de Un Milagro *Como Parece Al Principio*.

334 La *Imagen* Que Tienes de *Ti Mismo* Determina El Abuso Que Estás Dispuesto A *Soportar*.

335 La Intolerancia A Tu Presente Programa Tu Futuro.

336 El Éxtasis de Un Dador Es Descubrir A Alguien Que Está Calificado Para Recibir.

337 El Orden Es Simplemente El Arreglo Preciso de Las Cosas.

338 Un Futuro Fuera de Lo Común Requiere de Un *Mentor* Fuera de Lo Común.

339 Lo Que Amas Te Recompensará En *Cualquier Momento*.

340 Solamente Puedes Conquistar Algo Que *Odias*.

341 La Prueba de La Impaciencia Son Las *Deudas*.

342 Los Campeones Toman Las Decisiones Que Crean El *Futuro* Que Desean; Los Perdedores Toman Las Decisiones Que Crean El *Presente* Que Desean.

343 Todo Lo Que Hagas Con La Intención de Complacer A Dios No Quedará Sin Recompensa.

344 Tu Reacción Hacia Un Hombre de Dios Determina La *Reacción de Dios* Hacia Ti.

345 Dios Nunca Te Dará Anticipadamente *Nuevas* Instrucciones Más Allá de Tu Último Acto de Desobediencia.

346 Quienes Mienten *Por Ti* En Cualquier Momento Mentirán *Contra Ti*.

347 Cuando Dios Quiere *Bendecirte,* Él Trae Una *Persona* A Tu Vida.

348 Tu *Dolor* Decide Tus *Metas*.

349 Tus *Recuerdos* Reproducen Tu *Pasado;* Tu *Imaginación* Proyecta Imágenes de Tu Futuro.

350 Tú Le Creerás A *Alguien*—Así Que, ¿Por Qué No Creerle A Alguien Bueno?

351 Un Futuro Fuera de Lo Común Requerirá Una *Preparación* Fuera de Lo Común.

352 Tu *Reacción* A Una Instrucción Determina El *Acceso* Que Recibes.

353 Quienes No Respetan Tu *Tiempo* Tampoco Respetarán Tu *Sabiduría*.

354 Cuando Dios Quiere *Protegerte* Él *Quita* Una Persona de Tu Vida.

355 Tu Falta de Voluntad Para Someterte *Te Saca* de La Sombrilla de La *Protección Divina*.

356 Quienes *No Sienten Tu Dolor* Difícilmente Entenderán Tus Metas.

357 Un Sueño Fuera de Lo Común Requiere *Fe* Fuera de Lo Común.

358 Aquello Que *Celebras,* Es Lo Que *Recordarás.*

359 La Persona Más Importante En Tu Vida Es La Persona Que *Desata Tu Fe.*

360 Quienes *No Respetan* Tu Asignación *No Están Calificados* Para Tener Acceso.

361 Cuando Estás En *Acuerdo* Con Un *Rebelde,* Cosechas Sus *Mismas Consecuencias.*

362 Tus *Experiencias* Deciden Tus *Convicciones.*

363 Tu Reacción Hacia *Alguien Que Está En Problemas* Determina La Reacción de Dios Hacia Ti...Cuando Te Metes En Problemas.

364 Lo Que Puedes Dejar *Lo Has Dominado;* Lo Que No Puedes Dejar *Se Ha Convertido En Tu Amo.*

365 Cualquier Cosa *Rota* Puede Ser Reparada;
Cualquier Cosa *Cerrada* Puede Ser Abierta;
Cualquier Cosa *Perdida* Puede Ser Recuperada.

366 Sabiduría Es...*La Habilidad de Reconocer La Diferencia*...En Ambientes, Momentos Y Gente.

367 Honor Es...*La Disposición A Recompensar La Diferencia.*

368 La Diferencia Entre Las Estaciones Está En La Persona A Quien Le Agradas.

369 Aquellos Que Están Dispuestos A *Esperar* Frecuentemente Llegan A *Calificar* Para Recibir.

370 El *Joven* Confía.
El *Sabio* Prueba.

371 Tu *Cosecha* Presente Es Una Imagen de Tu *Vida de Siembra.*

372 El Mundo de La *Confianza* Es El Mundo de La *Paz.*

373 El Ensimismamiento Es El Enemigo de La Gratitud.

374 La Única Persona Que Puede Garantizar Tu Promoción Es *Aquella Cuyas Instrucciones Honras.*

375 La Excelencia...*Expone.*

376 Los *Insensibles* Son A Menudo *Adversarios* de Los Compasivos.

377 La Voluntad de Esperar Expone Frecuentemente La *Falta de Voluntad Para Tratar de Alcanzar.*

378 Tu Semilla Es Una *Conversación* Con Dios.

379 Aquello Que Buscas Persistentemente...*Terminarás* Por *Encontrarlo.*

380 Las Preguntas *No Hechas Nunca* Son Contestadas.

381 Tus *Preguntas* Te Llevan A Las Soluciones.

382 La Lealtad Nunca Es Silenciosa.

383 Tus *Decisiones* Están Decidiendo Tus Estaciones.

384 Tu *Longevidad* Está Determinada Por Lo Que Estás *Dispuesto A Vencer.*

385 La Fe Es La Semilla Que Te Acredita Para Cada Regalo Divino.

Tu Entereza Está
Determinada Por
Lo Que Estás Dispuesto
A Conquistar.

-MIKE MURDOCK

386 La Evidencia Del Desorden Es La *Contención.*

387 La Deslealtad Es La Semilla de La Pérdida.

388 La Voz de La *Desobediencia* Atrae Al Desobediente.

389 Un Pecador *Con Una Meta* Tiene Más Impacto En La Tierra Que 100 Cristianos *Sin Metas.*

390 Tu Potencial *No Es* Tu Destino.

391 Pedir Es Evidencia de Humildad.

392 Una *Instrucción* de Dios Es Siempre Una Invitación A Un *Milagro.*

393 El Arma *Escondida* Es La Más Peligrosa.

394 Pasión Es Simplemente Aquello Que No Estás Dispuesto A Dejar Fuera de Tu Vida.

395 Las Palabras Son Imágenes…Que Raramente Se Olvidan.

396 *Cualquier* Batalla Requiere Armas.

397 Las Batallas Fuera de Lo Común Requerirán *Fortaleza* Fuera de Lo Común.

398 Si Hay Algo Tonto En Ti…Una Instrucción Lo Expondrá.

399 Si Guardas Lo Que Tienes Ahora, Es Lo Máximo Que Llegará A Ser.

400 La Atmósfera Que Creas Determina La Sanidad Que Liberas.

401 A Los Verdaderos Siervos Nunca Se Les Niega El Palacio.

402 Los *Sonidos* Que Escuchas Deciden Los *Sentimientos* Que Experimentas.

403 La Fe Es La Semilla Que Atrae La Presencia Divina.

404 La Explicación Divina Para El Dolor Es La Desobediencia.

405 Lo Que Estás *Haciendo* Está Decidiendo Lo Que Estás *Viviendo*.

406 Tu Reacción A Una *Instrucción* Siempre Decide Tu *Futuro*.

407 El Obediente *Siempre* Recibe Respuestas.

408 La Obediencia *Inmediata* Es La Semilla Para El Favor *Inmediato*.

409 La Fe Es La Única Voz Que Dios Respeta.

410 El Problema Que Resuelves *Decide Tu Salario*.

411 La Gente Problemática Viene En Pares.

412 Las Palabras Eligen *Lo Que Vives*.

413 La Expectación Es El Único Magneto Que Atrae La Provisión Milagrosa Que Dios Ha Prometido.

414 La Sumisión *Sin Una Recompensa* Es Un Error.

415 Noventa Porciento Del Dolor En La Vida Nace de Una Confianza Mal Puesta.

416 *Tu Reacción* A La Familia de Dios Determina *La Reacción de Dios* Hacia Ti.

417 Buscar Es La Semilla Para *Recibir.*

418 El Acuerdo Es La Semilla Para La *Aceptación.*

419 La Fe Entusiasma A Dios.

420 La *Maldad Usa Una Sonrisa.*

421 Las Preguntas Alojan Respuestas En La Tierra; Las Respuestas Solamente Responden A Las Preguntas.

422 La Pérdida Es La Evidencia de Que Un *Ladrón Entró* A Tu Vida.

423 El Descanso Es Una *Inversión* En El *Mañana*.

424 La Prueba Verdadera de La Lealtad Es La *Disposición A Exponer La Deslealtad.*

425 Tu Vida Es Lo Que Permites Que Tu Mente *Magnifique.*

426 El *Diálogo* Revela Lo Que La *Intuición* No Puede.

427 Las Semillas Garantizan Las Cosechas.

428 La Prueba de La Humildad Es
La Voluntad de *Escuchar.*

429 Tú Sólo Puedes Ser Promovido
Por La *Persona A Quien Sirves.*

430 La Calidad de Tu *Servicio*
Decide El *Momento Oportuno*
de Tu Promoción.

431 Aun Los Reyes Están
Controlados Por La Información.

432 Los Siervos Deciden
Lo Que Los Reyes Creen.

433 Tu *Excelencia* Al Servir
Decidirá A Dónde Eres Invitado
A Servir.

434 La *Belleza* Del Mal
Es Lo Que Nos Engaña.

435 El Sentimiento Que Anhelas Está Normalmente A *Una Decisión* de Distancia.

436 Tu *Boca*...Es Con Frecuencia Una Imagen de Tu *Corazón*.

437 Pecado *No Confesado* Es Pecado *No Perdonado*.

438 Las Palabras Que Se *Creen*... Deciden Los Sueños Que Se *Logran*.

439 Vives En Un Ambiente *Adverso*...Ya Sea Que Lo Disciernas O No.

440 El Arma Más Efectiva de Un Enemigo Es La *Sorpresa*.

441 La Calidad de Tu *Trabajo* Es La Semilla Para La *Calidad de Tu Vida*.

442 Todo Jardín Tiene Una *Serpiente.*

443 La Gente Raramente Habla de Las Cosas Que Más Les Molesta.

444 Verdad *No Perseguida* Es Una Verdad *No Descubierta.*

445 Mientras *Dios* Exista, Eres Capaz de *Cambiar.*

446 Lo Que Pasa En Tu *Mente* Decide Lo Que Pasa En Tu *Mundo.*

447 Tu *Enfoque* Es El Amo Que *Has Escogido* Para Ti Mismo.

448 Tu *Energía* Es Tu *Semilla* Para El *Futuro* Que Deseas.

449 El Rechazo de La Verdad Es El Magneto Para El *Error.*

450 El Rechazo de Tu Asignación Es Una Invitación A La Entrada Demoníaca.

451 Delegar Es La Llave de Oro Para La Productividad Fuera de Lo Común.

452 Cuando *Justificas* Tu Conducta *Pierdes* Tu Habilidad Para Cambiarla.

453 La *Recompensa* de La Humildad Es La *Capacidad Para Cambiar.*

454 La Confusión Es La Consecuencia de La Verdad *Rechazada.*

455 El Mal Siempre Se Siente Inferior A Lo Que Es Justo, Por Consiguiente Es Resentimiento Despiadado.

456 El Descubrimiento Crea Energía.

457 Tu Don *Predominante* Es Cualquier Cosa Que Haces Con *Mayor Facilidad.*

458 La *Similitud* Crea Comodidad, Pero Tu *Diferencia* Crea Tu Recompensa.

459 Los Grandes Pensamientos Mueren…En Los Lugares Equivocados.

460 Sólo La *Crisis* Puede Convocar A La Grandeza.

461 Tu Dinero Está Escondido En Lo Que Es Más Importante Para Ti.

462 Nunca Uses Un Arma.

463 Un Mundo *Problemático* Es El *Paraíso de Un Campeón.*

464 Mentoría Es La Impartición de Sabiduría...*A Otro.*

465 Tu Actitud Afectará Tu Habilidad.

466 El Día Más Peligroso En La Vida de Un Aprendiz...Es Cuando El Mentor *Deja* de Confrontar.

467 Cuando Dios Quiere *Promoverte*...Él Trae Un *Mentor* A Tu Vida.

468 La Confianza *Mal Puesta* Es Una Trampa.

469 Ten Cuidado Con El Hombre Que Sólo Puede Aprender de Los Muertos.

470 Tus *Decisiones* Revelan Tu *Temor.*

471 Lo Que Miras Continuamente, Con Frecuencia *Dejas* de Verlo.

472 El Acceso Continuo Es Evidencia de Respeto.

473 Cada Momento Contiene Una Recompensa Diferente de Dios… *Que Requiere Ser Discernida.*

474 La *Mentalidad de* Un *Guerrero* Es La Semilla Para El Éxito Fuera de Lo Común.

475 El Espíritu Santo Es La Única Cura Para El Desorden.

476 Una Semilla Fuera de Lo Común Es Simplemente Una Que Requiere *Fe* Fuera de Lo Común.

477 Tus *Palabras* Son El Primer Paso…Para Mover El Desorden Hacia El *Orden*.

478 La Corrección Es La Semilla Para La Excelencia.

479 La Tierra Es El Paraíso de Un Engañador…Donde La Información *Pocas Veces Es Pura*.

480 Discernir La *Diferencia* En Los Momentos…Es Tu *Responsabilidad*.

481 Tus *Reacciones* Deciden Lo Que Sucede A Continuación.

482 La Prosperidad Fue El Enfoque de La Primera Conversación de Dios Con El Hombre.

483 La Desconfianza Es En Ocasiones La Semilla Divina Para Tu *Seguridad*.

Tus Recuerdos Reproducen
Tu Pasado;
Tu Imaginación Proyecta
Imágenes de Tu Futuro.

-*MIKE MURDOCK*

484 La *Ausencia* de Favor Es La Prueba de Que No Perteneces.

485 La Sanidad Es Responsabilidad *Divina;* La *Salud* Es Responsabilidad Humana.

486 Lo *Correcto* Es Más Gratificante Que Una *Relación.*

487 Lo Correcto Gobierna Lo Incorrecto.

488 El Aborto Es Una *Estrategia Satánica* Que Impide La *Entrada* de Un Campeón Que Aún No Nace A Una Generación.

489 Nada Cambia Hasta Que Tus *Conversaciones* Cambian.

490 Toda Semilla Requiere Una *Asignación.*

491 Tu *Personalidad* Explica Tu *Llamado.*

492 La Duda Es El Ladrón Que Roba A Dios de Toda Oportunidad de Probar Su Naturaleza Amorosa de Dar.

493 El *Movimiento* Es Prueba de Vida.

494 El Favor Es La Divisa Para El Dinero.

495 Las *Reacciones* Dicen Una Historia…Que *Los Sabios Nunca Olvidan.*

496 Tu *Mente* Es Tu *Inversión Más Grande.*

497 La Humildad Es La Semilla Para La Promoción.

498 La Contienda Es La Prueba de Que Alguien No Pertenece.

499 El Acceso Es La *Oportunidad* Para El Acuerdo.

500 Alguien En Tu Vida Está Viendo Algo Que Tú No Estás Viendo.

501 El Acceso Es La Prueba Del *Favor.*

502 La Actitud Afecta El Acceso.

503 Nunca Permanezcas Donde Hay Una Ausencia de Favor.

504 Bebe Profundamente Del Momento *Presente;* Te Llevó Mucho Tiempo Llegar Aquí.

505 El Camino de *Favor* Es La Voluntad de Dios.

506 La *Adaptación* Aumenta El Favor.

507 La *Sabiduría Discierne* La Diferencia En Los Momentos; El *Honor Celebra* La Diferencia En Los Momentos; El *Amor Deposita* Su Diferencia En Los Momentos.

508 En El Mundo del *Engaño,* El Conocimiento Es Un *Enemigo.*

509 Tu *Mente* Es La Fábrica de Los *Sentimientos.*

510 Quienes *No Están Dispuestos A Buscar*…No Están Convencidos de Su Necesidad.

511 Los Tontos Usan *Tanques* Para Matar *Mosquitos.*

512 La Unción Que Te Entusiasma Puede Enfurecer A Otro.

513 El Desorden Hace Imposible El Discernimiento *Preciso*.

514 La Persona Más Calificada Para El Liderazgo Es La *Más Compasiva*.

515 El Dolor *Predecible* Es Más Adictivo Que Un Futuro *Impredecible*.

516 La *Pasión* de La Gente Afecta La *Presentación* de Un Conferencista.

517 Los Problemas Son Invitaciones Para *Trascender*.

518 El Dinero Está *Esperándote...En El Lugar de Tu Asignación*.

519 Las Palabras Dan Nacimiento A *Reacciones Divinas*.

520 Deja de Hacer Lo Que Puedes Hacer…Y Comienza A Hacer Lo Que Otros *No Pueden*.

521 Confía En Quienes *Piensas* Que Puedes…*Antes* de Confiar En Quienes *Sabes* Que No Puedes.

522 Cuando Pides Apoyo *Financiero,* El Dador Está Autorizado Para Requerir *Que Le Des Cuentas* de Eso.

523 La Gente Errónea Son Experiencias *de La Vida*.

524 La Tensión Es La Evidencia de Que Estás Intentando Algo Que Dios No Ordenó.

525 Nunca Esperes Que Dios Respete Tus Oraciones Cuando Has Ignorado Sus Instrucciones.

526 Tu *Futuro* Está Determinado Por Quien Te *Ve*.

527 La Voluntad Por *Llegar A Ser* Es Una Predicción de Tu Éxito.

528 Nunca Te Quedes En Un Ambiente Que *Magnifica* Tu Debilidad.

529 Tus *Sentimientos No* Son Tu Vida.

530 La Hospitalidad Es Un Ministerio de *Comodidad*.

531 La Desilusión Es Una Conversación Sobre Tu Futuro.

532 Diezmar Es La *Semilla* de La Expectación.

533 Dios Esconde Secretos Extraordinarios En Momentos *Ordinarios*.

534 La *Presentación* Decide El Deseo.

535 Quiénes Están Cómodos Con Tus Debilidades Están Haciendo Más Fácil Que Fracases.

536 La Grandeza Siempre Fuerza A La Pequeñez A Reaccionar.

537 Una Vida *Sin Remordimientos* Es Una Vida *Sin* Descubrimientos.

538 Toda Amistad Alimenta Tu *Futuro*…O Tu *Debilidad*.

539 Todo Lo Que Posees Es Una Semilla Para Algo Que Deseas Potencialmente.

540 Toda Amistad Aumenta Tus *Éxitos*…O Tus *Fracasos.*

541 Toda Amistad Aumenta Tu *Fe*…O Tus *Dudas.*

542 Toda Amistad Es *Divina*… O *Demoníaca.*

543 Toda Amistad Hace *Depósitos*…O *Retiros.*

544 Toda Amistad Te *Da Poder*… O Te *Distrae.*

545 Toda Amistad Corrige… O *Corrompe.*

546 Toda Semilla Produce Una Cosecha…Buena, Mala O *Nada.*

547 La Hospitalidad Es La *Celebración* de Otro.

548 La Incomodidad Siempre Contiene *Conocimiento Escondido*.

549 Nunca Viajes Con Alguien Que No Quiere *Llegar*.

550 Todos Saben Algo Que Tú No Sabes *Todavía*.

551 Todos Ven Algo Que Tú No Ves *Todavía*.

552 El Engaño Es *Deslealtad*.

553 La Austeridad Es La Semilla Para El Aumento *Instantáneo*.

554 Lo Que Dejas de *Ver*, Lo Dejas de *Desear*.

555 Todo Lo Que Ves Fue Creado Por Algo Que No Ves.

556 Las Pequeñas Acciones Pueden Expresar Gran Honor.

557 Excelencia…*No Admirada* Es Inevitablemente Resentida.

558 Todo Lo Creado Contiene La Responsabilidad de *Gobernar*… O de *Servir*.

559 Cuando Estás *Asignado* A Alguien, *Sus* Metas Se Vuelven *Tus* Metas.

560 El Honor Es La Semilla Para El Acceso.

561 La Muerte Para El Creyente Es Simplemente El Fin Del Dolor.

562 Tu Pasión Decide Lo Que Mereces.

563 Lo Que *Persigues* Determina Lo Que *Calificas Para Recibir.*

564 *Esperar* En Dios Es Prueba de *Confianza.*

565 El Tiempo de *Espera* No Siempre Es Tiempo *Perdido.*

566 La Diferencia En Estaciones Puede Ser…*Un Simple Pensamiento.*

567 El Perdón Es Una Semilla Para La Restauración.

568 El Dinero Es Una Recompensa, No Un Milagro.

569 El *Desorden* Da Nacimiento Al Dolor.

570 El Dolor Da Nacimiento...A La *Desconfianza;* La Desconfianza Da Nacimiento...A La *Incertidumbre;* La Incertidumbre Da Nacimiento...A Las *Ideas.*

571 La Mentoría Es Sabiduría A Través Del Dolor de *Otro.*

572 La Gente Errónea Nunca Se Va Voluntariamente.

573 Mentoría Es Éxito *Sin* El Dolor de La Experimentación.

574 La Confesión Es La Semilla Para La *Misericordia.*

575 **L**a Evidencia Del Amor Es La Disposición Para *Invertir Tiempo*.

576 **E**l Odio Santo Da Nacimiento A La Energía Santa.

577 **M**adurez Es La Habilidad Para *Retrasar* La Recompensa.

578 **E**star Muy Ocupado Es A Menudo Un Escape Subconsciente de Una Desilusión.

579 **T**odo Pecado Es Un Pecado de Deshonra.

580 **A**precio Es El Regalo de Quien Recibe...En Reciprocidad Al Dador.

581 **L**a Actitud de Servicio Es La Semilla Para El Reconocimiento.

Cuando Dios Te Habla
de Una *Semilla,*
Él Tiene Una *Cosecha*
En Su Mente.

-MIKE MURDOCK

582 **E**l *Reconocimiento* de La Grandeza Garantiza El *Acceso* A Ella.

583 **E**l Desinterés Es La Señal de Salida.

584 **L**os Problemas Son Invitaciones Al *Cambio*.

585 **T**us Decisiones Deciden Los Cambios.

586 **T**odo Lo Bueno Requiere Ser Calificado.

587 **E**l Deseo Es Un *Tirano*... A Ser Conquistado.

588 **L**a Presentación Es La Semilla Para La *Aceptación*.

589 Deja de Hablar…de Aquello Que Quieres Que Muera.

590 Tus Decisiones Deciden Tu *Paz*.

591 Tus Decisiones Deciden Tu *Salud*.

592 Tus Decisiones Deciden Tu *Gozo*.

593 Tus *Metas* Eligen Quien Se *Agrada* Contigo.

594 Las Amistades Deciden Qué Parte de Ti Se *Desarrolla*.

595 Cuando Tú No Eres Capaz de Controlar Tu *Ambiente*…Controla Tu *Enfoque*.

596 Las Palabras Son Las Semillas Para…La *Persuasión.*

597 Las Palabras Son Las Semillas Para…El *Cambio.*

598 Las Palabras Son Las Semillas Para…La *Sanidad.*

599 Las Palabras Son Las Semillas Para…La *Restauración.*

600 Las Palabras Son Las Semillas Para… Los *Milagros.*

601 Las Palabras Son Las Semillas Para… La *Unidad.*

602 La Expectación Es La Semilla Que Toda Cosecha Obedece.

603 El Arrepentimiento Es La Semilla Para...El *Gozo*.

604 La Sumisión Es La Voluntad Para Aceptar Un Gobierno.

605 La Sumisión Revela Confianza, Temor U Honor.

606 Lo Que *Terminas* Es Más Importante Que Lo Que *Empiezas*.

607 La Sumisión Es La Transferencia de Responsabilidad...*A Otro*.

608 Alcanzar Es La Prueba de La *Confianza*.

609 La Sumisión *Bíblica* Es La Semilla Para Tu *Seguridad*.

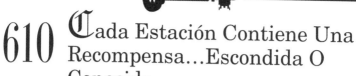

610 Cada Estación Contiene Una Recompensa...Escondida O Conocida.

611 Las Palabras *Divinas* Desmoralizan A Los *Adversarios Demoníacos*.

612 Tus *Victorias* Están Escondidas En Los *Errores* de Tu Enemigo.

613 Todo Lugar Contiene Recuerdos...*Para Alguien*.

614 La Paciencia Es La Capacidad Para Vencer A Tu Adversario.

615 Los Milagros Son Simplemente *Recompensas* Por La Obediencia.

616 La Adaptación Es La Semilla Para La *Aceptación*.

617 Toda Conversación Da Nacimiento…*A Algo:* Percepción, Cambio, Duda O Fe.

618 Paz No Es Ausencia de Conflicto; Es La Ausencia de Conflicto *Interno.*

619 Tus *Palabras* Están Decidiendo Tu Futuro.

620 La Presentación Es La Semilla Para La *Persuasión.*

621 Tu Fe Decide Tus Experiencias.

622 Excelencia Es…*Una Inversión En Favor.*

623 La Batalla Es La Semilla Para *Autoridad Territorial.*

624 Aquello Que *Escuchas* Constantemente Terminarás Por *Entenderlo*.

625 Aquello Que *Escuchas* *Constantemente* Se Convierte En Tu *Convicción*.

626 No Des Aliento de Vida A Algo Que Dios Está Matando.

627 Cada Momento Es La *Llegada* de Un *Regalo*.

628 Tu Comodidad Está Decidida Por Quien Estás *Dispuesto A Entrenar*.

629 La Celebración Revela Lo Que *Atesoras*.

630 El Conocimiento Es La Semilla Para El *Cambio*.

631 Nunca Te Fíes del *Desinteresado.*

632 El Fracaso Es La Semilla Para La *Humildad.*

633 La Humildad Da Nacimiento A La Voluntad Para Escuchar A Otros.

634 El Don de *Elección* Es Más Poderoso Que El Don del *Amor.*

635 El Fracaso *Comienza…* Cuando Te *Detienes.*

636 Tu Nivel de Sabiduría Determina Tu Nivel de Gozo.

637 Expectación Es La Evidencia de La Fe.

638 El Fracaso Es Simplemente La Decisión de Darse Por Vencido.

639 El Fracaso Es Simplemente Una Experiencia...No Una Conclusión.

640 El Desinterés Es La Semilla de La Pérdida.

641 La *Grandeza* de Una Meta No Garantiza Su Logro.

642 El Protocolo Es La Conducta Esperada Que Comunica Honor E Importancia En Un Ambiente.

643 La Celebración Decide Lo Que *Recuerdas*.

644 El Servicio Es La Semilla Para La Impartición.

645 La Celebración Es
La Prueba Del Honor.

646 El Aumento Es La *Recompensa*
Divina Por Honrar Una *Ley*
Divina.

647 Toda Tragedia Comienza
Con Una *Conversación*.

648 Todas Las Cosas En La Tierra
Tienen Un Valor Diferente.

649 La Diferencia En Estaciones
Está En Quien Has Elegido
Confiar.

650 Los Padres Deciden Lo Que Los
Hijos Piensan de Sí Mismos.

651 La Excelencia Es La Semilla
Para El *Aumento*.

652 Si Tu *Presencia* Hace La Diferencia, Tu *Ausencia* Hará Una Diferencia.

653 Algo Que Tú Estás Haciendo…Está Decidiendo Lo Que Estás *Sintiendo*.

654 Cuando *Resuelves* Un Problema, Programas Una *Recompensa*.

655 Algo Que Estás Haciendo…Está Decidiendo Lo Que Estás Viviendo.

656 Todo Momento Contiene Un *Misterio…Creado O Discernido*.

657 Dios Frecuentemente Esconde Tu Futuro En Momentos de Dolor.

658 La Confianza Es La Fábrica de Vida Para La *Paz*.

659 **A**lgo Que Estás Haciendo *Cada Día*...Es Lo Que Tus Hijos Recordarán...*El Resto de Su Vida.*

660 **L**os Hacedores de Paz No Necesariamente Temen La Confrontación—Ellos Temen La *Pérdida.*

661 **L**a Pérdida Es Sólo Un Peldaño En La Escuela Del Éxito.

662 **T**oda Relación Te Lleva Hacia Tus Sueños O Te Aleja de Ellos.

663 **T**us Decisiones Deciden Tu Tensión.

664 **C**ualquier Paso Hacia Lo Correcto...Es Un Paso Hacia La Grandeza.

665 **L**a Excelencia Es La Semilla Para El Acceso *Continuo.*

666 El Éxito Es Siempre Una Opinión Personal.

667 Ningún Hombre Digno de Confianza Trivializará Su Deuda.

668 La Excelencia Es El Puente A Un Futuro Fuera de Lo Común.

669 El Éxito Es Una Opinión…Que Fácilmente Cambia.

670 Algo Muy Pequeño Está Decidiendo Tu Gozo Diario.

671 La Duda *Detiene* Un Futuro Divino.

672 El *Ahora* Es La Semilla Para Lo *Próximo*.

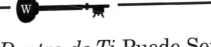

673 Algo *Dentro de Ti* Puede Ser Más Mortal Que Cualquier Cosa Alrededor de Ti.

674 Una Vida Fuera de Lo Común Requerirá Una *Mentoría* Fuera de Lo Común.

675 Una Vida Fuera de Lo Común Está Decidida Por Lo Que Estás Dispuesto A *Vencer*.

676 El Acceso Crea *Oportunidad*.

677 En Quien Sea Que Tú *Confíes* Controla Tu *Futuro*.

678 Tus *Decisiones* Están Decidiendo Tus *Experiencias*.

679 Si Dios Tiene Tu Semilla, Hoy Es El Día Más Pobre Que Jamás Serás.

El Fracaso No Es
Un Evento, Sino
Una Mera Opinión.

-MIKE MURDOCK

680 El Éxito Es La Recompensa Por Tomar Buenas Decisiones.

681 Las *Preguntas* Programan Los Eventos En La Tierra.

682 Toda Crisis Puede Ser Desmantelada Con Las *Preguntas Correctas.*

683 Si No Se Te Puede Confiar Con Una Instrucción, No Se Te Puede Confiar Con Tu Futuro.

684 La Acusación Muestra Desesperación.

685 La Oportunidad Es Una *Invitación* A Una *Experiencia.*

686 Las Pequeñas Semillas Crean *Bosques.*

687 La Diferencia En Los Hombres Es La Clase de Mujer Que Quieren Impresionar.

688 Lo Que Pedro No Llegó A Ser Caminando Al Lado de Jesús Durante 3½ Años, Lo Llegó A Ser En *Un Día* Cuando El Espíritu Santo Vino.

689 La Persona Con La Mayor Cantidad de Preguntas Siempre Sabrá Muchas Más Respuestas.

690 La Evidencia de La Humildad Es La *Voluntad de Hacer Preguntas.*

691 Tu Reacción A Una *Oportunidad* Revela Tu Percepción de *Necesidad.*

692 Todo Tiene Un Valor *Diferente*…Para *Diferentes* Personas.

693 Requerir Rendición de Cuentas Garantiza Favor Y Recompensa Divina.

694 Sólo Puedes *Reproducir*... Lo Que Tú Eres.

695 Tu Resistencia Garantiza Tu Victoria.

696 La Vida Es El Campo de Batalla Para Los *Guerreros*.

697 Tu Futuro Se *Detiene* Con La Persona *Que Has Permitido* Que Te Detenga.

698 Oportunidad Es El Único Regalo Que Necesitas Para Crear Una Vida Fuera de Lo Común.

699 Todo Cambio Radical Está A Una Decisión de Distancia.

700 La Excelencia Es La Semilla Para El Honor Eventual.

701 Tu *Casa* Es El Jardín Donde Tu Cultivas Tu *Futuro*.

702 Tus Palabras Pueden Ser Portadores de La Presencia Divina.

703 Cualquier Cosa Que No Es Hablada, No Es Escuchada.

704 El *Futuro* de Todo Hombre Está Determinado Por La *Mujer* En Quien Él Confía.

705 Alguien En Quien *Estás* Confiando Está Confiando En *Alguien* En Quien Tú No Confiarías.

706 La Amargura Es Un Enemigo *Interno*...1,000 Veces Más Mortal Que Cualquier Injusticia Que Hayas Experimentado.

707 Dios Está En Continua Búsqueda de Alguien *Calificado* Para Recibir.

708 El Producto Del Conocimiento Es La *Persuasión;* El Producto de La Persuasión Es La *Determinación.*

709 No Puedes *Dar*...Lo Que No Has *Recibido* Todavía.

710 El Mandamiento de *Descansar* Es Igual Al Mandamiento de *Trabajar.*

711 Los Ateos Quieren Que Nosotros Probemos Que Dios Existe Pero Se Rehúsan A Probar Que Él No Existe.

712 Si No Se Te Puede Confiar Con Una Instrucción, No Se Te Puede Confiar.

713 Tu Reacción A La *Palabra de Dios,* Determina La Reacción de Dios A Tus *Hijos.*

714 Toda Semilla Carece de Poder Hasta Que Entra *En Acuerdo Con La Tierra.*

715 **E**lección Es El *Pincel* Divino Que Dios Le Da A Todo Hombre Para Diseñar Su Propio *Mundo*.

716 **L**a Mejor Manera de Distraer A Un Hombre Con Una Meta Es Darle *Otra*.

717 **U**n Pequeño Comienzo Frecuentemente Tiene Grandes Finales.

718 **C**ualquier Sueño Dado Por Dios Requerirá A Dios Para Lograrlo.

719 **C**onfusión Es La Prueba de La Verdad *Rechazada*.

720 **T**u Consciencia Es El Réferi Invisible Dentro de Ti Incomodándote Cuando *Rompes* Una Regla O *Ley* Divina.

721 **D**eja de Ver Tus *Necesidades* Y Haz Un Inventario de Tus *Semillas*.

722 El *Contentamiento* Es La Recompensa Instantánea de La Gratitud.

723 La *Diferencia* Entre El Sabio Y Un Tonto...Es Fácilmente Discernida Por Su *Reacción* A La *Corrección*.

724 Todo Enemigo Tiene Una Debilidad Que La Pasión Puede Discernir.

725 Codicia Es Envidiar Lo Que *No Estás Dispuesto A Ganar.*

726 Dios *Jamás* Ha Dejado de Crear; Él Simplemente *Descansó* En El Séptimo Día.

727 El Silencio Esconde El Dolor.

728 Despojar de *Expectación* A Tu Semilla Es *Robo* del Único Placer Que Dios Conoce...La *Confianza*.

729 Delegar Es Permitir A Otros Crear Una *Experiencia Exitosa* Por Sí Mismos.

730 *Confiabilidad* Es Saber Que La *Primera* Instrucción Jamás Requerirá Repetirse.

731 Tu *Presente* Enfoque Está Creando Tus *Sentimientos* de Hoy.

732 El *Costo* Del Discipulado Es El Mismo Para Todo.

733 Las Distracciones Requieren Permiso.

734 Lo Que *Ves* Determina Lo Que Estás Dispuesto A *Cambiar*.

735 La *Confrontación* Es La Semilla Para El *Cambio*.

736 La *Mente* de Dios Es Más Ágil Que La Tuya; Su *Memoria* Es Mayor Que La Tuya; Sus *Hombros* Son Más Grandes Que Los Tuyos.

737 La Deuda Nace Cuando Quieres *Gastar* Dinero *Antes* de Ganarlo.

738 Envidia Es Querer Lo Que Otro Ha Ganado.

739 Lo Que *Haces* Revela Lo Que *Eres*.

740 Tu *Boca* Es Tu Libertador.

741 Tu Valentía Está Revelada Por Cuan Rápidamente Quitas A Una Persona Errónea de Tu Vida.

742 Las *Preguntas* Son Las Semillas Para La *Sabiduría*.

743 El Propósito *Divino* de La Autoridad Es El *Orden.*

744 La Recompensa Del Amor Es La *Ausencia Del Temor.*

745 Si Nunca Vieras La *Ira* de Dios, ¿Podrías Creer En Su *Amor?*

746 Lo Que Comienza Un Libertador Financiero—Lo *Completa* Un Mentor Financiero.

747 Cuando Abres La Boca, Sé Cuál Es Tu Coeficiente Intelectual.

748 El Perdón Debe Convertirse En Tu *Semilla* Antes de Que La Puedas Recoger Como Una *Cosecha.*

749 Escuchar Es La Semilla Del *Aprendizaje.*

750 La Diferencia Entre Una Actitud de Siervo Y La Esclavitud Es La Oportunidad de *Elegir.*

751 Cada Letra Que *Lees* Es Una Oportunidad Para *Entender.*

752 Lo Que Dios *Crea*...Revela Lo Que Él *Necesita.*

753 La Cura Instantánea Para La Culpa Es La *Confesión.*

754 Cuando Anuncias Que *Eres* Una *Víctima,* Has Anunciado A *Otro* Como *Campeón.*

755 Dios Hizo Los *Lugares* Antes de Haber Hecho A La Gente.

756 El Tesón Es La Semilla Para La Credibilidad.

757 Tu *Sabiduría* Es Revelada Por Tu Rapidez Al Discernir Una Persona *Errónea* En Tu Vida.

758 Tu Casa Debería Ser Tu *Nido Sin Espinas.*

759 Tu Reacción Hacia Tus *Padres* Determina La Reacción de Dios Hacia Ti.

760 La Relación Más Mortal En Tu Vida Es La Persona Que *Destruye Tu Esperanza.*

761 La Adversidad Atrae...*Verdaderos* Amigos.

762 El Reconocimiento de Tu *Valor* Crea *Confianza*—El Reconocimiento de Tu Debilidad Crea *Humildad.*

763 Cualquier Cosa Que Dios Toca...*Se Multiplica.*

764 Siempre Quédate El Tiempo Suficiente En El Lugar Secreto...Para *Crear* Un *Recuerdo*.

765 Hipocresía Es Requerir de *Otro*...Lo Que *Tú* No Estás Dispuesto A *Darte*.

766 Quien No Tiene Vocación de Éxito Raramente Admira Al Que Sí La Tiene.

767 Algo Grande Hoy Puede Ser Pequeño Mañana.

768 Tu Adversidad Es Siempre Proporcional A La *Influencia* Que Puedes Llegar A Ejercer.

769 El Éxito Es Una Colección Continua de Experiencias.

770 Integridad Es La Semilla Para La *Confianza*.

771 El Que No Es Buscador Considera Que Buscar Es Una Debilidad.

772 Los Enemigos Son Las Semillas Para El Reconocimiento.

773 El Gozo Es La Fragancia de La *Obediencia.*

774 Tú Jamás Respetarás A Alguien Que Eres *Capaz de Engañar.*

775 El Gozo Es El Fruto Del *Orden.*

776 La Esperanza Es Un *Sentimiento*…No Una Predicción.

777 El *Agradecimiento* Es La Semilla Para El *Gozo.*

El Único Dolor de Dios
    Es Que Se Dude de Él...
El Único Placer de Dios
    Es Que Se Crea En Él.

-MIKE MURDOCK

778 Liderazgo Es La Habilidad de Influir En Las *Decisiones* de Otros.

779 Cada Letra Que *Escribes* Es Una Oportunidad Para *Sanar*.

780 La Vida Es Una Colección de *Decisiones*...Que Deciden El *Gozo* Que Vives.

781 Todo Hombre Tiene Un Rey Y Un Tonto Dentro de Él...A Quien Se Le Hable Es Quien Responde.

782 Aquello En *Lo Que Más* Piensas...Se Convierte En Lo *Más Fuerte* En Ti.

783 Aquellos Que Abrazan A Tu Adversario Se Han Expuesto A Sí Mismos Como Tu Judas.

784 Aquellos Que Resienten Tu *Influencia* Cooperarán Con Tu *Caída*.

785 La Presencia...Es Un *Ministerio.*

786 Di *Solamente* Lo Que Quieres Que El Otro *Recuerde.*

787 El Silencio Es Casi Siempre *Malinterpretado.*

788 La Prueba Del Amor Es La Voluntad de Entrenar.

789 Integridad Es La Semilla Para La *Auto Confianza.*

790 La Flojera Es Un Desafío Silencioso.

791 La Confrontación Es La Semilla Para El Cambio, Generalmente Con Consecuencias.

792 Un Plan Es Un Mapa *Escrito* Hacia Tu *Futuro*.

793 La Pobreza Es La *Consecuencia* de Las Leyes Rotas.

794 La Adversidad Identifica *Lo Innecesario*.

795 *El Secreto* Está Escondiendo Lo Que Debería Ser *Revelado;* La *Discreción* Está Escondiendo Lo Que Debería Estar *Oculto*.

796 Cuando Sigues Haciendo Las Cosas *Correctas,* La Gente *Correcta* Entra A Tu Vida.

797 La Prueba de La Humildad Es La *Búsqueda Del Cambio*.

798 El Dolor Es La Semilla Para Las *Ideas*.

799 La Protección Es Aumentada Mediante La *Asociación*.

800 *Ya* Has Estado En Tu Pasado; No Te Gustó, de Lo Contrario, Te Habrías *Quedado Ahí*.

801 La *Primera* Vez Que Cristo Vino Él Fue *Acusado;* La *Segunda* Vez Que Cristo Venga Él Será El *Juez*.

802 Los Lectores Son... Gente de *Logros*.

803 La *Corrección Hacia Arriba* Es Rebelión.

804 Reconciliación No Es El *Olvido* de Una Ofensa Sino El *Perdón* de Ella.

805 La Actitud de Servicio Aumenta La Comodidad Con Grandeza.

806 El Pacto de Dios de *Castigar* El Mal Es Tan Poderoso Como Su Pacto de *Recompensar* La Justicia.

807 La Prueba Del Arrepentimiento Es *Restitución.*

808 Lo Que Respetas Se Moverá *Hacia* Ti; Lo Que No Respetas Se *Alejará* de Ti.

809 El Sufrimiento…Es La Semilla Para *Gobernar.*

810 Una Instrucción Es La Manera Más Rápida de Exponer La Rebelión.

811 Perdón Es Permitir A *Dios* Penalizar A Otros.

812 Adaptación Es La Semilla Para La *Longevidad.*

813 Lo Que Dios *Hace*…
Revela Lo Que Él *Es*.

814 Satanás *Resiente*…
Todo Lo Que Dios *Ama*.

815 Tus *Metas* Exponen A
Quien Debes *Ignorar*.

816 Aquellos Que Poseen Una Boca
de Siervo No Necesariamente
Poseen Un Corazón de Siervo.

817 Tus *Metas* Identifican Lo
Que Debes *Dejar* de Hacer.

818 Tu *Mente*…Es Tu Mundo.

819 Gratitud Es La Semilla Que
Garantiza…*Más*.

820 La Primera Venida de Jesús Fue Para Nuestra *Preparación;* Su *Segunda* Venida Es Para Nuestra *Promoción.*

821 Cuando Dios Quiere Darte *Energía,* Él Trae Un *Aprendiz* A Tu Vida.

822 Jamás Conocerás Realmente A Alguien Sino Hasta Que Los Contratas Los Despides...Te Casas Con Ellos...O Les Dices "No".

823 Tus Metas...Eligen Qué *Voz* Importa *Más.*

824 La Confusión Es La Prueba de Que Un *Engañador* Está Presente.

825 Una *Canción* Es Un *Corredor* Hacia La Presencia de Dios.

826 El *Silencio* Es Frecuentemente La Semilla Para La *Paz.*

827 No Siempre Puedes Impedir Que Una Tragedia Ocurra Cerca de Ti; Pero Siempre Puedes Impedir Que Una Ocurra Dentro de Ti.

828 Un Confidente Puede Programar Tu Fracaso.

829 El Dolor Fuera de Lo Común Frecuentemente Crea Logros Fuera de Lo Común.

830 El Enemigo de La Verdad Es La *Confusión.*

831 La Palabra de Dios Produce La *Energía* de Dios En Ti.

832 Si Tienes Más de Lo Que Puedes *Organizar, Priorizar* O *Supervisar,* Quizá Tengas Más de Lo Que Dios Se Propuso.

833 La *Conversación* Es La Semilla Para El *Entendimiento.*

834 El Éxito Es La *Fragancia Del Gozo* Cuando Una Meta Ha Sido Alcanzada.

835 Tu Vida Siempre Se *Moverá* Hacia La Dirección de Tu Pensamiento *Más Dominante.*

836 Tú Nunca *Recibes* Un Milagro Hasta Que *Necesitas* Uno.

837 Oportunidad Es La Única Obligación Que Dios Tiene Con El Hombre.

838 El Fracaso *Más Grande* de Satanás Fue La *Crucifixión de Cristo.*

839 Nunca Alcanzarás El *Palacio*…Hablando Como Un *Plebeyo.*

840 La *Alabanza* Es La Semilla Para El *Contentamiento.*

841 Tu *Mente* Es El Cuarto Obscuro Donde Tu *Auto Retrato* Es Revelado.

842 Un Problema No Es Una *Tragedia* Para Escapar; Sino Más Bien Una *Escuela* Para Aprender.

843 Confía En *Dios*; Ama A Los *Hombres*.

844 La Falta de Oración Es La Prueba de La Arrogancia.

845 Unidad No Es Estar Ciegos A La Diferencia Sino La *Celebración* de La Diferencia.

846 La Evidencia de Una Vida *Victoriosa* Es…El *Gozo*.

847 *Descanso* Es…La Semilla de La *Esperanza*.

848 La *Evidencia* de Integridad Es...Un Voto Cumplido.

849 Tu *Mejor Amigo* Te Ama Como Eres; Tu *Mentor* Te Ama Demasiado Para Dejarte Así.

850 Riqueza Es Cuando Tienes Mucho de Algo Que Amas.

851 Tú Sólo Puedes Ayudar A Alguien Que Ha Elegido Confiar En Ti.

852 Fervor Sin *Protocolo* Es Caos.

853 Tu Voluntad de Seguir Una Instrucción Determina *Lo Valioso Que Eres* Para Otros, Las *Responsabilidades* Que Recibes Y Las *Promociones* Que Te Son Dadas.

854 La Búsqueda Es Una Fortaleza No Una Debilidad.

855 Un Hombre No Se Casa Con Una Mujer Por Cómo Se Ve, Sino *Por Cómo Se Siente Él...*En Su Presencia.

856 Una Semilla Es *Cualquier Cosa* Que Puede Convertirse En Más.

857 La Adversidad Revela... Tu *Diferencia*.

858 Tu Mente Es Un Jardín Que Requiere Atención Constante.

859 Un *Enemigo* Puede Darte En Un *Día* Lo Que Un *Amigo* No Te Puede Dar En *Toda Una Vida*.

860 Nunca Des Tu Corazón; Dale A La Gente Una Oportunidad de Conocerlo.

861 La Excelencia Es La Semilla Para La Credibilidad.

862 Auto Confianza Es Fe En Tu Diferencia.

863 Un Enemigo *No Confrontado* Controlará Tu Futuro.

864 El *Enojo* Es La Semilla Para El *Cambio*.

865 Lo Que Te Mantiene *Entusiasmado* Te Mantiene *Creativo*.

866 Cualquier Movimiento Hacia Lo *Correcto* Crea Oposición de Algo *Erróneo*.

867 Cualquier Movimiento Hacia El *Orden* Expone Lo Que *No Pertenece* En Tu Vida.

868 Honrar A Los *Padres* Garantiza Favor *Generacional*.

869 Aquellos Que Pueden Ser *Comprados*...Pueden Ser Comprados Por *Otro*.

870 Cualquier Cosa Inspeccionada *Mejora*—Cualquier Cosa Ignorada Se *Deteriora*.

871 El Enfoque de *Dios* Se Vuelve El Enfoque de *Satanás*.

872 Cualquier Cosa Que Te Roba de La *Presencia Divina,* Te Ha Robado *Recompensas Divinas*.

873 El Silencio Es *Permiso*.

874 Los Campeones No Se *Vuelven* Campeones En El Cuadrilátero; En El Cuadrilátero Simplemente Son Reconocidos. Su Transformación Ocurre En La Rutina Diaria.

875 Ausencia Es La Semilla Para El *Desorden*.

Las Etapas de Tu Vida
Cambiarán Cada Vez
Que Decidas
Usar Tu Fe.

-MIKE MURDOCK

876 Crisis Es Meramente Información *Concentrada*.

877 El *Descontento* Es La Semilla Para El *Cambio*.

878 La Deslealtad *Magnifica* Los Defectos de Un Líder.

879 Nunca Luches Una Batalla Que Tiene *Pocas Recompensas*.

880 El *Entusiasmo* Es El Resultado de La *Obediencia*.

881 Toda Falla Puede Ser Rastreada A Algo Que Fue Sucediendo *Diariamente*...En Tu *Mente,* Tu *Casa* O Tu *Vida*.

882 El Enfoque Es La Semilla Para La Productividad Fuera de Lo Común.

883 Tu Grandeza *No* Le Está *Escondida* A Quien *Dios Ha Asignado* Para Promoverte.

884 Todo Mentor Tiene Un Enfoque *Diferente.*

885 Todo Mentor Ha Derrotado Un Enemigo *Diferente.*

886 Todo Mentor Usa Armamento *Diferente.*

887 Toda Estación de Adversidad Tiene Una Raíz Que La Provoca.

888 Todo Mundo Se Duele... *En Algún Lado.*

889 La Rebelión Es La Semilla Para La *Pérdida.*

890 **T**odo Lo Que Haces...*Educa* A Los Demás *Acerca de Ti.*

891 **T**odo Lo Que Quieres En Tu Futuro...Ya *Está En Tu Presente.*

892 **L**a *Familiaridad* Es Una Prueba Continua de *Carácter.*

893 **E**l Favor Debe Convertirse En Tu Semilla *Antes* de Que Se Convierta En Tu Cosecha.

894 **E**l Perdón *No* Es La Remoción de Tu *Memoria*...Sino La Remoción de Tu *Dolor.*

895 **L**os Amigos Crean *Placer;* Los Enemigos Crean *Promoción.*

896 **E**l *Protocolo* Es Una Semilla de *Honor.*

897 Los Regalos *Prometidos* Son Más Emocionantes Que Los Regalos *Recibidos.*

898 Dios Retira Lo *Inferior* Para Traer Lo *Más Grande.*

899 El Enfoque Es Una Decisión: Tu *Pasado* O Tu *Futuro.*

900 Dios Sólo Responderá Favorablemente A Quienes Perciban Su Valor.

901 Dios Les Dice A Los *Demás* Lo Que Él *No* Te Dice A Ti.

902 El *Entrenamiento* Divino Es Evidencia de Un *Plan* Divino.

903 El *Acuerdo* Es La Semilla Para El Favor *Inmediato.*

904 Qué Tan Fuera de Lo Común Es Un Hombre, Se Ve En Sus Decisiones.

905 Los *Grandes* Hombres No Siempre Son Hombres Comprendidos.

906 Los Grandes Milagros No Requieren *Grandes* Instrucciones—Sólo Instrucciones *Obedecidas.*

907 Grandeza Es La Disposición de Abrazar Responsabilidad Fuera de Lo Común.

908 La Culpa Siempre Te Hace *Crítico*...Hacia La *Autoridad.*

909 El *Hábito* Es Más Poderoso Que El Deseo.

910 Dios *Nunca* Responde A Las *Necesidades;* Dios *Siempre* Responde A Las *Semillas.*

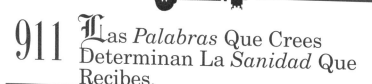

911 Las *Palabras* Que Crees Determinan La *Sanidad* Que Recibes.

912 Felicidad No Es La *Ausencia* de Conflicto, Sino La *Resolución* de Este.

913 El Desinterés…Es *Información*.

914 Si Una Carta *No Santa* Puede *Impedir* Tu Asignación, Una Carta Santa Puede Restaurar Tu Asignación.

915 Si No Sabes Lo *Que* Realmente Quieres, ¿A *Quién* Le Vas A Preguntar?

916 Si Debes Dudar de Tu *Instrucción,* No Dudes de Tu *Instructor.*

917 El *Futuro* de Toda Semilla Es *Desconocido*…Hasta *Después* de Que Entra En La Tierra.

918 Discernimiento Es Tu *Espíritu* Viendo Lo Que Tu *Mente* Todavía No Te Ha Reportado.

919 La Integridad *Acoge* Al Escrutinio.

920 La Integridad Es Inclusive Admirada Por Quienes *Carecen* de Ella.

921 Es El León Y El Oso Que Combates En Tu *Soledad*…Lo Que Te Califica Para El Goliat En La *Multitud.*

922 Los Celos Son La Evidencia de Que No Has Discernido Todavía *Tu Propia* Asignación.

923 Jesús Responde A *Una* Persona Que *Busca* Antes Que Responder A Una *Multitud* Que Ruge.

924 Los Hombres *Fuera de Lo Común* Pueden Desatar Cosechas *Fuera de Lo Común.*

925 Lealtad Es La Voluntad de *Cubrir Una Debilidad.*

926 Saber Solamente Una Verdad Puede Ser Tan Mortal Como No Saber Ninguna Verdad.

927 Un Error *No* Te Hace Un Tonto—*Negarlo* Es Lo Que Te Convierte En Uno.

928 Tu Maná Para *Mañana* No Ha Llegado Todavía.

929 Madurez Es La Habilidad Para *Discernir* Al Ignorante Sin Hablar de Ellos.

930 Los Hombres *No* Deciden Su Futuro, Ellos Deciden Sus *Hábitos* Y Sus *Hábitos* Deciden Su *Futuro.*

931 Nunca Estás Más Cerca de Dios Que Cuando Siembras Una Semilla Inspirada Por Un Hombre de Dios.

932 Los Hombres Que Fuerzan A Su Esposa A Tomar Una Decisión Que Corresponde Al Hombre Pueden Esperarse Las Consecuencias de Una Mala Decisión.

933 Los Hombres Raramente Buscan Lo Que *Necesitan,* Ellos Siempre Buscan Lo Que *Realmente Quieren.*

934 Nunca Aceptes Responsabilidad Por Las Decisiones de *Alguien Más.*

935 Nunca Construyas Tu *Futuro*...Alrededor de Tu *Pasado.*

936 Nunca Lleves La Carga...*Diseñada Para Otro.*

937 Nunca Tomes Una Decisión *Permanente* Por Un Deseo Pasajero.

938 Tu Semilla Es Un Arma de *Hoy*...Para Una Batalla de *Mañana.*

939 Nada Es Más Atormentador Que Vivir *Sin Ser Recompensado* Por Tu *Diferencia.*

940 Sólo Un Tonto Da Cátedras Sobre *Ahogados…* En Tiempo de *Sequía.*

941 La Pasión Encuentra La Distancia *Más Corta* Hacia Cualquier Meta.

942 La Pasión Es Una Pista A Una *Nueva* Estación Que Estás *Entrando.*

943 La Paz No Es La *Ausencia* de Un Adversario, Sino La *Recompensa* Para *Conquistar* Uno.

944 Un Líder Es *Cualquiera* Que Alguien Está Siguiendo.

945 Nunca Te Bajes de Tu *Carruaje Real* Para Atrapar Al *Plebeyo* Que Aventó El Jitomate.

946 Los Problemas *Discernidos* Se Convierten En Problemas *Resueltos.*

947 La Promoción *No* Es Un Aumento En Tus Responsabilidades Sino Un *Cambio* En Ellos.

948 Recibir Favor Revela El Carácter *Del Dador; Mantener* El Favor Revela El Carácter de *Quien Recibe.*

949 Aquellos Que Están Dispuestos A Pasar Tiempo Valioso Con Tontos Posiblemente También Sean Tontos.

950 Es Imposible Esconder El Afecto Verdadero.

951 El Silencio Es El *Acuerdo* de Un Tonto, A Una *Señal* Del Sabio.

952 Las Águilas Y Los Pollos Tienen Conversaciones Diferentes.

953 Pequeñas Bisagras Hacen Girar *Enormes* Puertas.

954 La Soledad Es La Semilla Para El Discernimiento.

955 Algunos Estudian La Salida de Los *Centavos*; Otros Estudian La Entrada de Los *Dólares…Los Sabios Estudian Ambos.*

956 Algo Que Dios Te Ha *Dado* Resolverá El Problema Que Dios Ha *Permitido.*

957 Lo Que Atrae La Atención de Un Hombre No Garantiza Su Respeto.

958 La Contención Es La Evidencia de Que *Dos Sistemas de Creencias* Han Chocado.

959 Programa Lo Que Te Agrada Porque El Dolor Se Programará Solo.

960 La Sumisión Es Una *Decisión,* No Un Milagro.

961 La *Cura* Divina Contra La Inseguridad Es…La *Presencia* Divina.

962 El Día Que Te Enojas Por Tus Fracasos Es El Día Que Comienzas A Ganar.

963 Un Mentor Es La Salida *Más Rápida* de Una Crisis.

964 Las Reacciones Revelan Debilidad.

965 El Silencio Es Un Arma de *Control,* Un Favorito En El Arsenal de Los Engañadores.

966 La Preparación *Nunca* Es Un Retraso.

967 Si Quieres *Mi* Dinero, Me Has Autorizado A Examinar *Cómo Gastas El Tuyo.*

968 La Llave Para El Éxito *No* Está En Ver *Cuánto* Puedes Hacer, Sino En Hacer *Lo* Que *Más* Te Gusta...Con *Excelencia.*

969 Mientras Menos *Sabiduría* Tengas, Más *Milagros* Necesitarás.

970 Los Recuerdos Pueden Convertir Tu Ayer En Tu Futuro.

971 La Misericordia Que *Depositas* Determina La Misericordia Que *Retiras.*

972 La Mente Siempre Resentirá Lo Que No Puede Dominar.

973 Tu *Enfoque* Decidirá Lo Que Dominas.

No Tienes Derecho
A Nada Que No
Hayas Perseguido.

-MIKE MURDOCK

974 Solamente Los *Desesperados* Se Cuelgan de Los Desinteresados.

975 La Única Parte de La Biblia Que Está *Funcionando Para Ti* Es La Parte Que Has Elegido *Creer.*

976 El Secreto de *Disfrutar* A Una Persona de Éxito Es *Amar Su Enfoque.*

977 El *Precio* de Tu Futuro Es... Tu *Presente.*

978 La *Evidencia* de La Sabiduría Es La *Búsqueda* de La Sabiduría.

979 El Propósito de La *Disciplina* Es...Dar Nacimiento A Un *Hábito.*

980 Nunca Pongas *Frente* A Ti Lo Que No Quieres *Dentro* de Ti.

981 El Papel de La Sabiduría Son Las Reacciones *Correctas.*

982 La Calidad de Tu *Preparación* Determina La Calidad de Tu *Desempeño.*

983 La Calidad Del *Mentor* No Predice La Calidad Del *Aprendiz.*

984 Tus *Reacciones* Me Dirán Lo Que Un *Interrogatorio* No Hará.

985 La Razón Por La Que *Comienzan* Las Relaciones No Es Siempre La Razón Por La Que *Continúan.*

986 La Mujer *Fuera de Lo Común* Le Habla Al *Rey* En El Hombre Cuando El *Tonto* Dentro de Él Está Hablando.

987 El *Diario* Tú Se Convierte En El Futuro Tú.

988 El Débil Puede Volverse *Fuerte*…En La Presencia Del *Audaz.*

989 El Que No Busca Se Descalifica Para El *Cambio.*

990 El Valor de Cualquier Relación Puede Ser Medido Por Su Influencia En Tus Prioridades Inmediatas.

991 Aquellos Que Coleccionan *Piedras* Raramente Escalan *Montañas.*

992 Aquellos Que No Están Dispuestos A *Buscar* Tu Consejo No Están *Interesados* En El.

993 Aquellos Que *No* Requieren Tu *Diferencia* Frecuentemente Desdeñan A *Quienes La Requieren.*

994 Nunca Confíes En Un Hombre Que Puede *Olvidar* Su Deuda.

995 Aquellos Que No Valoran *Sus Propias Palabras*...Son *Incapaces* de Valorar Las Tuyas.

996 Lo Que Sucede En La *Prisión* Se Sabe En El *Palacio*.

997 Cuando *Entras* En El Lugar Secreto, Te Involucras Con *El Espíritu Santo;* Cuando *Sales* Del Lugar Secreto, Él Se Involucra *Contigo*.

998 La Fragancia de Tu Futuro Es Más Fuerte Que El Olor Del Pasado.

999 Tu Felicidad Está Determinada Por Algo Que *Haces,* No Por Algo Que *Sabes*.

1000 Tu Éxito *No* Está Determinado Por Tu Capacidad de *Conocimiento* Sino Por Tu Capacidad de *Corrección*.

1001 Tú Eres La *Semilla En Tu Jardín de La Vida*.

Si No Se Te Puede Confiar
Con Una Instrucción,
No Se Te Puede Confiar
Con Tu Futuro.

-MIKE MURDOCK

1

MIS 7 DESCUBRIMIENTOS MÁS GRANDES

El Aumento Es Un Mandato de Dios Para Nosotros En Su Palabra.
Tu Dolor Da Nacimiento A Tu Pasión.

Tu Pasión Decide Tu Búsqueda. Tu Búsqueda Determina Lo Que Descubres. ¡Estos Secretos abrirán el Futuro que has soñado…!

1. Todo Problema En Tu Vida Es Siempre Un Problema de Sabiduría. "Haciendo estar atento tu oído a la Sabiduría; Si inclinares tu corazón a la prudencia, Porque Jehová da la Sabiduría, Y de Su boca viene el conocimiento y la inteligencia", (Proverbios 2:2, 6). "Sabiduría ante todo; adquiere Sabiduría; Y sobre todas tus posesiones adquiere inteligencia", (Proverbios 4:7). "Porque escudo es la ciencia, y escudo es el dinero; mas la Sabiduría excede, en que da vida a sus poseedores", (Eclesiastés 7:12). "Y si alguno de vosotros tiene falta de Sabiduría, pídala a Dios, el cual da a todos abundantemente y sin reproche, y le será dada", (Santiago 1:5). "Pero la Sabiduría que es de lo alto es primeramente pura, después pacífica, amable, benigna, llena de misericordia y de buenos frutos, sin incertidumbre ni hipocresía", (Santiago 3:17).

2. Lo Más Importante Que Puedes Hacer En La Vida Es Honrar Al Espíritu Santo. "Y Yo rogaré al Padre, y os dará otro Consolador, para que esté con vosotros para siempre: el Espíritu de verdad, al cual el mundo no puede recibir, porque no le ve, ni le conoce; pero vosotros le conocéis, porque mora con vosotros, y estará en vosotros", (Juan 14:16-17). "Pero cuando venga el Espíritu de verdad, Él os guiará a toda la verdad; porque no hablará por Su propia cuenta, sino que hablará todo lo que oyere, y os hará saber las cosas que habrán de venir", (Juan 16:13). "Y en los postreros días, dice Dios, Derramaré de Mi Espíritu sobre toda carne, Y vuestros hijos y vuestras hijas profetizarán; Vuestros jóvenes verán visiones, Y vuestros ancianos soñarán sueños", (Hechos 2:17). "Y reposará sobre él el Espíritu de Jehová; espíritu de Sabiduría y de inteligencia, espíritu de consejo y de poder, espíritu de conocimiento y de temor de Jehová", (Isaías 11:2). "El Espíritu de Jehová el Señor está sobre Mí, porque me ungió Jehová; me ha enviado a predicar buenas nuevas a los abatidos, a vendar a los quebrantados de corazón, a publicar libertad a los cautivos, y a los presos apertura de la cárcel", (Isaías 61:1).

3. El Único Dolor de Dios Es Que Se Dude de Él, Su Único Placer Es Que Se Le Crea.
"Dios no es hombre, para que mienta, Ni hijo de hombre para que se arrepienta. El dijo, ¿y no hará? Habló, ¿y no lo ejecutará?", (Números 23:19). "Mas Él herido fue por nuestras rebeliones, molido por nuestros pecados; el castigo de nuestra paz fue sobre Él, y por Su llaga fuimos nosotros curados", (Isaías 53:5). "Y todo lo que pidiereis en oración, creyendo, lo recibiréis", (Mateo 21:22). "Jesús le dijo: Si puedes creer, al que cree todo le es posible", (Marcos 9:23). "Por tanto, os digo que todo lo que pidiereis orando, creed que lo recibiréis, y os vendrá", (Marcos 11:24). "Pero sin fe es imposible agradar a Dios; porque es necesario que el que se acerca a Dios crea que le hay, y que es galardonador de los que le buscan", (Hebreos 11:6).

4. Lo Que Hagas Que Suceda Para Otros, Dios Hará Que Suceda Para Ti.
"...sabiendo que el bien que cada uno hiciere, ése recibirá del Señor, sea siervo o sea libre", (Efesios 6:8). "Echa tu pan sobre las aguas; porque después de muchos días lo hallarás. Por la mañana siembra tu semilla, y a la tarde no dejes reposar tu mano; porque no sabes cuál es lo mejor, si esto o aquello, o si lo uno y lo otro es igualmente bueno", (Eclesiastés 11:1, 6). "Dad, y se os dará; medida buena, apretada, remecida y rebosando darán en vuestro regazo; porque con la misma medida con que medís, os volverán a medir", (Lucas 6:38). "No os engañéis; Dios no puede ser burlado: pues todo lo que el hombre sembrare, eso también segará. No nos cansemos, pues, de hacer bien; porque a su tiempo segaremos, si no desmayamos", (Gálatas 6:7, 9).

5. El Tamaño de Tu Enemigo Decide El Tamaño de Las Recompensas.
"Pero si en verdad oyeres su voz e hicieres todo lo que Yo te dijere, seré enemigo de tus enemigos, y afligiré a los que te afligieren", (Éxodo 23:22). "Me has hecho más sabio que mis enemigos con Tus mandamientos, Porque siempre están conmigo", (Salmos 119:98). "Y cada uno de los de Israel decía: ¿No habéis visto aquel hombre que ha salido? Él se adelanta para provocar a Israel. Al que le venciere, el rey le enriquecerá con grandes riquezas, y le dará su hija, y eximirá de tributos a la casa de su padre en Israel. Entonces habló David a los que estaban junto a él, diciendo: ¿Qué harán al hombre que venciere a este filisteo, y quitare el oprobio de Israel? Porque ¿quién es este filisteo incircunciso, para que provoque a los

escuadrones del Dios viviente? Y el pueblo le respondió las mismas palabras, diciendo: Así se hará al hombre que le venciere", (1 Samuel 17:25-27). "El mismo día, el rey Asuero dio a la reina Ester la casa de Amán enemigo de los judíos; y Mardoqueo vino delante del rey, porque Ester le declaró lo que él era respecto de ella. Y se quitó el rey el anillo que recogió de Amán, y lo dio a Mardoqueo. Y Ester puso a Mardoqueo sobre la casa de Amán", (Ester 8:1-2).

6. Tus Recompensas Son Decididas Por Los Problemas Que Eliges Resolver Para Otros.

"La mano negligente empobrece; Mas la mano de los diligentes enriquece. El que recoge en el verano es hombre entendido; El que duerme en el tiempo de la siega es hijo que avergüenza", (Proverbios 10:4-5). "La mano de los diligentes señoreará; Mas la negligencia será tributaria. El indolente ni aun asará lo que ha cazado; Pero haber precioso del hombre es la diligencia", (Proverbios 12:24, 27). "El alma del perezoso desea, y nada alcanza; Mas el alma de los diligentes será prosperada", (Proverbios 13:4). "¿Has visto hombre solícito en su trabajo? Delante de los reyes estará; No estará delante de los de baja condición", (Proverbios 22:29). "Todo lo que te viniere a la mano para hacer, hazlo según tus fuerzas; porque en el Seol, adonde vas, no hay obra, ni trabajo, ni ciencia, ni Sabiduría", (Eclesiastés 9:10).

7. Una Semilla Fuera de Lo Común Siempre Crea Una Cosecha Fuera de Lo Común.

"Honra a Jehová con tus bienes, y con las primicias de todos tus frutos; Y serán llenos tus graneros con abundancia, Y tus lagares rebosarán de mosto", (Proverbios 3:9-10). "Pero esto digo: El que siembra escasamente, también segará escasamente; y el que siembra generosamente, generosamente también segará", (2 Corintios 9:6). "Mientras la tierra permanezca, no cesarán la sementera y la siega, el frío y el calor, el verano y el invierno, y el día y la noche", (Génesis 8:22). "E iba el rey a Gabaón, porque aquél era el lugar alto principal, y sacrificaba allí; mil holocaustos sacrificaba Salomón sobre aquel altar. Y se le apareció Jehová a Salomón en Gabaón una noche en sueños, y le dijo Dios: Pide lo que quieras que Yo te dé", (1 Reyes 3:4-5). "Entonces ella fue e hizo como le dijo Elías; y comió él, y ella, y su casa, muchos días", (1 Reyes 17:15). "Entonces llamando a sus discípulos, les dijo: de cierto os digo que esta viuda pobre echó más que todos los que han echado en el arca; porque todos han echado de lo que les sobra; pero ésta, de su pobreza echó todo lo que tenía, todo su sustento", (Marcos 12:43-44).

2

COMO ESTABLECER METAS Y LOGRAR CADA UNA DE ELLAS

Las Metas Son Logros Importantes Para Ti.

Las metas anunciadas confirman la verdadera amistad y exponen la oposición escondida. Un hombre de mal con una meta puede lograr más que un hombre justo sin meta. La Grandeza de Tu Meta No Garantiza Su Resultado. Tu fe trabajará con tu enfoque. Escribir incrementa la posibilidad de obtener la meta 90 veces. El visualizar y hablar tu meta continuamente es crítico para el verdadero éxito. ¡Este estudio multiplicará tu éxito tremendamente!

1. El Establecer Metas Es Escribir Cualquier Cosa Que Quieres Hacer, Llegar A Ser O Tener.

"Y Jehová me respondió, y dijo: Escribe la visión, y declárala en tablas, para que corra el que leyere en ella. Aunque la visión tardará aún por un tiempo, mas se apresura hacia el fin, y no mentirá; aunque tardare, espéralo, porque sin duda vendrá, no tardará", (Habacuc 2:2-3). "Porque ¿quién de vosotros, queriendo edificar una torre, no se sienta primero y calcula los gastos, a ver si tiene lo que necesita para acabarla?", (Lucas 14:28).

2. La Aprobación Divina de Tus Sueños Y Metas Garantiza La Participación Divina.

"Y vio su amo que Jehová estaba con él, y que todo lo que él hacía, Jehová lo hacía prosperar en su mano. Pero Jehová estaba con José y le extendió Su misericordia, y le dio gracia en los ojos del jefe de la cárcel. No necesitaba atender el jefe de la cárcel cosa alguna de las que estaban al cuidado de José, porque Jehová estaba con José, y lo que él hacía, Jehová lo prosperaba", (Génesis 39:3, 21, 23). "Si Jehová no edificare la casa, En vano trabajan los que la edifican; Si Jehová no guardare la ciudad, En vano vela la guardia", (Salmos 127:1). "Reconócelo en todos tus caminos, Y Él enderezará tus veredas. No seas sabio en tu propia opinión; Teme a Jehová, y apártate del mal", (Proverbios 3:6-7).

3. Crea Tu Muro de Los Sueños Y El Ambiente Que Te Mantendrá Enfocado Y Motivado.

"Y las escribirás en los postes

de tu casa, y en tus puertas", (Deuteronomio 11:20). "Bienaventurados tus hombres, dichosos estos tus siervos, que están continuamente delante de ti, y oyen tu Sabiduría", (1 Reyes 10:8).

4. Establece Fechas Límite Para Crear Una Colección de Éxitos.

"Todo tiene su tiempo, y todo lo que se quiere debajo del cielo tiene su hora. Y dije yo en mi corazón: Al justo y al impío juzgará Dios; porque allí hay un tiempo para todo lo que se quiere y para todo lo que se hace", (Eclesiastés 3:1, 17). "Andad sabiamente para con los de afuera, redimiendo el tiempo", (Colosenses 4:5). "Cuando no sabéis lo que será mañana. Porque ¿qué es vuestra vida? Ciertamente es neblina que se aparece por un poco de tiempo, y luego se desvanece", (Santiago 4:14).

5. La Búsqueda Revela La Verdadera Pasión.

"Y me buscaréis y me hallaréis, porque me buscaréis de todo vuestro corazón", (Jeremías 29:13). "Pedid, y se os dará; buscad, y hallaréis; llamad, y se os abrirá", (Mateo 7:7). "He peleado la buena batalla, he acabado la carrera, he guardado la fe", (2 Timoteo 4:7).

6. Las Metas Fuera de Lo Común Requerirán La Nutrición de Relaciones Fuera de Lo Común.

"Los pensamientos son frustrados donde no hay consejo; Mas en la multitud de consejeros se afirman", (Proverbios 15:22). "Mejores son dos que uno; porque tienen mejor paga de su trabajo", (Eclesiastés 4:9). "¿Andarán dos juntos, si no estuvieren de acuerdo?", (Amós 3:3). "Nadie tiene mayor amor que este, que uno ponga su vida por sus amigos", (Juan 15:13).

7. Conserva El Espíritu de Un Terminador.

"Fueron, pues, acabados los cielos y la tierra, y todo el ejército de ellos", (Génesis 2:1). "Así fue acabada toda la obra del tabernáculo, del tabernáculo de reunión; e hicieron los hijos de Israel como Jehová lo había mandado a Moisés; así lo hicieron. Finalmente erigió el atrio alrededor del tabernáculo y del altar, y puso la cortina a la entrada del atrio. Así acabó Moisés la obra", (Éxodo 39:32; 40:33). "Así, pues, Salomón labró la casa y la terminó. Terminó, pues, Salomón la casa de Jehová, y la casa del rey; y todo lo que Salomón se propuso hacer en la casa de Jehová, y en su propia casa, fue prosperado",(1 Reyes 6:14; 2 Crónicas 7:11). "Yo te he glorificado en la tierra; he acabado la obra que me diste que hiciese", (Juan 17:4). "He peleado la buena batalla, he acabado la carrera, he guardado la fe", (2 Timoteo 4:7).

-3-
7 Recompensas de La Adversidad

Todo Lo Bueno Es Odiado Por Todo Lo Malo.

La Guerra Siempre Rodea El Nacimiento de Un Milagro. La Lucha Es La Prueba de Que Todavía No Has Sido Conquistado. ¡Este increíble estudio responderá preguntas que te has hecho durante toda tu vida…!!

1. La Adversidad Es Una Oportunidad Para Que Dios Públicamente Te Avale Sobrenaturalmente.

"Entonces el rey Nabucodonosor se espantó, y se levantó apresuradamente y dijo a los de su consejo: ¿No echaron a tres varones atados dentro del fuego? Ellos respondieron al rey: Es verdad, oh rey. Y él dijo: He aquí yo veo cuatro varones sueltos, que se pasean en medio del fuego sin sufrir ningún daño; y el aspecto del cuarto es semejante a hijo de los dioses", (Daniel 3:24-25). "Mi Dios envió Su ángel, el cual cerró la boca de los leones, para que no me hiciesen daño, porque ante Él fui hallado inocente; y aun delante de ti, oh rey, yo no he hecho nada malo. Entonces se alegró el rey en gran manera a causa de él, y mandó sacar a Daniel del foso; y fue Daniel sacado del foso, y ninguna lesión se halló en él, porque había confiado en su Dios", (Daniel 6:22-23). "Pero él, sacudiendo la víbora en el fuego, ningún daño padeció. Ellos estaban esperando que él se hinchase, o cayese muerto de repente; mas habiendo esperado mucho, y viendo que ningún mal le venía, cambiaron de parecer y dijeron que era un dios", (Hechos 28:5-6).

2. La Adversidad Expone La Deslealtad Y Las Relaciones Que No Son Dignas de Confianza.

"Viendo Dalila que él le había descubierto todo su corazón, envió a llamar a los principales de los filisteos, diciendo: Venid esta vez, porque él me ha descubierto todo su corazón. Y los principales de los filisteos vinieron a ella, trayendo en su mano el dinero. Mas los filisteos le echaron mano, y le sacaron los ojos, y le llevaron a Gaza; y le ataron con cadenas para que moliese en la cárcel", (Jueces 16:18, 21). "Y le dijeron: ¿Qué haremos contigo para que el mar se nos aquiete? Porque el mar se iba embraveciendo más y más. El les respondió: Tomadme y echadme al mar, y el mar se os aquietará; porque yo sé que por mi causa ha venido esta gran tempestad sobre vosotros. Y tomaron a Jonás, y lo echaron al mar; y el mar se aquietó de su furor", (Jonás 1:11-12, 15).

3. La Adversidad Es El Magneto Para Traer Buena Gente A Tu Vida.

"Aconteció que cuando él hubo acabado de hablar con Saúl, el alma de Jonatán quedó ligada con la de David, y lo amó Jonatán como a sí mismo. Y Saúl le tomó aquel día, y no le dejó volver a casa de su padre. E hicieron pacto Jonatán y David, porque él le amaba como a sí mismo", (1 Samuel 18:1-3). "Habló Saúl a Jonatán su hijo, y a todos sus siervos, para que matasen a David; pero Jonatán hijo de Saúl amaba a David en gran manera, y dio aviso a David, diciendo: Saúl mi padre procura matarte; por tanto cuídate hasta la mañana, y estate en lugar oculto y escóndete", (1 Samuel 19:1-2). "Levántate, vete a Sarepta de Sidón, y mora allí; he aquí yo he dado orden allí a una mujer viuda que te sustente. Elías le dijo: No tengas temor; ve, haz como has dicho; pero hazme a mí primero de ello una pequeña torta cocida debajo de la ceniza, y tráemela; y después harás para ti y para tu hijo. Porque Jehová Dios de Israel ha dicho así: La harina de la tinaja no escaseará, ni el aceite de la vasija disminuirá, hasta el día en que Jehová haga llover sobre la faz de la tierra. Entonces ella fue e hizo como le dijo Elías; y comió él, y ella, y su casa, muchos días", (1 Reyes 17:9, 13-15).

4. La Adversidad Desarrolla Una Adicción Y Total Dependencia A La Voz de Dios.

"Antes que fuera yo humillado, descarriado andaba; Mas ahora guardo Tu palabra", (Salmos 119:67). "Si Tu ley no hubiese sido mi delicia, Ya en mi aflicción hubiera perecido", (Salmos 119:92). "Como el ciervo brama por las corrientes de las aguas, Así clama por Ti, oh Dios, el alma mía", (Salmos 42:1).

5. La Adversidad Aumenta Tu Atención A Los Detalles Y Precisión.

"En el día del bien goza del bien; y en el día de la adversidad considera. Dios hizo tanto lo uno como lo otro, a fin de que el hombre nada halle después de Él", (Eclesiastés 7:14). "Enséñanos de tal modo a contar nuestros días, Que traigamos al corazón Sabiduría", (Salmos 90:12).

6. La Adversidad Te Capacita Para Descubrir Tu Verdadera Persuasión Interna.

"Ve y reúne a todos los judíos que se hallan en Susa, y ayunad por mí, y no comáis ni bebáis en tres días, noche y día; yo también con mis doncellas ayunaré igualmente, y entonces entraré a ver al rey, aunque no sea conforme a la ley; y si perezco, que perezca", (Ester 4:16). "He aquí nuestro Dios a quien servimos puede librarnos del horno de fuego ardiendo; y de tu mano, oh rey, nos librará. Y si no, sepas, oh rey, que no serviremos a tus dioses, ni tampoco adoraremos la estatua que has levantado", (Daniel 3:17-18).

7. La Adversidad Te Califica Para La Promoción Sobrenatural Y La Bendición. "El que tiene oído, oiga lo que el Espíritu dice a las iglesias. Al que venciere, le daré a comer del árbol de la vida, el cual está en medio del paraíso de Dios. El que tiene oído, oiga lo que el Espíritu dice a las iglesias. El que venciere, no sufrirá daño de la segunda muerte. El que tiene oído, oiga lo que el Espíritu dice a las iglesias. Al que venciere, daré a comer del maná escondido, y le daré una piedrecita blanca, y en la piedrecita escrito un nombre nuevo, el cual ninguno conoce sino aquel que lo recibe. Al que venciere y guardare mis obras hasta el fin, yo le daré autoridad sobre las naciones", (Apocalipsis 2:7, 11, 17, 26). "El que venciere será vestido de vestiduras blancas; y no borraré su nombre del libro de la vida, y confesaré su nombre delante de Mi Padre, y delante de Sus ángeles. Al que venciere, Yo lo haré columna en el templo de Mi Dios, y nunca más saldrá de allí; y escribiré sobre él el nombre de Mi Dios, y el nombre de la ciudad de Mi Dios, la nueva Jerusalén, la cual desciende del cielo, de Mi Dios, y Mi nombre nuevo. Al que venciere, le daré que se siente conmigo en Mi trono, así como Yo he vencido, y me he sentado con Mi Padre en Su trono", (Apocalipsis 3:5, 12, 21).

LAS 7 PERSONAS MÁS PELIGROSAS EN TU VIDA

Cuando La Gente Errónea Sale de Tu Vida, Las Cosas Erróneas Dejan de Suceder.

La Sabiduría te da la habilidad de ver el verdadero valor de todas las cosas alrededor de ti. No toda relación en tu vida tiene el mismo valor. Tú puedes acelerar tu éxito radicalmente si aumentas tu discernimiento de la gente errónea rápidamente. ¡Este estudio es un llamado a despertar!

1. Cualquiera Que Alimenta Tu Rebelión Contra La Autoridad. "Porque como pecado de adivinación es la rebelión, y como ídolos e idolatría la obstinación. Por cuanto tú desechaste la palabra de Jehová, Él también te ha desechado para que no seas rey", (1 Samuel 15:23). "Por tanto, así ha dicho Jehová: He aquí que Yo castigaré a Semaías de Nehelam y a su descendencia; no tendrá varón que more entre este pueblo, ni verá el bien que haré Yo a mi pueblo, dice Jehová; porque contra Jehová ha hablado rebelión", (Jeremías 29:32). "¿No pecó por esto Salomón, rey de Israel? Bien que en muchas naciones no hubo rey como él, que era amado de su Dios, y Dios lo había puesto por rey sobre todo Israel, aun a él le hicieron pecar las mujeres extranjeras", (Nehemías 13:26). "Por toda la maldad de los hijos de Israel y de los hijos de Judá, que han hecho para enojarme, ellos, sus reyes, sus príncipes, sus sacerdotes y sus profetas, y los varones de Judá y los moradores de Jerusalén. Y edificaron lugares altos a Baal, los cuales están en el valle del hijo de Hinom, para hacer pasar por el fuego sus hijos y sus hijas a Moloc; lo cual no les mandé, ni me vino al pensamiento que hiciesen esta abominación, para hacer pecar a Judá", (Jeremías 32:32, 35).

2. Cualquiera Que Deshonra El Enfoque Divino Que Dios Ha Elegido Para Tu Vida. "Y soñó José un sueño, y lo contó a sus hermanos; y ellos llegaron a aborrecerle más todavía", (Génesis 37:5). "Después de estas cosas, andaba Jesús en Galilea; pues no quería andar en Judea, porque los judíos procuraban matarle", (Juan 7:1). "Cuando el arca de Jehová llegó a la ciudad de David, aconteció que Mical hija de Saúl miró desde una ventana, y vio al rey David que saltaba y danzaba delante de Jehová; y le menospreció en su corazón", (2 Samuel 6:16). "Alejandro el calderero me ha causado muchos males; el Señor le pague conforme a sus hechos. Guárdate tú también de él, pues en gran manera se ha opuesto a nuestras palabras", (2 Timoteo 4:14-15).

3. Cualquiera Que Es Desleal. "Porque Demas me ha desamparado, amando este mundo, y se ha ido a Tesalónica. Crescente fue a Galacia, y Tito a Dalmacia", (2 Timoteo 4:10). "Entonces Jesús le dijo: Judas, ¿con un beso entregas al Hijo del Hombre?", (Lucas 22:48). "Y arrojó Saúl la lanza, diciendo: Enclavaré a David a la pared. Pero David lo evadió dos veces", (1 Samuel 18:11).

4. Cualquiera Que Está Celoso de Tu Posición, Popularidad O Prosperidad. "No codiciarás la casa de tu prójimo, no codiciarás la mujer de tu prójimo, ni su siervo, ni su criada, ni su buey, ni su asno, ni cosa alguna de tu prójimo", (Éxodo 20:17). "Y Acab habló a Nabot, diciendo: Dame tu viña para un huerto de legumbres, porque está cercana a mi casa, y yo te daré por ella otra viña mejor que esta; o si mejor te pareciere, te pagaré su valor en dinero. Y Nabot respondió a Acab: Guárdeme Jehová de que yo te dé a ti la heredad de mis padres. Y su mujer Jezabel le dijo: ¿Eres tú ahora rey sobre Israel? Levántate, y come y alégrate; yo te daré la viña de Nabot de Jezreel", (1 Reyes 21:2-3, 7). "Sean vuestras costumbres sin avaricia, contentos con lo que tenéis ahora; porque Él dijo: No te desampararé, ni te dejaré", (Hebreos 13:5).

5. Cualquiera Que Justifica La Conducta de Tus Enemigos. "Y los principales sacerdotes y los escribas buscaban cómo matarle; porque temían al pueblo. Y entró satanás en Judas, por sobrenombre Iscariote, el cual era uno del número de los doce; y éste fue y habló con los principales sacerdotes, y con los jefes de la guardia, de cómo se lo entregaría", (Lucas 22:2-4). "Aun el hombre de mi paz, en quien yo confiaba, el que de mi pan comía, Alzó contra mí el calcañar. Mas Tú, Jehová, ten misericordia de mí, y hazme levantar, Y les daré el pago", (Salmos 41:9-10). "A la verdad el Hijo del Hombre va, según está escrito de Él, mas ¡ay de aquel hombre por quien el Hijo del Hombre es entregado! Bueno le fuera a ese hombre no haber nacido", (Mateo 26:24).

6. Cualquiera Que Alimenta Tus Dudas. "Al momento Jesús, extendiendo la mano, asió de él, y le dijo: ¡Hombre de poca fe! ¿Por qué

dudaste?", (Mateo 14:31). "Respondiendo Jesús, les dijo: de cierto os digo, que si tuviereis fe, y no dudareis, no sólo haréis esto de la higuera, sino que si a este monte dijereis: Quítate y échate en el mar, será hecho", (Mateo 21:21). "Porque de cierto os digo que cualquiera que dijere a este monte: Quítate y échate en el mar, y no dudare en su corazón, sino creyere que será hecho lo que dice, lo que diga le será hecho", (Marcos 11:23).

7. Cualquiera Que Destruye Tus Expectativas. "Mas los

varones que subieron con él, dijeron: No podremos subir contra aquel pueblo, porque es más fuerte que nosotros. Y hablaron mal entre los hijos de Israel, de la tierra que habían reconocido, diciendo: La tierra por donde pasamos para reconocerla, es tierra que traga a sus moradores; y todo el pueblo que vimos en medio de ella son hombres de grande estatura. También vimos allí gigantes, hijos de Anac, raza de los gigantes, y éramos nosotros, a nuestro parecer, como langostas; y así les parecíamos a ellos", (Números 13:31-33). "Y si la hierba del campo que hoy es, y mañana se echa en el horno, Dios la viste así, ¿no hará mucho más a vosotros, hombres de poca fe?", (Mateo 6:30). "Él les dijo: ¿Por qué teméis, hombres de poca fe? Entonces, levantándose, reprendió a los vientos y al mar; y se hizo grande bonanza", (Mateo 8:26). "Y entendiéndolo Jesús, les dijo: ¿Por qué pensáis dentro de vosotros, hombres de poca fe, que no tenéis pan?", (Mateo 16:8).

El Dinero Es Un Regalo Hermoso Que Recibes Cuando Resuelves Un Problema Para Alguien.

Es necesario e importante cuando quieres lograr metas fuera de lo común. Sin embargo, millonarios han cometido suicidio, desanimados por un amor perdido y depresión inenarrable. El dinero es una respuesta a muchos problemas que enfrentamos. Sin embargo, la Biblia es muy clara acerca de 7 cosas que el dinero no puede comprar. ¡Este estudio puede liberar un gozo indescriptible cuando lo haces tuyo y lo crees…!

1. La Unción. "Cuando vio Simón que por la imposición de las manos de los apóstoles se daba el Espíritu Santo, les ofreció dinero, diciendo: Dadme también a mí este poder, para que cualquiera a quien yo impusiere las manos reciba el Espíritu Santo. Entonces Pedro le dijo: Tu dinero perezca contigo, porque has pensado que el don de Dios se obtiene con dinero", (Hechos 8:18-20). "Acontecerá en aquel tiempo que su carga será quitada de tu hombro, y su yugo de tu cerviz, y el yugo se pudrirá a causa de la unción", (Isaías 10:27). "El Espíritu del Señor está sobre Mí, Por cuanto me ha ungido para dar buenas nuevas a los pobres; me ha enviado a sanar a los quebrantados de corazón; a pregonar libertad a los cautivos, y vista a los ciegos; a poner en libertad a los oprimidos", (Lucas 4:18). "Pero la unción que vosotros recibisteis de Él permanece en vosotros, y no tenéis necesidad de que nadie os enseñe; así como la unción misma os enseña todas las cosas, y es verdadera, y no es mentira, según ella os ha enseñado, permaneced en Él", (1 Juan 2:27).

2. El Perdón. "Porque por gracia sois salvos por medio de la fe; y esto no de vosotros, pues es don de Dios; no por obras, para que nadie se gloríe", (Efesios 2:8-9). "Si confesamos nuestros pecados, Él es fiel y justo para perdonar nuestros pecados, y limpiarnos de toda maldad", (1 Juan 1:9). "Porque Tú, Señor, eres bueno y perdonador, y grande en misericordia para con todos los que te invocan", (Salmos 86:5). "Que si confesares con tu boca que Jesús es el Señor, y creyeres en tu corazón que Dios le levantó de los muertos, serás salvo", (Romanos 10:9).

3. La Salud. "No seas sabio en tu propia opinión; Teme a Jehová, y apártate del mal; Porque será medicina a tu cuerpo, Y refrigerio para tus huesos", (Proverbios 3:7-8). "Hijo mío, está atento a mis palabras; inclina tu oído a mis razones. No se aparten de tus ojos; guárdalas en medio de tu corazón; porque son vida a los que las hallan, y medicina a todo su cuerpo", (Proverbios 4:20-22). "Mas Yo haré venir sanidad para ti, y sanaré tus heridas, dice Jehová; porque desechada te llamaron, diciendo: Esta es Sion, de la que nadie se acuerda", (Jeremías 30:17). "Amado, yo deseo que tú seas prosperado en todas las cosas, y que tengas salud, así como prospera tu alma", (3 Juan 2).

4. La Vida Misma. "Porque el que me halle, hallará la vida, y alcanzará el favor de Jehová", (Proverbios 8:35). "Ninguno puede servir a dos señores; porque o aborrecerá al uno y amará al otro, o estimará al uno y menospreciará al otro. No podéis servir a Dios y a las riquezas. Por tanto os digo: no os afanéis por vuestra vida, qué habéis de comer o qué habéis de beber; ni por vuestro cuerpo, qué habéis de vestir. ¿No es la vida más que el alimento, y el cuerpo más que el vestido? ¿Y quién de vosotros podrá, por mucho que se afane, añadir a su estatura un codo?", (Mateo 6:24-25, 27). "Y les dijo: Mirad, y guardaos de toda avaricia; porque la vida del hombre no consiste en la abundancia de los bienes que posee. Pero Dios le dijo: Necio, esta noche vienen a pedirte tu alma; y lo que has provisto, ¿de quién será? así es el que hace para sí tesoro, y no es rico para con Dios", (Lucas 12:15, 20-21).

5. El Amor Digno de Confianza. "Y la esperanza no avergüenza; porque el amor de Dios ha sido derramado en nuestros corazones por el Espíritu Santo que nos fue dado", (Romanos 5:5). "Mas el fruto del Espíritu es amor, gozo, paz, paciencia, benignidad, bondad, fe", (Gálatas 5:22). "Las muchas aguas no podrán apagar el amor, ni lo ahogarán los ríos. Si diese el hombre todos los bienes de su casa por este amor, de cierto lo menospreciarían", (Cantares 8:7).

6. La Paz. "En paz me acostaré, y asimismo dormiré; porque solo Tú, Jehová, me haces vivir confiado", (Salmos 4:8). "Mucha paz tienen los que aman Tu ley, y no hay para ellos tropiezo", (Salmos 119:165). "A todos los sedientos: venid a las aguas; y los que no tienen dinero, venid, comprad y comed. Venid, comprad sin dinero y sin precio, vino y leche. Por qué gastáis el dinero en lo que no es pan, y vuestro trabajo en lo que no sacia? oídme atentamente, y comed del bien, y se deleitará vuestra alma con grosura", (Isaías 55:1-2). "La paz os dejo, Mi paz os doy; Yo no os la doy como el mundo la da. No se turbe vuestro corazón, ni tenga miedo", (Juan 14:27). "Entonces le dijo: Te ruego, pues, padre, que le envíes a la casa de mi padre, porque tengo cinco hermanos, para que les testifique, a fin de que no vengan ellos también a este lugar de tormento", (Lucas 16:27-28).

7. Las Oportunidades Perdidas. "Guarda silencio ante Jehová,

y espera en Él. No te alteres con motivo del que prospera en su camino, por el hombre que hace maldades", (Salmos 37:7). "Por Jehová son ordenados los pasos del hombre, y Él aprueba su camino", (Salmos 37:23). "Y os restituiré los años que comió la oruga, el saltón, el revoltón y la langosta, mi gran ejército que envié contra vosotros", (Joel 2:25).

~6~

LAS 7 PERSONAS MÁS IMPORTANTES EN TU VIDA

La Sabiduría Es La Habilidad de Reconocer Diferencias.

La Diferencia…En Oportunidad, Ambiente Y Especialmente La Gente En Tu Vida. ¿La opinión de quién valoras? ¿El consejo de quién persigues? ¿A quién deseas proteger?¿El favor de a quién ha sido el punto decisivo en tu vida? Tú Sólo Conservarás Lo Que Estás Dispuesto A Proteger. ¡Estas Llaves de Sabiduría serán puntos decisivos en tu vida…!

1. Cualquiera Que Dios Ha Asignado A Interceder Por Ti.

"Y busqué entre ellos hombre que hiciese vallado y que se pusiese en la brecha delante de Mí, a favor de la tierra, para que Yo no la destruyese; y no lo hallé", (Ezequiel 22:30). "Otra vez os digo, que si dos de vosotros se pusieren de acuerdo en la tierra acerca de cualquiera cosa que pidieren, les será hecho por Mi Padre que está en los cielos", (Mateo 18:19). "Así que, lejos sea de mí que peque yo contra Jehová cesando de rogar por vosotros; antes os instruiré en el camino bueno y recto", (1 Samuel 12:23). "Así, cuando destruyó Dios las ciudades de la llanura, Dios se acordó de Abraham, y envió fuera a Lot de en medio de la destrucción, al asolar las ciudades donde Lot estaba", (Génesis 19:29).

2. Cualquiera Dispuesto A Luchar Por Ti En Tu Ausencia.

"Habló Saúl a Jonatán su hijo, y a todos sus siervos, para que matasen a David; pero Jonatán hijo de Saúl amaba a David en gran manera, y dio aviso a David, diciendo: Saúl mi padre procura matarte; por tanto cuídate hasta la mañana, y estate en lugar oculto y escóndete", (1 Samuel 19:1-2). "Las mujeres asimismo sean honestas, no calumniadoras, sino sobrias, fieles en todo", (1 Timoteo 3:11). "Porque: El que quiere amar la vida y ver días buenos, refrene su lengua de mal, y sus labios no hablen engaño", (1 Pedro 3:10).

3. Cualquiera En Tu Cadena Bíblica de Autoridad.

"Acordaos de vuestros pastores, que os hablaron la palabra de Dios; considerad cuál haya sido el resultado de su conducta, e imitad su fe. Obedeced a vuestros pastores, y sujetaos a ellos; porque ellos velan por vuestras almas, como quienes han de dar cuenta; para que lo hagan con alegría, y no quejándose, porque esto no os es provechoso", (Hebreos 13:7, 17). "Y vio su amo que Jehová estaba con él, y que todo lo que él hacía, Jehová lo hacía prosperar en su mano. Así halló José gracia en sus ojos, y le servía; y él le hizo mayordomo de su casa y entregó en su poder todo lo que tenía", (Génesis 39:3-4). "Pero Jehová estaba con José y le extendió su misericordia, y le dio gracia en los ojos del jefe de la cárcel. Y el jefe de la cárcel entregó en mano de José el cuidado de todos los presos que había en aquella prisión; todo lo que se hacía allí, él lo hacía. No necesitaba atender el jefe de la cárcel cosa alguna de las que estaban al cuidado de José, porque Jehová estaba con José, y lo que él hacía, Jehová lo prosperaba", (Génesis 39:21-23). "Entonces el rey engrandeció a Daniel, y le dio muchos honores y grandes dones, y le hizo gobernador de toda la provincia de Babilonia, y jefe supremo de todos los sabios de Babilonia", (Daniel 2:48).

4. Cualquiera Dispuesto A Corregirte Honestamente. "No reprendas al escarnecedor, para que no te aborrezca; corrige al sabio, y te amará", (Proverbios 9:8). "Camino a la vida es guardar la instrucción; pero quien desecha la reprensión, yerra", (Proverbios 10:17). "Pobreza y vergüenza tendrá el que menosprecia el consejo; Mas el que guarda la corrección recibirá honra", (Proverbios 13:18). "Toda la Escritura es inspirada por Dios, y útil para enseñar, para redargüir, para corregir, para instruir en justicia", (2 Timoteo 3:16).

5. Cualquiera En Quien Puedas Confiar Tus Debilidades, Tu Dolor Y Tus Finanzas. "Como diente roto y pie descoyuntado Es la confianza en el prevaricador en tiempo de angustia", (Proverbios 25:19). "Trata tu causa con tu compañero, Y no descubras el secreto a otro", (Proverbios 25:9). "La discreción te guardará; Te preservará la inteligencia", (Proverbios 2:11).

6. Alguien Que Confía En Ti. "El hombre que tiene amigos ha de mostrarse amigo; Y amigo hay más unido que un hermano", (Proverbios 18:24). "En todo tiempo ama el amigo, Y es como un hermano en tiempo de angustia", (Proverbios 17:17). "Aconteció que cuando él hubo acabado de hablar con Saúl, el alma de Jonatán quedó ligada con la de David, y lo amó Jonatán como a sí mismo. E hicieron pacto Jonatán y David, porque él le amaba como a sí mismo. Y Jonatán se quitó el manto que llevaba, y se lo dio a David, y otras ropas suyas, hasta su espada, su arco y su talabarte", (1 Samuel 18:1, 3-4). "Mejores son dos que uno; porque tienen mejor paga de su trabajo", (Eclesiastés 4:9).

7. Cualquiera Que Te Persuade de Confiar En Dios. "Pero sin fe es imposible agradar a Dios; porque es necesario que el que se acerca a Dios crea que le hay, y que es galardonador de los que le buscan", (Hebreos 11:6). "¿Cómo, pues, invocarán a aquel en el cual no han creído? ¿Y cómo creerán en aquel de quien no han oído? ¿Y cómo oirán sin haber quien les predique? ¿Y cómo predicarán si no fueren enviados? Como está escrito: ¡Cuán hermosos son los pies de los que anuncian la paz, de los que anuncian buenas nuevas!", (Romanos 10:14-15). "Y vino uno de los sacerdotes que habían llevado cautivo de Samaria, y habitó en Bet-el, y les enseñó cómo habían de temer a Jehová", (2 Reyes 17:28).

7 Decisiones Que Decidirán Tu Gozo Este Año

¿Importa El Gozo?

El gozo es entusiasmo producido por experiencias y expectativas. Tus Decisiones Deciden Tus Experiencias. El gozo es energía. Es contagioso. ¡Nuestro Padre Celestial quiere que descubras estos 7 ingredientes en la ecuación del gozo! ¡Este estudio eliminará muchas estaciones de dolor en tu vida…!

1. Tu Decisión de Aceptar La Palabra de Dios Como La Infalible Sabiduría de Dios.

"Guardadlos, pues, y ponedlos por obra; porque esta es vuestra Sabiduría y vuestra inteligencia ante los ojos de los pueblos, los cuales oirán todos estos estatutos, y dirán: Ciertamente pueblo sabio y entendido, nación grande es esta", (Deuteronomio 4:6). "Pero nosotros predicamos a Cristo crucificado, para los judíos ciertamente tropezadero, y para los gentiles locura; mas para los llamados, así judíos como griegos, Cristo poder de Dios, y Sabiduría de Dios", (1 Corintios 1:23-24). "Toda la Escritura es inspirada por Dios, y útil para enseñar, para redargüir, para corregir, para instruir en justicia", (2 Timoteo 3:16).

2. Tu Decisión de Siempre Arrepentirte Rápidamente.

"El Señor no retarda Su promesa, según algunos la tienen por tardanza, sino que es paciente para con nosotros, no queriendo que ninguno perezca, sino que todos procedan al arrepentimiento", (2 Pedro 3:9). "Si confesamos nuestros pecados, Él es fiel y justo para perdonar nuestros pecados, y limpiarnos de toda maldad", (1 Juan 1:9).

3. Tu Decisión de Verter Excelencia En El Momento Presente.

"¿Has visto hombre solícito en su trabajo? Delante de los reyes estará; no estará delante de los de baja condición", (Proverbios 22:29). "El hombre de verdad tendrá muchas bendiciones; mas el que se apresura a enriquecerse no será sin culpa", (Proverbios 28:20). "Pero Daniel mismo era superior a estos sátrapas y gobernadores, porque había en él un espíritu superior; y el rey pensó en ponerlo sobre todo el reino", (Daniel 6:3). "Procurad, pues, los dones mejores. Mas yo os muestro un camino aun más excelente", (1 Corintios 12:31).

4. Tu Decisión de Reconocer Y Honrar Tus Propias Necesidades Únicas Que Van Surgiendo.

"Cuando yo era niño, hablaba como niño, pensaba como niño, juzgaba como niño; mas cuando ya fui hombre, dejé lo que era de niño", (1 Corintios 13:11). "Os di a beber leche, y no vianda; porque aún no erais capaces, ni sois capaces todavía", (1 Corintios 3:2). "Y todo aquel que participa de la leche es inexperto en la palabra de justicia, porque es niño; pero el alimento sólido es para los que han alcanzado madurez, para los que por el uso tienen los sentidos ejercitados en el discernimiento del bien y del mal", (Hebreos 5:13-14). "Antes bien, creced en la gracia y el conocimiento de nuestro Señor y Salvador Jesucristo. A Él sea gloria ahora y hasta el día de la eternidad. Amén", (2 Pedro 3:18).

5. Tu Decisión de Identificar Y Recompensar Amistades Valiosas.

"Nadie tiene mayor amor que este, que uno ponga su vida por sus amigos. Vosotros sois mis amigos, si hacéis lo que yo os mando", (Juan 15:13-14). "Y no participéis en las obras infructuosas de las tinieblas, sino más bien reprendedlas", (Efesios 5:11). "Así que, según tengamos oportunidad, hagamos bien a todos, y mayormente a los de la familia de la fe", (Gálatas 6:10).

6. Tu Decisión de Descalificar A Aquellos Que Crean Distracción, Disensión, Y Falta de Respeto.

"Por tanto, si tu ojo derecho te es ocasión de caer, sácalo, y échalo de ti; pues mejor te es que se pierda uno de tus miembros, y no que todo tu cuerpo sea echado al infierno", (Mateo 5:29). "Y Jesús le dijo: ninguno que poniendo su mano en el arado mira hacia atrás, es apto para el reino de Dios", (Lucas 9:62). "Honra es del hombre dejar la contienda; Mas todo insensato se envolverá en ella", (Proverbios 20:3).

7. Tu Decisión de Obedecer La Voz Interna Del Espíritu Santo...Instantáneamente.

"Y vendrán sobre ti todas estas bendiciones, y te alcanzarán, si oyeres la voz de Jehová tu Dios", (Deuteronomio 28:2). "Fíate de Jehová de todo tu corazón, y no te apoyes en tu propia prudencia. Reconócelo en todos tus caminos, y Él enderezará tus veredas", (Proverbios 3:5-6). "Entonces tus oídos oirán a tus espaldas palabra que diga: este es el camino, andad por él; y no echéis a la mano derecha, ni tampoco torzáis a la mano izquierda", (Isaías 30:21). "Digo, pues: andad en el Espíritu, y no satisfagáis los deseos de la carne", (Gálatas 5:16).

7 Llaves Maestras Para Duplicar Tus Finanzas

El Dinero Es Una Recompensa Por Resolver Un Problema.

Tu Sueldo está decidido por el problema que resuelves para alguien más. Hay siete puntos esenciales en la ecuación del Aumento Financiero. Algo Que Estás Haciendo Está Decidiendo Lo Que Estás Experimentando. ¡Este estudio revela los 7 elementos esenciales en la ecuación del Aumento Financiero…!

1. La Atmósfera: Crea Un Ambiente Que Te Mantenga Motivado.
"Y cuando el espíritu malo de parte de Dios venía sobre Saúl, David tomaba el arpa y tocaba con su mano; y Saúl tenía alivio y estaba mejor, y el espíritu malo se apartaba de él", (1 Samuel 16:23). "Me mostrarás la senda de la vida; en tu presencia hay plenitud de gozo; delicias a tu diestra para siempre", (Salmos 16:11). "Cuando llegó el día de Pentecostés, estaban todos unánimes juntos. Y de repente vino del cielo un estruendo como de un viento recio que soplaba, el cual llenó toda la casa donde estaban sentados", (Hechos 2:1-2).

2. Actitud: Resuelve Los Problemas Alegremente.
"El corazón alegre hermosea el rostro; mas por el dolor del corazón el espíritu se abate", (Proverbios 15:13). "El corazón alegre constituye buen remedio; mas el espíritu triste seca los huesos", (Proverbios 17:22). "Estas cosas os he hablado, para que mi gozo esté en vosotros, y vuestro gozo sea cumplido", (Juan 15:11). "Bienaventurado el pueblo que tiene esto; Bienaventurado el pueblo cuyo Dios es Jehová", (Salmos 144:15). "Bienaventurados tus hombres, dichosos estos tus siervos, que están continuamente delante de ti, y oyen tu Sabiduría", (1 Reyes 10:8).

3. Diferencia: Resuelve Un Problema Que Nadie Más Quiera Resolver.
"Te alabaré; porque formidables, maravillosas son Tus obras; Estoy maravillado, Y mi alma lo sabe muy bien", (Salmos 139:14). "¡Cuán preciosos me son, oh Dios, Tus pensamientos! ¡Cuán grande es la suma de ellos!", (Salmos 139:17). "Antes que te formase en el vientre te conocí, y antes que nacieses te santifiqué, te di por profeta a las naciones", (Jeremías 1:5). "Pero tenemos este tesoro en vasos de barro, para que la excelencia del

poder sea de Dios, y no de nosotros", (2 Corintios 4:7).

4. Adaptación: Se Fácil Y Flexible Cuando Se Trabaja Cerca de Ti.

"Y alzó sus ojos y miró, y he aquí tres varones que estaban junto a él; y cuando los vio, salió corriendo de la puerta de su tienda a recibirlos, y se postró en tierra, Y corrió Abraham a las vacas, y tomó un becerro tierno y bueno, y lo dio al criado, y éste se dio prisa a prepararlo. Tomó también mantequilla y leche, y el becerro que había preparado, y lo puso delante de ellos; y él se estuvo con ellos debajo del árbol, y comieron", (Génesis 18:2, 7-8). "No os olvidéis de la hospitalidad, porque por ella algunos, sin saberlo, hospedaron ángeles", (Hebreos 13:2). "Y a cualquiera que te obligue a llevar carga por una milla, ve con él dos", (Mateo 5:41). "Entonces Faraón envió y llamó a José. Y lo sacaron apresuradamente de la cárcel, y se afeitó, y mudó sus vestidos, y vino a Faraón", (Génesis 41:14).

5. Conversación: Haz Que Cada Conversación Sea Significativa.

"El que sacrifica alabanza me honrará; y al que ordenare su camino, le mostraré la salvación de Dios. Llegó a Betsabé, vino a él Natán el profeta", (Salmos 50:23). "En cuanto a la pasada manera de vivir, despojaos del viejo hombre, que está viciado conforme a los deseos engañosos", (Efesios 4:22). "Solamente que os comportéis como es digno del evangelio de Cristo, para que o sea que vaya a veros, o que esté ausente, oiga de vosotros que estáis firmes en un mismo espíritu, combatiendo unánimes por la fe del evangelio", (Filipenses 1:27). "Sino, como aquel que os llamó es santo, sed también vosotros santos en toda vuestra manera de vivir", (1 Pedro 1:15). "¿Quién es sabio y entendido entre vosotros? Muestre por la buena conducta sus obras en sabia mansedumbre", (Santiago 3:13).

6. Pasión: Permanece En El Centro de Lo Que Te Gusta Hacer.

"Y David danzaba con toda su fuerza delante de Jehová; y estaba David vestido con un efod de lino", (2 Samuel 6:14). "Todo lo que te viniere a la mano para hacer, hazlo según tus fuerzas; porque en el Seol, adonde vas, no hay obra, ni trabajo, ni ciencia, ni Sabiduría", (Eclesiastés 9:10). "Y me buscaréis y me hallaréis, porque me buscaréis de todo vuestro corazón", (Jeremías 29:13). "Jesús le dijo: Amarás al Señor tu Dios con todo tu corazón, y con toda tu alma, y con toda tu mente. Este es el primero y grande mandamiento", (Mateo 22:37-38).

7. Semilla: Siembra Honor E Integridad En Tu

Ambiente. "E iba el rey a Gabaón, porque aquél era el lugar alto principal, y sacrificaba allí; mil holocaustos sacrificaba Salomón sobre aquel altar. Y se le apareció Jehová a Salomón en Gabaón una noche en sueños, y le dijo Dios: pide lo que quieras que Yo te dé", (1 Reyes 3:4-5). "Este vio claramente en una visión, como a la hora novena del día, que un ángel de Dios entraba donde él estaba, y le decía: Cornelio. Él, mirándole fijamente, y atemorizado, dijo: ¿Qué es, Señor? y le dijo: tus oraciones y tus limosnas han subido para memoria delante de Dios", (Hechos 10:3-4). "Dad, y se os dará; medida buena, apretada, remecida y rebosando darán en vuestro regazo; porque con la misma medida con que medís, os volverán a medir", (Lucas 6:38). "Pero esto digo: el que siembra escasamente, también segará escasamente; y el que siembra generosamente, generosamente también segará", (2 Corintios 9:6).

9

7 Cosas Que Mi Padre Hizo Bien

Mi Padre Es Mi Ejemplo.

Mi padre simplemente ha sido el hombre más santo y puro que he conocido en toda mi vida. Vacío de búsqueda de placer, siempre intercede diariamente por horas por los niños y por el mundo. ¡Ciertamente sus siete hijos han examinado su vida cuidadosamente! Mi padre impactó mi vida desde mi niñez persuadiéndome de que la vida de oración era la única vida que debemos nutrir y desarrollar. Todo padre que se esfuerza por la excelencia y la efectividad, ¡apreciará el entendimiento que se destaca en este estudio extraordinario...!

1. Mi Padre Hizo de La Palabra El Estándar Para Su Conducta Personal. "Lámpara es a mis pies tu palabra, y lumbrera a mi camino", (Salmos 119:105). "Y lo tendrá consigo, y leerá en él todos los días de su vida, para que aprenda a temer a Jehová su Dios, para guardar todas las palabras de esta ley y estos estatutos, para ponerlos por obra", (Deuteronomio 17:19).

2. Mi Padre Nos Permitió Escucharlo Orar Por Nosotros. "Exhorto ante todo, a que se hagan rogativas, oraciones, peticiones y acciones de gracias, por todos los hombres", (1 Timoteo 2:1). "Confesaos vuestras ofensas unos a otros, y orad unos por otros, para que seáis sanados. La oración eficaz del justo puede mucho", (Santiago 5:16).

3. Mi Padre Fue Consistentemente Amable Con Mi Madre. "El hombre se alegra con la respuesta de su boca; Y la palabra a su tiempo, ¡cuán buena es!", (Proverbios 15:23). "Aguas profundas son las palabras de la boca del hombre; y arroyo que rebosa, la fuente de la Sabiduría", (Proverbios 18:4). "Maridos, amad a vuestras mujeres, así como Cristo amó a la iglesia, y se entregó a Sí Mismo por ella", (Efesios 5:25).

4. Mi Padre Creó Recuerdos de Misericordia. "Hermanos, si alguno fuere sorprendido en alguna falta, vosotros que sois espirituales, restauradle con espíritu de mansedumbre, considerándote a ti mismo, no sea que tú también seas tentado. Sobrellevad los unos las cargas de los otros, y cumplid así la ley de Cristo", (Gálatas 6:1-2). "Conservaos en el amor de Dios, esperando la misericordia de nuestro Señor Jesucristo para vida eterna. A algunos que dudan, convencedlos. A otros salvad, arrebatándolos del fuego; y de otros tened misericordia con temor, aborreciendo aun la ropa contaminada por su carne", (Judas 1:21-23).

5. Mi Padre Disciplinó Consistentemente. "Da al sabio, y será más sabio; enseña al justo, y aumentará su saber", (Proverbios 9:9). "Y aunque era Hijo, por lo que padeció aprendió la obediencia", (Hebreos 5:8).

6. Mi Padre Nunca Traicionó Una Confianza. "Porque todos ofendemos muchas veces. Si alguno no ofende en palabra, éste es varón perfecto, capaz también de refrenar todo el cuerpo", (Santiago 3:2). "Ninguna palabra corrompida salga de vuestra boca, sino la que sea buena para la necesaria edificación, a fin de dar gracia a los oyentes. Quítense de vosotros toda amargura, enojo, ira, gritería y maledicencia, y toda malicia", (Efesios 4:29, 31). "Trata tu causa con tu compañero, y no descubras el secreto a otro", (Proverbios 25:9).

7. Mi Padre Invirtió Dinero En Desarrollar Nuestros Dones Y Talentos. "No te niegues a hacer el bien a quien es debido, cuando tuvieres poder para hacerlo", (Proverbios 3:27). "Porque si alguno no provee para los suyos, y mayormente para los de su casa, ha negado la fe, y es peor que un incrédulo", (1 Timoteo 5:8).

10

TERRORISMO…7 HECHOS QUE DEBERÍAS SABER SOBRE LA GENTE PERVERSA

¿El Comportamiento Destructivo En Otros Perturba Tu Corazón?

¡Nutres un temor interno de que alguien te lastimará? Muchos humanos están habitados por espíritus demoníacos. La prueba de la presencia demoníaca es la pasión de destruir a otro. ¡Este estudio liberará tu habilidad para discernir el mal en otros y construir un sistema de protección…!

1. La Gente Perversa Existe. "El Espíritu de Jehová se apartó de Saúl, y le atormentaba un espíritu malo de parte de Jehová. Y cuando el espíritu malo de parte de Dios venía sobre Saúl, David tomaba el arpa y tocaba con su mano; y Saúl tenía alivio y estaba mejor, y el espíritu malo se apartaba de él", (1 Samuel 16:14, 23). "Aconteció al otro día, que un espíritu malo de parte de Dios tomó a Saúl, y él desvariaba en medio de la casa. David tocaba con su mano como los otros días; y tenía Saúl la lanza en la mano. Y arrojó Saúl la lanza, diciendo: enclavaré a David a la pared. Pero David lo evadió dos veces", (1 Samuel 18:10-11). "He aquí, Yo os envío como a ovejas en medio de lobos; sed, pues, prudentes como serpientes, y sencillos como palomas", (Mateo 10:16).

2. Dios Nos Ordenó Odiar El Mal. "Los que amáis a Jehová, aborreced el mal", (Salmos 97:10). "El temor de Jehová es aborrecer el mal; la soberbia y la arrogancia, el mal camino, y la boca perversa, aborrezco", (Proverbios 8:13). "Huye también de las pasiones juveniles, y sigue la justicia, la fe, el amor y la paz, con los que de corazón limpio invocan al Señor", (2 Timoteo 2:22). "Echaréis de delante de vosotros a todos los moradores del país, y destruiréis todos sus ídolos de piedra, y todas sus imágenes de fundición, y destruiréis todos sus lugares altos", (Números 33:52).

3. Los Demonios Conocen El Ambiente Donde A Ellos Se Les Permite Expresarse. "Aconteció que mientras íbamos a la oración, nos salió al encuentro una muchacha que tenía espíritu de adivinación, la cual daba gran ganancia a sus amos, adivinando. Esta, siguiendo a Pablo y a nosotros, daba voces, diciendo: Estos hombres son siervos del Dios Altísimo, quienes os anuncian el camino de salvación. Y esto lo hacía por muchos días; mas desagradando a Pablo, éste se volvió y dijo al espíritu: te mando en el nombre de Jesucristo, que salgas de ella. Y salió en aquella misma hora", (Hechos 16:16-18).

4. Los Espíritus Demoníacos Odian La Presencia de Dios.

"Cuando llegó a la otra orilla, a la tierra de los gadarenos, vinieron a su encuentro dos endemoniados que salían de los sepulcros, feroces en gran manera, tanto que nadie podía pasar por aquel camino. Y clamaron diciendo: ¿Qué tienes con nosotros, Jesús, Hijo de Dios? ¿Has venido acá para atormentarnos antes de tiempo?", (Mateo 8:28-29). "Y cuando el espíritu malo de parte de Dios venía sobre Saúl, David tomaba el arpa y tocaba con su mano; y Saúl tenía alivio y estaba mejor, y el espíritu malo se apartaba de él", (1 Samuel 16:23). "Y cuando llegó la noche, trajeron a Él muchos endemoniados; y con la palabra echó fuera a los demonios, y sanó a todos los enfermos", (Mateo 8:16). "Hijitos, vosotros sois de Dios, y los habéis vencido; porque mayor es el que está en vosotros, que el que está en el mundo", (1 Juan 4:4).

5. El Mal Debe Ser Expuesto…Eliminado…Confrontado.

"¡Ay de vosotros, escribas y fariseos, hipócritas! porque sois semejantes a sepulcros blanqueados, que por fuera, a la verdad, se muestran hermosos, mas por dentro están llenos de huesos de muertos y de toda inmundicia. Así también vosotros por fuera, a la verdad, os mostráis justos a los hombres, pero por dentro estáis llenos de hipocresía e iniquidad", (Mateo 23:27-28). "Alejandro el calderero me ha causado muchos males; el Señor le pague conforme a sus hechos. Guárdate tú también de él, pues en gran manera se ha opuesto a nuestras palabras", (2 Timoteo 4:14-15). "Porque Demas me ha desamparado, amando este mundo, y se ha ido a Tesalónica. Crescente fue a Galacia, y Tito a Dalmacia", (2 Timoteo 4:10).

6. Aumenta Tu Conciencia Del Mal En El Ambiente.

"Porque no tenemos lucha contra sangre y carne, sino contra principados, contra potestades, contra los gobernadores de las tinieblas de este siglo, contra huestes espirituales de maldad en las regiones celestes. Por tanto, tomad toda la armadura de Dios, para que podáis resistir en el día malo, y habiendo acabado todo, estar firmes", (Efesios 6:12-13). "El ladrón no viene sino para hurtar y matar y destruir; Yo he venido para que tengan vida, y para que la tengan en abundancia", (Juan 10:10). "También debes saber esto: que en los postreros días vendrán tiempos peligrosos", (2 Timoteo 3:1). "Para que satanás no gane ventaja alguna sobre nosotros; pues no ignoramos sus maquinaciones", (2 Corintios 2:11).

7. La Gente Mala Aumenta Cuando No Tiene Oposición.

"Porque mis enemigos están vivos y fuertes, y se han aumentado los que me aborrecen sin causa", (Salmos 38:19). "El hombre deslenguado no será firme en la tierra; el mal cazará al hombre injusto para derribarle", (Salmos 140:11). "Un poco de levadura leuda toda la masa", (Gálatas 5:9). "No erréis; las malas conversaciones corrompen las buenas costumbres", (1 Corintios 15:33).

11

7 RECOMPENSAS INMEDIATAS AL DIEZMAR

Diezmar Es Regresar El 10% de Tu Ingreso A Dios Y Su Obra.

Se ordenó en el Antiguo Testamento y se ordenó en el Nuevo Testamento. El Diezmo documenta tu honor a Dios, tu gratitud por Su provisión y es la evidencia de que confías en Su carácter. El diezmo crea un pacto financiero con Dios como tu Socio Financiero. Las recompensas del Diezmo son irrebatibles, eternas e inmediatas. ¡Este es un enfoque fascinante para aquellos que tienen sueños financieros que requerirán Milagros Sobrenaturales…!

1. El Diezmo Establece Protección Angelical.

"Traed todos los diezmos al alfolí y haya alimento en Mi casa; y probadme ahora en esto, dice Jehová de los ejércitos, si no os abriré las ventanas de los cielos, y derramaré sobre vosotros bendición hasta que sobreabunde. Reprenderé también por vosotros al devorador, y no os destruirá el fruto de la tierra, ni vuestra vid en el campo será estéril, dice Jehová de los ejércitos", (Malaquías 3:10-11).

2. El Diezmo Da Energía A La Semilla de Expectación En Tu Subconsciente.

"Traed todos los diezmos al alfolí y haya alimento en Mi casa; y probadme ahora en esto, dice Jehová de los ejércitos, si no os abriré las ventanas de los cielos, y derramaré sobre vosotros bendición hasta que sobreabunde. Y todas las naciones os dirán bienaventurados; porque seréis tierra deseable, dice Jehová de los ejércitos", (Malaquías 3:10, 12). "Considerad, pues, cuán grande era éste, a quien aun Abraham el patriarca dio diezmos del botín. Pero aquel cuya genealogía no es contada de entre ellos, tomó de Abraham los diezmos, y bendijo al que tenía las promesas. Y sin discusión alguna, el menor es bendecido por el mayor", (Hebreos 7:4, 6-7). "Al fin de cada tres años sacarás todo el diezmo de tus productos de aquel año, y lo guardarás en tus ciudades. Y vendrá el levita, que no tiene parte ni heredad contigo, y el extranjero, el huérfano y la viuda que hubiere en tus poblaciones, y comerán y serán saciados; para que Jehová tu Dios te bendiga en toda obra que tus manos hicieren", (Deuteronomio 14:28-29).

3. El Diezmo Inmediatamente Da Nacimiento A La Auto Confianza Para Acercarse A Dios. "Honra a Jehová con tus bienes, y con las primicias de todos tus frutos; y serán llenos tus graneros con abundancia, y tus lagares rebosarán de mosto", (Proverbios 3:9-10). "El que tiene Mis mandamientos, y los guarda, ése es el que me ama; y el que me ama, será amado por Mi Padre, y Yo le amaré, y me manifestaré a él", (Juan 14:21). "Dios no es hombre, para que mienta, ni hijo de hombre para que se arrepienta. Él dijo, ¿y no hará? Habló, ¿y no lo ejecutará?", (Números 23:19). "Él, mirándole fijamente, y atemorizado, dijo: ¿Qué es, Señor? y le dijo: tus oraciones y tus limosnas han subido para memoria delante de Dios", (Hechos 10:4).

4. El Diezmo Inmediatamente Te Califica Para Recibir La Unción Que Fluye A Través de La Casa de Dios. "Y el diezmo de la tierra, así de la simiente de la tierra como del fruto de los árboles, de Jehová es; es cosa dedicada a Jehová", (Levítico 27:30). "Y se le apareció Jehová aquella noche, y le dijo: Yo soy el Dios de Abraham tu Padre; no temas, porque Yo estoy contigo, y te bendeciré, y multiplicaré tu descendencia por amor de Abraham Mi siervo", (Génesis 26:24). "Traed todos los diezmos al alfolí y haya alimento en Mi casa; y probadme ahora en esto, dice Jehová de los ejércitos, si no os abriré las ventanas de los cielos, y derramaré sobre vosotros bendición hasta que sobreabunde", (Malaquías 3:10).

5. El Diezmo Borra Inmediatamente Todas Las Consecuencias de La Codicia Del Pasado, de Robos Del Pasado Y de La Ignorancia Del Pasado. "E hizo Jacob voto, diciendo: si fuere Dios conmigo, y me guardare en este viaje en que voy, y me diere pan para comer y vestido para vestir, y si volviere en paz a casa de mi padre, Jehová será mi Dios. Y esta piedra que he puesto por señal, será casa de Dios; y de todo lo que me dieres, el diezmo apartaré para ti", (Génesis 28:20-22).

6. El Diezmo Autoriza A Dios A Confrontar A Tus Adversarios. "Reprenderé también por vosotros al devorador, y no os destruirá el fruto de la tierra, ni vuestra vid en el campo será estéril, dice Jehová de los ejércitos", (Malaquías 3:11). "Las primicias de los primeros

frutos de tu tierra traerás a la casa de Jehová tu Dios. No guisarás el cabrito en la leche de su madre. He aquí yo envío mi Angel delante de ti para que te guarde en el camino, y te introduzca en el lugar que yo he preparado. Pero si en verdad oyeres su voz e hicieres todo lo que yo te dijere, seré enemigo de tus enemigos, y afligiré a los que te afligieren", (Éxodo 23:19-20, 22). "Santo era Israel a Jehová, primicias de sus nuevos frutos. Todos los que le devoraban eran culpables; mal venía sobre ellos, dice Jehová", (Jeremías 2:3).

7. El Diezmo Desmoraliza A Los Demonios Asignados A Obstaculizarte.

"Reprenderé también por vosotros al devorador, y no os destruirá el fruto de la tierra, ni vuestra vid en el campo será estéril, dice Jehová de los ejércitos", (Malaquías 3:11). "Pero así dice Jehová: ciertamente el cautivo será rescatado del valiente, y el botín será arrebatado al tirano; y tu pleito Yo lo defenderé, y Yo salvaré a tus hijos", (Isaías 49:25). "Porque contra Jacob no hay agüero, ni adivinación contra Israel. Como ahora, será dicho de Jacob y de Israel: ¡Lo que ha hecho Dios!", (Números 23:23). "Ninguna arma forjada contra ti prosperará, y condenarás toda lengua que se levante contra ti en juicio. Esta es la herencia de los siervos de Jehová, y su salvación de Mí vendrá, dijo Jehová", (Isaías 54:17). "Y comerás delante de Jehová tu Dios en el lugar que Él escogiere para poner allí Su nombre, el diezmo de tu grano, de tu vino y de tu aceite, y las primicias de tus manadas y de tus ganados, para que aprendas a temer a Jehová tu Dios todos los días", (Deuteronomio 14:23). "Y temerán desde el occidente el nombre de Jehová, y desde el nacimiento del sol Su gloria; porque vendrá el enemigo como río, mas el Espíritu de Jehová levantará bandera contra él", (Isaías 59:19).

12

7 Llaves Maestras Para Vivir En Paz Financiera

El Deseo No Es La Confirmación de Que Dios Quiere Que Tengas Algo.
¿Es posible que tengas una vida que no disfrutes debido al estrés ocasionado por las finanzas? ¿Es posible que tengas hijos que no disfrutas porque estás tan ocupado trabajando que no puedes encontrar el tiempo para platicar? Estas 7 llaves te llevarán a vivir la Paz Financiera…¡no sólo a visitarla…!

1. Ve A Dios Como Tu Única Fuente Verdadera de Toda Cosa Buena.
"Porque sol y escudo es Jehová Dios; gracia y gloria dará Jehová. No quitará el bien a los que andan en integridad", (Salmos 84:11). "Mi Dios, pues, suplirá todo lo que os falta conforme a Sus riquezas en gloria en Cristo Jesús", (Filipenses 4:19). "Toda buena dádiva y todo don perfecto desciende de lo alto, del Padre de las luces, en el cual no hay mudanza, ni sombra de variación", (Santiago 1:17). "Sino acuérdate de Jehová tu Dios, porque Él te da el poder para hacer las riquezas, a fin de confirmar Su pacto que juró a tus padres, como en este día", (Deuteronomio 8:18).

2. Permanece En Relaciones Dignas de Confianza Que Honran La Ley de Dios.
"No erréis; las malas conversaciones corrompen las buenas costumbres", (1 Corintios 15:33). "¿Andarán dos juntos, si no estuvieren de acuerdo?", (Amós 3:3). "Mejores son dos que uno; porque tienen mejor paga de su trabajo", (Eclesiastés 4:9). "El que anda con sabios, sabio será; mas el que se junta con necios será quebrantado", (Proverbios 13:20).

3. Debes Permitir Que Otros Rindan Cuentas de Sus Propias Decisiones Y Errores Financieros.
"Así que, cada uno someta a prueba su propia obra, y entonces tendrá motivo de gloriarse sólo respecto de sí mismo, y no en otro", (Gálatas 6:4). "Porque cada uno llevará su propia carga", (Gálatas 6:5). "Entonces le llamó, y le dijo: ¿Qué es esto que oigo acerca de ti? Da cuenta de tu mayordomía, porque ya no podrás más ser mayordomo", (Lucas 16:2). "Pero tú, ¿por qué juzgas a tu hermano? O tú

también, ¿por qué menosprecias a tu hermano? Porque todos compareceremos ante el tribunal de Cristo", (Romanos 14:10).

4. Construye Una Reputación Por Resolver Problemas Con Excelencia. "¿Has visto hombre solícito en su trabajo? Delante de los reyes estará; no estará delante de los de baja condición", (Proverbios 22:29). "De más estima es el buen nombre que las muchas riquezas, y la buena fama más que la plata y el oro", (Proverbios 22:1). "Así alumbre vuestra luz delante de los hombres, para que vean vuestras buenas obras, y glorifiquen a vuestro Padre que está en los cielos", (Mateo 5:16).

5. Debes Desarrollar Una Pasión Por La Mesura. "Ve a la hormiga, oh perezoso, mira sus caminos, y sé sabio; la cual no teniendo capitán, ni gobernador, ni señor, prepara en el verano su comida, y recoge en el tiempo de la siega su mantenimiento", (Proverbios 6:6-8). "Y junten toda la provisión de estos buenos años que vienen, y recojan el trigo bajo la mano de Faraón para mantenimiento de las ciudades; y guárdenlo. Y esté aquella provisión en depósito para el país, para los siete años de hambre que habrá en la tierra de Egipto; y el país no perecerá de hambre", (Génesis 41:35-36).

6. Permanece En Obediencia Cada Hora A La Voz Del Espíritu Santo. "Si vivimos por el Espíritu, andemos también por el Espíritu", (Gálatas 5:25). "Y yo rogaré al Padre, y os dará otro Consolador, para que esté con vosotros para siempre: el Espíritu de verdad, al cual el mundo no puede recibir, porque no le ve, ni le conoce; pero vosotros le conocéis, porque mora con vosotros, y estará en vosotros", (Juan 14:16-17). "Pero cuando venga el Espíritu de verdad, Él os guiará a toda la verdad; porque no hablará por Su propia cuenta, sino que hablará todo lo que oyere, y os hará saber las cosas que habrán de venir", (Juan 16:13). "Jehová te pastoreará siempre, y en las sequías saciará tu alma, y dará vigor a tus huesos; y serás como huerto de riego, y como manantial de aguas, cuyas aguas nunca faltan", (Isaías 58:11).

7. Cultiva La Auto Confianza de Que Puedes Lograr Tu Sueño. "Y todo lo que pidiereis en oración, creyendo, lo recibiréis", (Mateo 21:22). "Si permanecéis en Mí, y Mis palabras permanecen en vosotros, pedid todo lo que queréis, y os será hecho", (Juan 15:7). "Todo lo puedo en Cristo que me fortalece", (Filipenses 4:13). "Y he aquí una mujer enferma de flujo de sangre desde hacía doce años, se le acercó por detrás y tocó el borde de Su

manto; porque decía dentro de sí: Si tocare solamente Su manto, seré salva", (Mateo 9:20-21). "Estando persuadido de esto, que el que comenzó en vosotros la buena obra, la perfeccionará hasta el día de Jesucristo", (Filipenses 1:6). "Hijitos, vosotros sois de Dios, y los habéis vencido; porque mayor es el que está en vosotros, que el que está en el mundo", (1 Juan 4:4).

13

7 Hechos Clave En El Camino Del Aprendiz

El Aprendiz Es Un Estudioso Que Confía.

Tu Futuro Está Decidido Por Aquel En Quien Has Decidido Creer. La Mentoría es la transferencia de información. Es impartición. Es aprender a través del dolor de otro. El Aprendiz y el Mentor no son iguales. Ellos no son iguales en conocimiento o el Mentor no estaría ahí para impartir. Ellos no son iguales en experiencia. Ellos no son iguales en entendimiento y Sabiduría y discernimiento. Toda la Biblia nos habla de la Mentoría. Hay siete hechos clave que el Aprendiz experimentará. ¡Este fascinante estudio sobre la Mentoría te catapultará a un nuevo nivel de aprendizaje...!

1. Potencial En Las Relaciones.

Dios No Ve Tu Pasado Para Decidir Tu Futuro. "Al salir Él para seguir su camino, vino uno corriendo, e hincando la rodilla delante de Él, le preguntó: Maestro bueno, ¿qué haré para heredar la vida eterna? Jesús le dijo: ¿Por qué me llamas bueno? Ninguno hay bueno, sino sólo uno, Dios. Los mandamientos sabes: No adulteres. No mates. No hurtes. No digas falso testimonio. No defraudes. Honra a tu padre y a tu madre. Él entonces, respondiendo, le dijo: Maestro, todo esto lo he guardado desde mi juventud. Entonces Jesús, mirándole, le amó, y le dijo: una cosa te falta: anda, vende todo lo que tienes, y dalo a los pobres, y tendrás tesoro en el cielo; y ven, sígueme, tomando tu cruz. Pero él, afligido por esta palabra, se fue triste, porque tenía muchas posesiones. Entonces Jesús, mirando alrededor, dijo a sus discípulos: ¡Cuán difícilmente entrarán en el reino de Dios los que tienen riquezas!", (Marcos 10:17-23).

2. Planificación.

"Y sacándolos, les dijo: Señores, ¿qué debo hacer para ser salvo? Ellos dijeron: Cree en el Señor Jesucristo, y serás salvo, tú y tu casa", (Hechos 16:30-31). "Él le dijo: cosa difícil has pedido. Si me vieres cuando fuere quitado de ti, te será hecho así; mas si no, no", (2 Reyes 2:10). "Respondió Rut: no me ruegues que te deje, y me aparte de ti; porque a dondequiera que tú fueres, iré yo, y dondequiera que vivieres, viviré. Tu pueblo será mi pueblo, y tu Dios mi Dios. Donde tú murieres, moriré yo, y allí seré sepultada; así me haga Jehová, y aun me añada, que sólo la muerte hará separación entre nosotras dos. Y viendo Noemí que estaba tan resuelta a ir con ella, no dijo más", (Rut 1:16-18). "Y Noemí respondió a Rut su nuera: mejor es, hija mía, que salgas con sus criadas, y que no te encuentren en otro campo", (Rut 2:22).

3. Paciencia. "Bueno es Jehová a los que en Él esperan, al alma que le busca. Bueno es esperar en silencio la salvación de Jehová", (Lamentaciones 3:25-26). "Aguarda a Jehová; Esfuérzate, y aliéntese tu corazón; Sí, espera a Jehová", (Salmos 27:14).

4. Resolución de Problemas. "Cuando ya era muy avanzada la hora, sus discípulos se acercaron a Él, diciendo: el lugar es desierto, y la hora ya muy avanzada. Despídelos para que vayan a los campos y aldeas de alrededor, y compren pan, pues no tienen qué comer. Respondiendo Él, les dijo: dadles vosotros de comer. Ellos le dijeron: ¿Que vayamos y compremos pan por doscientos denarios, y les demos de comer? Él les dijo: ¿Cuántos panes tenéis? Id y vedlo. Y al saberlo, dijeron: cinco, y dos peces. Y les mandó que hiciesen recostar a todos por grupos sobre la hierba verde. Y se recostaron por grupos, de ciento en ciento, y de cincuenta en cincuenta. Entonces tomó los cinco panes y los dos peces, y levantando los ojos al cielo, bendijo, y partió los panes, y dio a Sus discípulos para que los pusiesen delante; y repartió los dos peces entre todos. Y comieron todos, y se saciaron. Y recogieron de los pedazos doce cestas llenas, y de lo que sobró de los peces. Y los que comieron eran cinco mil hombres", (Marcos 6:35-44).

5. Protocolo. "Entonces los hombres de David le dijeron: he aquí el día de que te dijo Jehová: he aquí que entrego a tu enemigo en tu mano, y harás con él como te pareciere. Y se levantó David, y calladamente cortó la orilla del manto de Saúl. Después de esto se turbó el corazón de David, porque había cortado la orilla del manto de Saúl. Y dijo a sus hombres: Jehová me guarde de hacer tal cosa contra mi señor, el ungido de Jehová, que yo extienda mi mano contra él; porque es el ungido de Jehová. Así reprimió David a sus hombres con palabras, y no les permitió que se levantasen contra Saúl. Y Saúl, saliendo de la cueva, siguió su camino. También David se levantó después, y saliendo de la cueva dio voces detrás de Saúl, diciendo: ¡Mi señor el rey! Y cuando Saúl miró hacia atrás, David inclinó su rostro a tierra, e hizo reverencia", (1 Samuel 24:4-8).

6. Pasión. "El que ama la instrucción ama la Sabiduría; mas el que aborrece la reprensión es ignorante", (Proverbios 12:1). "Todo lo que te viniere a la mano para hacer, hazlo según tus fuerzas; porque en el Seol, adonde vas, no hay obra, ni trabajo, ni ciencia, ni Sabiduría", (Eclesiastés 9:10). "El que es fiel en lo muy poco, también en lo más es fiel; y el que en lo muy poco es injusto, también en lo más es injusto", (Lucas 16:10). "Y me buscaréis y me hallaréis, porque me buscaréis de todo vuestro corazón", (Jeremías 29:13). "He peleado la buena batalla, he acabado la carrera, he guardado la fe", (2 Timoteo 4:7). "Y hablaba Jehová a Moisés cara a cara, como habla cualquiera a su compañero. Y él volvía al campamento; pero el joven Josué hijo de Nun, su servidor, nunca se apartaba de en medio del tabernáculo", (Éxodo 33:11).

7. Transferencia de Poder. "Y Jehová dijo a Moisés: Toma a Josué hijo de Nun, varón en el cual hay espíritu, y pondrás tu mano sobre él; y lo pondrás delante del sacerdote Eleazar, y delante de toda la congregación; y le darás el cargo en presencia de ellos. Y pondrás de tu dignidad sobre él, para que toda la congregación de los hijos de Israel le obedezca. Y puso sobre él sus manos, y le dio el cargo, como Jehová había mandado por mano de Moisés", (Números 27:18-20, 23). "Y Josué hijo de Nun fue lleno del espíritu de Sabiduría, porque Moisés había puesto sus manos sobre él; y los hijos de Israel le obedecieron, e hicieron como Jehová mandó a Moisés", (Deuteronomio 34:9). "Y saliendo a Eliseo los hijos de los profetas que estaban en Bet-el, le dijeron: ¿Sabes que Jehová te quitará hoy a tu señor de sobre ti? Y él dijo: sí, yo lo sé; callad. Y Elías le volvió a decir: Eliseo, quédate aquí ahora, porque Jehová me ha enviado a Jericó. Y él dijo: Vive Jehová, y vive tu alma, que no te dejaré. Vinieron, pues, a Jericó", (2 Reyes 2:3-4).

14

7 LEYES QUE CONTROLAN TU ÉXITO

¿Tus Esfuerzos Te Califican Para El Éxito de Lo Que Sueñas?

El éxito no es un Milagro. Es la recompensa por la obediencia a las Leyes Divinas. ¡En este estudio inolvidable, discernirás instantáneamente los pequeños cambios necesarios para desatar el Éxito Fuera de Lo Común...!

1. La Ley Del Enfoque. "Hermanos, yo mismo no pretendo haberlo ya alcanzado; pero una cosa hago: olvidando ciertamente lo que queda atrás, y extendiéndome a lo que está delante, prosigo a la meta, al premio del supremo llamamiento de Dios en Cristo Jesús", (Filipenses 3:13-14). "Y Jesús le dijo: Ninguno que poniendo su mano en el arado mira hacia atrás, es apto para el reino de Dios", (Lucas 9:62). "Puestos los ojos en Jesús, el autor y consumador de la fe, el cual por el gozo puesto delante de Él sufrió la cruz, menospreciando el oprobio, y se sentó a la diestra del trono de Dios", (Hebreos 12:2).

2. La Ley de La Adaptación. "Entonces Faraón envió y llamó a José. Y lo sacaron apresuradamente de la cárcel, y se afeitó, y mudó sus vestidos, y vino a Faraón", (Génesis 41:14).

3. La Ley de Las Relaciones. "De más estima es el buen nombre que las muchas riquezas, Y la buena fama más que la plata y el oro", (Proverbios 22:1). "Vosotros sois la sal de la tierra; pero si la sal se desvaneciere, ¿con qué será salada? No sirve más para nada, sino para ser echada fuera y hollada por los hombres. Así alumbre vuestra luz delante de los hombres, para que vean vuestras buenas obras, y glorifiquen a vuestro Padre que está en los cielos", (Mateo 5:13-14,16). "No erréis; las malas conversaciones corrompen las buenas costumbres", (1 Corintios 15:33). "Mejores son dos que uno; porque tienen mejor paga de su trabajo. Porque si cayeren, el uno levantará a su compañero; pero ¡ay del solo! que cuando cayere, no habrá segundo que lo levante", (Eclesiastés 4:9-10).

4. La Ley Del Honor. "Honrad a todos. Amad a los hermanos. Temed a Dios. Honrad al rey", (1 Pedro 2:17). "Honra a tu padre y a tu madre, que es el primer mandamiento con promesa; para que te vaya bien, y seas de larga vida sobre la tierra", (Efesios 6:2-3). "Honra a Jehová con tus bienes, y con las primicias de todos tus frutos; y serán llenos tus graneros con abundancia, y tus lagares rebosarán de mosto", (Proverbios 3:9-10).

5. La Ley Del Orden. "Pero hágase todo decentemente y con orden", (1 Corintios 14:40). "Por esta causa te dejé en Creta, para que corrigieses lo deficiente, y establecieses ancianos en cada ciudad, así como yo te mandé", (Tito 1:5).

6. La Ley Del Favor. "El que procura el bien buscará favor; mas al que busca el mal, éste le vendrá", (Proverbios 11:27). "El bueno alcanzará favor de Jehová; mas él condenará al hombre de malos pensamientos", (Proverbios 12:2). "Y Jesús crecía en Sabiduría y en estatura, y en gracia para con Dios y los hombres", (Lucas 2:52).

7. La Ley de La Obediencia. "Pero si en verdad oyeres su voz e hicieres todo lo que yo te dijere, seré enemigo de tus enemigos, y afligiré a los que te afligieren. Porque mi Angel irá delante de ti, y te llevará a la tierra del amorreo, del heteo, del ferezeo, del cananeo, del heveo y del jebuseo, a los cuales yo haré destruir", (Éxodo 23:22-23). "Si quisiereis y oyereis, comeréis el bien de la tierra", (Isaías 1:19). "Y vendrán sobre ti todas estas bendiciones, y te alcanzarán, si oyeres la voz de Jehová tu Dios", (Deuteronomio 28:2).

15

7 LLAVES MAESTRAS PARA ORGANIZAR TU MUNDO Y SIMPLIFICAR TU VIDA

No Puedes Simplificar Tu Vida Hasta Que Simplifiques Un Día.

Organizar tu mundo significa decidir la diferencia entre lo que es importante y lo que no es importante. Lo primero que debes hacer para organizar tu vida es la simplificación de un día. No puedes simplificar tu mundo hasta que simplifiques un día. No puedes decidir todos los eventos del día, pero hay dos cosas que puedes decidir...cómo quieres comenzarlo y cómo quieres terminarlo.

¡Tu vida nunca será la misma...!

1. Toma La Decisión de Calidad de Que El ORDEN Es La Cura Más Grande Para El Desorden Y Las Pérdidas Que Genera.

"En aquellos tiempos no hubo paz, ni para el que entraba ni para el que salía, sino muchas aflicciones sobre todos los habitantes de las tierras", (2 Crónicas 15:5). "Porque oímos que algunos de entre vosotros andan desordenadamente, no trabajando en nada, sino entremetiéndose en lo ajeno", (2 Tesalonicenses 3:11). "Porque donde hay celos y contención, allí hay perturbación y toda obra perversa", (Santiago 3:16). "Pues Dios no es Dios de confusión, sino de paz. Como en todas las iglesias de los santos", (1 Corintios 14:33). "Por esta causa te dejé en Creta, para que corrigieses lo deficiente, y establecieses ancianos en cada ciudad, así como yo te mandé", (Tito 1:5).

2. Discierne Lo Que Es Más Importante Diariamente Para El Espíritu Santo...Y Para Tus Metas Presentes.

"Mas buscad primeramente el reino de Dios y Su justicia, y todas estas cosas os serán añadidas. Así que, no os afanéis por el día de mañana, porque el día de mañana traerá su afán. Basta a cada día su propio mal", (Mateo 6:33-34). "Y Jesús le dijo: Ninguno que poniendo su mano en el arado mira hacia atrás, es apto para el reino de Dios", (Lucas 9:62). "Hermanos, yo mismo no pretendo haberlo ya alcanzado; pero una cosa hago: olvidando ciertamente lo que queda atrás, y extendiéndome a lo que está delante, prosigo a la meta, al premio del supremo llamamiento de Dios en Cristo Jesús", (Filipenses 3:13-14). "Puestos los ojos en Jesús, el autor y consumador de la fe, el cual por el gozo puesto delante de Él sufrió la cruz, menospreciando el oprobio, y se sentó a la diestra del trono de Dios", (Hebreos 12:2).

3. Desarrolla Un Sistema de Comunicación Preciso Y Efectivo Vía Correo Electrónico Y Teléfono. "Además escoge tú de entre todo el pueblo varones de virtud, temerosos de Dios, varones de verdad, que aborrezcan la avaricia; y ponlos sobre el pueblo por jefes de millares, de centenas, de cincuenta y de diez. Ellos juzgarán al pueblo en todo tiempo; y todo asunto grave lo traerán a ti, y ellos juzgarán todo asunto pequeño. Así aliviarás la carga de sobre ti, y la llevarán ellos contigo", (Éxodo 18:21-22). "Y escribió Mardoqueo estas cosas, y envió cartas a todos los judíos que estaban en todas las provincias del rey Asuero, cercanos y distantes, y fueron enviadas cartas a todos los judíos, a las ciento veintisiete provincias del rey Asuero, con palabras de paz y de verdad", (Ester 9:20, 30).

4. Elige Un Sistema de Información Para Reunir, Para Recuperación Y Envío de Datos Y Correspondencia. "Si clamares a la inteligencia, Y a la prudencia dieres tu voz; Si como a la plata la buscares, y la escudriñares como a tesoros, entonces entenderás el temor de Jehová, y hallarás el conocimiento de Dios. Porque Jehová da la Sabiduría, Y de Su boca viene el conocimiento y la inteligencia", (Proverbios 2:3-6). "Los sabios guardan la Sabiduría; mas la boca del necio es calamidad cercana", (Proverbios 10:14). "Mi pueblo fue destruido, porque le faltó conocimiento. Por cuanto desechaste el conocimiento, yo te echaré del sacerdocio; y porque olvidaste la ley de tu Dios, también yo me olvidaré de tus hijos", (Oseas 4:6).

5. Identifica Áreas de Desorden Y Entrena A Otros Cómo Recibir Tareas Delegadas. "Porque también yo soy hombre bajo autoridad, y tengo bajo mis órdenes soldados; y digo a éste: ve, y va; y al otro: ven, y viene; y a mi siervo: haz esto, y lo hace", (Mateo 8:9). "Después de estas cosas, designó el Señor también a otros setenta, a quienes envió de dos en dos delante de Él a toda ciudad y lugar adonde Él había de ir. Y les decía: la mies a la verdad es mucha, mas los obreros pocos; por tanto, rogad al Señor de la mies que envíe obreros a Su mies", (Lucas 10:1-2). "Y su señor le dijo: Bien, buen siervo y fiel; sobre poco has sido fiel, sobre mucho te pondré; entra

en el gozo de tu señor", (Mateo 25:21). "Lo que has oído de mí ante muchos testigos, esto encarga a hombres fieles que sean idóneos para enseñar también a otros", (2 Timoteo 2:2).

6. Decide Donde Pertenece Cada Cosa Y de Quién Es La Responsabilidad de Mantenerlo. "Y edifica altar a Jehová tu Dios en la cumbre de este peñasco en lugar conveniente; y tomando el segundo toro, sacrifícalo en holocausto con la madera de la imagen de Asera que habrás cortado", (Jueces 6:26). "Tú estarás sobre mi casa, y por tu palabra se gobernará todo mi pueblo; solamente en el trono seré yo mayor que tú", (Génesis 41:40). "Pero hágase todo decentemente y con orden", (1 Corintios 14:40).

7. Permanece Continuamente Flexible En Cambios de Prioridades Alertados Por El Espíritu Santo. "Entonces tus oídos oirán a tus espaldas palabra que diga: este es el camino, andad por él; y no echéis a la mano derecha, ni tampoco torzáis a la mano izquierda", (Isaías 30:21). "Si quisiereis y oyereis, comeréis el bien de la tierra", (Isaías 1:19). "¿Por qué gastáis el dinero en lo que no es pan, y vuestro trabajo en lo que no sacia? Oídme atentamente, y comed del bien, y se deleitará vuestra alma con grosura", (Isaías 55:2). "Y dijo: Si oyeres atentamente la voz de Jehová tu Dios, e hicieres lo recto delante de Sus ojos, y dieres oído a Sus mandamientos, y guardares todos Sus estatutos, ninguna enfermedad de las que envié a los egipcios te enviaré a ti; porque Yo soy Jehová tu sanador", (Éxodo 15:26). "Si obedeciereis cuidadosamente a mis mandamientos que yo os prescribo hoy, amando a Jehová vuestro Dios, y sirviéndole con todo vuestro corazón, y con toda vuestra alma, yo daré la lluvia de vuestra tierra a su tiempo, la temprana y la tardía; y recogerás tu grano, tu vino y tu aceite", (Deuteronomio 11:13-14). "Acontecerá que si oyeres atentamente la voz de Jehová tu Dios, para guardar y poner por obra todos Sus mandamientos que yo te prescribo hoy, también Jehová tu Dios te exaltará sobre todas las naciones de la tierra", (Deuteronomio 28:1).

-16-

7 SECRETOS PARA UNA VIDA FUERA DE LO COMÚN

Las Decisiones Deciden La Calidad de Tu Vida.

¿Qué Es La Vida Fuera de Lo Común? Es cuando buscas beneficio…en el dolor; las bendiciones escondidas en la batalla; y descubrir que la Presencia de Dios es accesible consistentemente. ¡Este estudio excepcional te ayudará a renombrar las experiencias de tu vida y magnificar las páginas de la victoria…!

1. Identifica, Acepta Y Celebra Tu Distinción Divina de La de Los Demás.

"La dádiva del hombre le ensancha el camino Y le lleva delante de los grandes", (Proverbios 18:16). "Vino, pues, palabra de Jehová a mí, diciendo: antes que te formase en el vientre te conocí, y antes que nacieses te santifiqué, te di por profeta a las naciones. Y yo dije: ¡Ah! ¡ah, Señor Jehová! he aquí, no sé hablar, porque soy niño y me dijo Jehová: no digas: soy un niño; porque a todo lo que te envíe irás tú, y dirás todo lo que te mande", (Jeremías 1:4-7). "El ladrón no viene sino para hurtar y matar y destruir; Yo he venido para que tengan vida, y para que la tengan en abundancia", (Juan 10:10). "Porque el Hijo del Hombre vino a buscar y a salvar lo que se había perdido", (Lucas 19:10).

2. Establece Metas Personales, Claras, Apasionadas.

"Y Jehová me respondió, y dijo: escribe la visión, y declárala en tablas, para que corra el que leyere en ella", (Habacuc 2:2). "Porque ¿quién de vosotros, queriendo edificar una torre, no se sienta primero y calcula los gastos, a ver si tiene lo que necesita para acabarla? No sea que después que haya puesto el cimiento, y no pueda acabarla, todos los que lo vean comiencen a hacer burla de él, diciendo: este hombre comenzó a edificar, y no pudo acabar. ¿O qué rey, al marchar a la guerra contra otro rey, no se sienta primero y considera si puede hacer frente con diez mil al que viene contra él con veinte mil? y si no puede, cuando el otro está todavía lejos, le envía una embajada y le pide condiciones de paz", (Lucas 14:28-32).

3. Elimina La Influencia de Personas Que Provocan Desánimo.

"Y David danzaba con toda su fuerza delante de Jehová; y

estaba David vestido con un efod de lino. Así David y toda la casa de Israel conducían el arca de Jehová con júbilo y sonido de trompeta. Cuando el arca de Jehová llegó a la ciudad de David, aconteció que Mical hija de Saúl miró desde una ventana, y vio al rey David que saltaba y danzaba delante de Jehová; y le menospreció en su corazón. Y aun me haré más vil que esta vez, y seré bajo a tus ojos; pero seré honrado delante de las criadas de quienes has hablado. Y Mical hija de Saúl nunca tuvo hijos hasta el día de su muerte", (2 Samuel 6:14-16, 22-23). "Todo lo que te viniere a la mano para hacer, hazlo según tus fuerzas; porque en el Seol, adonde vas, no hay obra, ni trabajo, ni ciencia, ni Sabiduría", (Eclesiastés 9:10). "Jesús le dijo: Amarás al Señor tu Dios con todo tu corazón, y con toda tu alma, y con toda tu mente. Este es el primero y grande mandamiento", (Mateo 22:37-38). "Puestos los ojos en Jesús, el autor y consumador de la fe, el cual por el gozo puesto delante de Él sufrió la cruz, menospreciando el oprobio, y se sentó a la diestra del trono de Dios", (Hebreos 12:2). "He peleado la buena batalla, he acabado la carrera, he guardado la fe", (2 Timoteo 4:7).

4. Extrae Los Secretos Escondidos, Disfrazados En La Adversidad. "Y sabemos que a los que aman a Dios, todas las cosas les ayudan a bien, esto es, a los que conforme a su propósito son llamados", (Romanos 8:28). "Vosotros pensasteis mal contra mí, mas Dios lo encaminó a bien, para hacer lo que vemos hoy, para mantener en vida a mucho pueblo", (Génesis 50:20). "Cuando pases por las aguas, Yo estaré contigo; y si por los ríos, no te anegarán. Cuando pases por el fuego, no te quemarás, ni la llama arderá en ti", (Isaías 43:2). "Y se apartó de allí, y abrió otro pozo, y no riñeron sobre él; y llamó su nombre Rehobot, y dijo: porque ahora Jehová nos ha prosperado, y fructificaremos en la tierra. Y de allí subió a Beerseba. Y se le apareció Jehová aquella noche, y le dijo: Yo soy el Dios de Abraham tu padre; no temas, porque yo estoy contigo, y te bendeciré, y multiplicaré tu descendencia por amor de Abraham mi siervo", (Génesis 26:22-24).

5. Discierne Las Limitaciones Y El Papel Divino de Cada Relación En Tu Vida. "Entonces Caleb hizo callar al pueblo delante de Moisés, y dijo: Subamos luego, y tomemos posesión de ella; porque más podremos nosotros que ellos. Mas los varones que subieron con él, dijeron: no podremos subir contra aquel pueblo, porque es más fuerte que nosotros", (Números 13:30-31). "Mejores son dos que uno; porque tienen mejor paga de

su trabajo", (Eclesiastés 4:9). "Nadie tiene mayor amor que este, que uno ponga su vida por sus amigos", (Juan 15:13).

6. Establece Una Relación Personal Con El Espíritu Santo.

"Y yo rogaré al Padre, y os dará otro Consolador, para que esté con vosotros para siempre: el Espíritu de verdad, al cual el mundo no puede recibir, porque no le ve, ni le conoce; pero vosotros le conocéis, porque mora con vosotros, y estará en vosotros", (Juan 14:16-17). "Pero cuando venga el Espíritu de verdad, Él os guiará a toda la verdad; porque no hablará por Su propia cuenta, sino que hablará todo lo que oyere, y os hará saber las cosas que habrán de venir", (Juan 16:13). "Y en los postreros días, dice Dios, Derramaré de Mi Espíritu sobre toda carne, y vuestros hijos y vuestras hijas profetizarán; vuestros jóvenes verán visiones, y vuestros ancianos soñarán sueños", (Hechos 2:17). "Y reposará sobre él el Espíritu de Jehová; espíritu de Sabiduría y de inteligencia, espíritu de consejo y de poder, espíritu de conocimiento y de temor de Jehová", (Isaías 11:2). "El Espíritu de Jehová el Señor está sobre mí, porque me ungió Jehová; me ha enviado a predicar buenas nuevas a los abatidos, a vendar a los quebrantados de corazón, a publicar libertad a los cautivos, y a los presos apertura de la cárcel", (Isaías 61:1).

7. Aprende El Arte de La Celebración.

"Y vio Israel aquel grande hecho que Jehová ejecutó contra los egipcios; y el pueblo temió a Jehová, y creyeron a Jehová y a Moisés su siervo. Entonces cantó Moisés y los hijos de Israel este cántico a Jehová, y dijeron: cantaré yo a Jehová, porque se ha magnificado grandemente; ha echado en el mar al caballo y al jinete", (Éxodo 14:31-15:1). "Y David danzaba con toda su fuerza delante de Jehová; y estaba David vestido con un efod de lino. Así David y toda la casa de Israel conducían el arca de Jehová con júbilo y sonido de trompeta", (2 Samuel 6:14-15). "Dad a Jehová la honra debida a su nombre; traed ofrenda, y venid delante de él; postraos delante de Jehová en la hermosura de la santidad", (1 Crónicas 16:29). "Y también que es don de Dios que todo hombre coma y beba, y goce el bien de toda su labor", (Eclesiastés 3:13).

17

7 Pasos Para Convertirte En Un Líder Fuera de Lo Común

Liderazgo Es Influencia.

El liderazgo efectivo requerirá una pasión por tu Misión, un profundo aprecio por la gente y la voluntad de recompensar a aquellos que te honran. La Biblia es una revelación de Sabiduría para Liderazgo. ¡Este estudio puede ayudarte a desarrollar las habilidades y actitudes de un líder exitoso, en tu casa o en tu trabajo…!

1. Conócete A Ti Mismo, Tus Debilidades Y Cómo Varían Tus Necesidades.
"No descuides el don que hay en ti, que te fue dado mediante profecía con la imposición de las manos del presbiterio", (1 Timoteo 4:14). "Por lo cual te aconsejo que avives el fuego del don de Dios que está en ti por la imposición de mis manos", (2 Timoteo 1:6). "Para que la participación de tu fe sea eficaz en el conocimiento de todo el bien que está en vosotros por Cristo Jesús", (Philemon 6). "Cada uno en el estado en que fue llamado, en él se quede. Cada uno, hermanos, en el estado en que fue llamado, así permanezca para con Dios", (1 Corintios 7:20, 24). "Antes que te formase en el vientre te conocí, y antes que nacieses te santifiqué, te di por profeta a las naciones", (Jeremías 1:5).

2. Silenciosamente Discierne El Carácter, Las Persuasiones Y Las Agendas No Habladas de Quienes Te Rodean.
"No os unáis en yugo desigual con los incrédulos; porque ¿qué compañerismo tiene la justicia con la injusticia? ¿Y qué comunión la luz con las tinieblas?", (2 Corintios 6:14). "Y no participéis en las obras infructuosas de las tinieblas, sino más bien reprendedlas", (Efesios 5:11). "Si decimos que tenemos comunión con Él, y andamos en tinieblas, mentimos, y no practicamos la verdad", (1 Juan 1:6). "No erréis; las malas conversaciones corrompen las buenas costumbres", (1 Corintios 15:33).

3. Invierte Tiempo de Calidad En Entrenar A Aquellos Que Apasionadamente Persiguen Tu Consejo.
"Respondió Rut: no me ruegues que te deje, y me aparte de ti; porque a dondequiera que tú fueres, iré yo, y dondequiera que vivieres, viviré. Tu pueblo será mi pueblo,

y tu Dios mi Dios. Donde tú murieres, moriré yo, y allí seré sepultada; así me haga Jehová, y aun me añada, que sólo la muerte hará separación entre nosotras dos. Y viendo Noemí que estaba tan resuelta a ir con ella, no dijo más", (Rut 1:16-18). "Cuando habían pasado, Elías dijo a Eliseo: pide lo que quieras que haga por ti, antes que yo sea quitado de ti. Y dijo Eliseo: te ruego que una doble porción de tu espíritu sea sobre mí. Él le dijo: cosa difícil has pedido. Si me vieres cuando fuere quitado de ti, te será hecho así; mas si no, no", (2 Reyes 2:9-10). "Y les dijo: Venid en pos de Mí, y os haré pescadores de hombres. Ellos entonces, dejando al instante las redes, le siguieron", (Mateo 4:19-20). "Oyó Abram que su pariente estaba prisionero, y armó a sus criados, los nacidos en su casa, trescientos dieciocho, y los siguió hasta Dan", (Génesis 14:14).

4. Entra En Cada Conversación Y Ambiente Como Un Aprendiz de Por Vida.

"Aprended a hacer el bien; buscad el juicio, restituid al agraviado, haced justicia al huérfano, amparad a la viuda", (Isaías 1:17). "Procura con diligencia presentarte a Dios aprobado, como obrero que no tiene de qué avergonzarse, que usa bien la palabra de verdad", (2 Timoteo 2:15). "Oirá el sabio, y aumentará el saber, y el entendido adquirirá consejo", (Proverbios 1:5). "Da al sabio, y será más sabio; enseña al justo, y aumentará su saber", (Proverbios 9:9).

5. Domina El Arte de Hacer Preguntas Inesperadas Implacablemente.

"Pedid, y se os dará; buscad, y hallaréis; llamad, y se os abrirá. Porque todo aquel que pide, recibe; y el que busca, halla; y al que llama, se le abrirá. Pues si vosotros, siendo malos, sabéis dar buenas dádivas a vuestros hijos, ¿cuánto más vuestro Padre que está en los cielos dará buenas cosas a los que le pidan?", (Mateo 7:7-8, 11). "Codiciáis, y no tenéis; matáis y ardéis de envidia, y no podéis alcanzar; combatís y lucháis, pero no tenéis lo que deseáis, porque no pedís. Pedís, y no recibís, porque pedís mal, para gastar en vuestros deleites", (Santiago 4:2-3). "Después envió el rey Sedequías, e hizo traer al profeta Jeremías a su presencia, en la tercera entrada de la casa de Jehová. Y dijo el rey a Jeremías: te haré una pregunta; no me encubras ninguna cosa", (Jeremías 38:14). "Y Salomón le contestó todas sus preguntas, y nada hubo que el rey no le contestase", (1 Reyes 10:3). "Y sacándolos, les dijo: Señores, ¿qué debo hacer para ser salvo?", (Hechos 16:30). "Respondió Jehová a Job desde el torbellino, y dijo: Cíñete ahora como varón tus lomos;

Yo te preguntaré, y tú me responderás", (Job 40:6-7).

6. Recompensa Consistentemente A Quienes Demuestran Honor Y Verdadera Confianza. "Os rogamos, hermanos, que reconozcáis a los que trabajan entre vosotros, y os presiden en el Señor, y os amonestan", (1 Tesalonicenses 5:12). "Pagad a todos lo que debéis: al que tributo, tributo; al que impuesto, impuesto; al que respeto, respeto; al que honra, honra", (Romanos 13:7). "Antes exhortaos los unos a los otros cada día, entre tanto que se dice: hoy; para que ninguno de vosotros se endurezca por el engaño del pecado", (Hebreos 3:13).

7. Escucha Constantemente Los Susurros Internos Del Espíritu Santo. "Mis ovejas oyen Mi voz, y Yo las conozco, y me siguen", (Juan 10:27). "Entonces tus oídos oirán a tus espaldas palabra que diga: este es el camino, andad por él; y no echéis a la mano derecha, ni tampoco torzáis a la mano izquierda", (Isaías 30:21). "Acontecerá que si oyeres atentamente la voz de Jehová tu Dios, para guardar y poner por obra todos Sus mandamientos que yo te prescribo hoy, también Jehová tu Dios te exaltará sobre todas las naciones de la tierra. Y vendrán sobre ti todas estas bendiciones, y te alcanzarán, si oyeres la voz de Jehová tu Dios", (Deuteronomio 28:1-2).

18

7 Preguntas Que Debes Hacerte Durante Una Crisis

Las Preguntas Albergan Respuestas En La Tierra.

Tus preguntas revelan pasión, afecto y humildad. La crisis es una invitación al cambio. Toda Crisis Puede Ser Desmantelada Con Las Preguntas Correctas. ¡Este Estudio Cambiará Toda Crisis En Un Triunfo...!

1. ¿Qué Decisiones Hice En El Pasado Que Crearon Esta Crisis Presente?
"...Así la maldición nunca vendrá sin causa", (Proverbios 26:2). "En el día del bien goza del bien; y en el día de la adversidad considera", (Eclesiastés 7:14). "...pues todo lo que el hombre sembrare, eso también segará", (Gálatas 6:7). "Tu camino y tus obras te hicieron esto", (Jeremías 4:18).

2. ¿Mi Presente Búsqueda de Consejo Calificado Revela Una Verdadera Pasión Y Preocupación Para Una Solución A La Manera de Dios?
"Me has guiado según Tu consejo, Y después me recibirás en gloria", (Salmos 73:24). "Donde no hay dirección sabia, caerá el pueblo; Mas en la multitud de consejeros hay seguridad", (Proverbios 15:22). "¡Ay de los hijos que se apartan, dice Jehová, para tomar consejo, y no de Mí...", (Isaías 30:1). "Pedid, y se os dará; buscad, y hallaréis; llamad, y se os abrirá", (Mateo 7:7). "Pero no tenéis lo que deseáis, porque no pedís", (Santiago 4:2).

3. ¿He Aceptado La Responsabilidad Personal de Resolver Esta Crisis?
"Y David dijo a Jehová, cuando vio al ángel que destruía al pueblo: yo pequé, yo hice la maldad; ¿qué hicieron estas ovejas? Te ruego que tu mano se vuelva contra mí, y contra la casa de mi padre", (2 Samuel 24:17). "Enseñadme, y yo callaré; Hacedme entender en qué he errado", (Job 6:24). "Aun siendo verdad que yo haya errado, sobre mí recaería mi error", (Job 19:4). "Y volviendo en sí, dijo: ¡Cuántos jornaleros en casa de mi padre tienen abundancia de pan, y yo aquí perezco de hambre! me levantaré e iré a mi padre, y le diré: Padre, he pecado contra el cielo y contra ti", (Lucas 15:17-18).

4. ¿Cuál Es La Manera Más Simple de Resolver Y Terminar Esta Crisis Rápidamente...Al Menor Costo de Tiempo, Dinero Y Energía? "Si es posible, en cuanto dependa de vosotros, estad en paz con todos los hombres", (Romanos 12:18). "La blanda respuesta quita la ira; Mas la palabra áspera hace subir el furor", (Proverbios 15:1). "El que guarda su boca y su lengua, Su alma guarda de angustias", (Proverbios 21:23). "Bienaventurados los pacificadores, porque ellos serán llamados hijos de Dios", (Mateo 5:9). "Los labios justos son el contentamiento de los reyes, Y éstos aman al que habla lo recto", (Proverbios 16:13). "Panal de miel son los dichos suaves; Suavidad al alma y medicina para los huesos", (Proverbios 16:24). "Y guiaré a los ciegos por camino que no sabían, les haré andar por sendas que no habían conocido; delante de ellos cambiaré las tinieblas en luz, y lo escabroso en llanura. Estas cosas les haré, y no los desampararé", (Isaías 42:16).

5. ¿Cuáles Son Las Consecuencias Posibles Y Eventuales Si Me Rehúso A Confrontar Y Resolver Mi Crisis? "Si no quisiereis y fuereis rebeldes, seréis consumidos a espada; porque la boca de Jehová lo ha dicho", (Isaías 1:20). "Y comenzó Jonás a entrar por la ciudad, camino de un día, y predicaba diciendo: de aquí a cuarenta días Nínive será destruida", (Jonás 3:4). "Porque si callas absolutamente en este tiempo, respiro y liberación vendrá de alguna otra parte para los judíos; mas tú y la casa de tu padre pereceréis. ¿Y quién sabe si para esta hora has llegado al reino?", (Ester 4:14).

6. ¿Qué Haría El Hombre Más Listo de La Tierra Para Resolver Esta Crisis? "Sabiendo que el bien que cada uno hiciere, ése recibirá del Señor, sea siervo o sea libre", (Efesios 6:8). "Y como queréis que hagan los hombres con vosotros, así también haced vosotros con ellos", (Lucas 6:31). "Y quitó Jehová la aflicción de Job, cuando él hubo orado por sus amigos; y aumentó al doble todas las cosas que habían sido de Job", (Job 42:10). "Honra es del hombre dejar la contienda", (Proverbios 20:3). "¿Andarán dos juntos, si no estuvieren de acuerdo?", (Amós 3:3). "Si es posible, en cuanto dependa de vosotros, estad en paz con todos los hombres", (Romanos 12:18). "Porque donde hay celos y contención, allí hay perturbación y toda obra perversa", (Santiago 3:16). "Echando toda vuestra ansiedad sobre Él, porque Él tiene cuidado de vosotros", (1 Pedro 5:7).

"Sabiduría ante todo; adquiere Sabiduría; Y sobre todas tus posesiones adquiere inteligencia", (Proverbios 4:7).

7. ¿Cuáles Son Las Oportunidades, Conocimiento E Ideas Escondidas En Esta Crisis?

"Vosotros pensasteis mal contra mí, mas Dios lo encaminó a bien, para hacer lo que vemos hoy, para mantener en vida a mucho pueblo", (Génesis 50:20). "Bueno me es haber sido humillado, Para que aprenda Tus estatutos", (Salmos 119:71). "Cuando pases por las aguas, Yo estaré contigo; y si por los ríos, no te anegarán. Cuando pases por el fuego, no te quemarás, ni la llama arderá en ti", (Isaías 43:2). "Porque siete veces cae el justo, y vuelve a levantarse; Mas los impíos caerán en el mal", (Proverbios 24:16). "Aunque ande en valle de sombra de muerte, No temeré mal alguno, porque Tú estarás conmigo; Tu vara y Tu cayado me infundirán aliento", (Salmos 23:4). "Porque Él me esconderá en Su tabernáculo en el día del mal; Me ocultará en lo reservado de Su morada; Sobre una roca me pondrá en alto", (Salmos 27:5). "Y sabemos que a los que aman a Dios, todas las cosas les ayudan a bien, esto es, a los que conforme a Su propósito son llamados", (Romanos 8:28).

El Dinero No Es Un Milagro.

El Dinero Es Simplemente Una Recompensa Por Resolver Un Problema. El problema que resuelves determina el flujo de dinero a tu vida. Cuando Sobresales En Tu Asignación de Hoy, Das Nacimiento Al Favor Con Otros. El Favor es siempre el lugar de nacimiento del Aumento Financiero. ¡Este Estudio Cambiará Tu Vida...!

1. Persuasión. "Pues si vosotros, siendo malos, sabéis dar buenas dádivas a vuestros hijos, ¿cuánto más vuestro Padre que está en los cielos dará buenas cosas a los que le pidan?", (Mateo 7:11). "...y el dinero sirve para todo", (Eclesiastés 10:19). "...No quitará el bien a los que andan en integridad", (Salmos 84:11). "Canten y alégrense los que están a favor de mi justa causa, Y digan siempre: Sea exaltado Jehová, Que ama la paz de Su siervo", (Salmos 35:27). "Amado, yo deseo que tú seas prosperado en todas las cosas, y que tengas salud, así como prospera tu alma", (3 Juan 2). (Ver 1 Timoteo 5:8, 17-18.)

2. Resolución de Problemas. El Problema Que Resuelves Determina La Recompensa Que Recibes. "La dádiva del hombre le ensancha el camino Y le lleva delante de los grandes", (Proverbios 18:16). "Todo lo que te viniere a la mano para hacer, hazlo según tus fuerzas; porque en el Seol, adonde vas, no hay obra, ni trabajo, ni ciencia, ni Sabiduría", (Eclesiastés 9:10). "¿Has visto hombre solícito en su trabajo? Delante de los reyes estará; No estará delante de los de baja condición", (Proverbios 22:29). "La mano negligente empobrece; Mas la mano de los diligentes enriquece. El que recoge en el verano es hombre entendido; El que duerme en el tiempo de la siega es hijo que avergüenza", (Proverbios 10:4-5).

3. Decisiones. Las Decisiones Deciden La Riqueza, El Estrés, El Gozo. "Bienaventurado el varón que no anduvo en consejo de malos, Ni estuvo en camino de pecadores, Ni en silla de escarnecedores se ha sentado", (Salmos 1:1). "Fíate de Jehová de todo tu corazón, Y no te apoyes en tu propia prudencia. Reconócelo en todos tus caminos, Y Él enderezará tus veredas",

(Proverbios 3:5-6). "Donde no hay dirección sabia, caerá el pueblo; Mas en la multitud de consejeros hay seguridad", (Proverbios 11:14). "Entonces tus oídos oirán a tus espaldas palabra que diga: Este es el camino, andad por él; y no echéis a la mano derecha, ni tampoco torzáis a la mano izquierda", (Isaías 30:21). "Digo, pues: Andad en el Espíritu, y no satisfagáis los deseos de la carne", (Gálatas 5:16).

4. Honor. El Honor Es La Semilla Para El Acceso. Todo pecado es un pecado de deshonra. "Y a la honra precede la humildad", (Proverbios 15:33). "Honrad a todos. Amad a los hermanos. Temed a Dios. Honrad al rey", (1 Pedro 2:17). "Entonces Melquisedec, rey de Salem y sacerdote del Dios Altísimo, sacó pan y vino; y le bendijo, diciendo: Bendito sea Abram del Dios Altísimo, creador de los cielos y de la tierra: y bendito sea el Dios Altísimo, que entregó tus enemigos en tu mano. Y le dio Abram los diezmos de todo", (Génesis 14:18-20). "Y alzó sus ojos y miró, y he aquí tres varones que estaban junto a él; y cuando los vio, salió corriendo de la puerta de su tienda a recibirlos, y se postró en tierra, y dijo: Señor, si ahora he hallado gracia en tus ojos, te ruego que no pases de tu siervo. Que se traiga ahora un poco de agua, y lavad vuestros pies; y recostaos debajo de un árbol, y traeré un bocado de pan, y sustentad vuestro corazón, y después pasaréis; pues por eso habéis pasado cerca de vuestro siervo. Y ellos dijeron: Haz así como has dicho", (Génesis 18:2-5).

5. Metas. Tus metas eligen a tus amigos, mentores y enfoque. "No os acordéis de las cosas pasadas, ni traigáis a memoria las cosas antiguas", (Isaías 43:18). "Y Jehová me respondió, y dijo: Escribe la visión, y declárala en tablas, para que corra el que leyere en ella", (Habacuc 2:2). "Porque ¿quién de vosotros, queriendo edificar una torre, no se sienta primero y calcula los gastos, a ver si tiene lo que necesita para acabarla? no sea que después que haya puesto el cimiento, y no pueda acabarla, todos los que lo vean comiencen a hacer burla de él, diciendo: Este hombre comenzó a edificar, y no pudo acabar. ¿O qué rey, al marchar a la guerra contra otro rey, no se sienta primero y considera si puede hacer frente con diez mil al que viene contra él con veinte mil? y si no puede, cuando el otro está todavía lejos, le envía una embajada y le pide condiciones de paz", (Lucas 14:28-32).

6. Mentoría. "Y vino uno de los sacerdotes que habían llevado cautivo de Samaria, y habitó en Bet-el, y les enseñó cómo habían de temer a Jehová", (2 Reyes 17:28). "Donde no hay dirección sabia, caerá el pueblo; Mas en la multitud de consejeros hay seguridad", (Proverbios 11:14). "Y cómo nada que fuese útil he rehuido de anunciaros y enseñaros, públicamente y por las casas", (Hechos 20:20).

7. La Semilla. Algo Que Se Te Ha Dado Creará Cualquier Otra Cosa Que Dios Te Ha Prometido. "Echa tu pan sobre las aguas; porque después de muchos días lo hallarás. Por la mañana siembra tu semilla, y a la tarde no dejes reposar tu mano; porque no sabes cuál es lo mejor, si esto o aquello, o si lo uno y lo otro es igualmente bueno", (Eclesiastés 11:1, 6). "Honra a Jehová con tus bienes, Y con las primicias de todos tus frutos; Y serán llenos tus graneros con abundancia, Y tus lagares rebosarán de mosto", (Proverbios 3:9-10). "Dad, y se os dará; medida buena, apretada, remecida y rebosando darán en vuestro regazo; porque con la misma medida con que medís, os volverán a medir", (Lucas 6:38). "Pero esto digo: El que siembra escasamente, también segará escasamente; y el que siembra generosamente, generosamente también segará", (2 Corintios 9:6).

-20-

7 Maneras En Que Cada Hombre Puede Mostrar Honor A Su Familia

Sabiduría Es El Reconocimiento de Diferencias (Proverbios 4:7).

Honor Es La Recompensa de La Diferencia. Las Escrituras nos instruyen sembrar la Semilla de Honor en cada Círculo de Relaciones en nuestra vida. El matrimonio y la Familia son comparados con Cristo y la Iglesia. Los diferentes niveles de Honor…los diferentes métodos de mostrar Honor dependerán de a quién decides Honrar. ¡Esto puede ser la revelación de toda tu vida…!

1. Crea Un Ambiente de Seguridad. "No te sobrevendrá mal, Ni plaga tocará tu morada", (Salmos 91:10). "Y vosotros, padres, no provoquéis a ira a vuestros hijos, sino criadlos en disciplina y amonestación del Señor", (Efesios 6:4).

2. Muestra Honor En Tono Y Deferencia Cuando Otros Estén Presentes. "Honrad a todos. Amad a los hermanos. Temed a Dios. Honrad al rey", (1 Pedro 2:17). "Vosotros, maridos, igualmente, vivid con ellas sabiamente, dando honor a la mujer como a vaso más frágil, y como a coherederas de la gracia de la vida, para que vuestras oraciones no tengan estorbo", (1 Pedro 3:7).

3. Conviértete En Un Conocedor de Sus Preferencias Personales Y Necesidades Únicas. "Compartiendo para las necesidades de los santos; practicando la hospitalidad", (Romanos 12:13). "Sino hospedador, amante de lo bueno, sobrio, justo, santo, dueño de sí mismo", (Tito 1:8). "Hospedaos los unos a los otros sin murmuraciones", (1 Pedro 4:9). "Pero todo lo he recibido, y tengo abundancia", (Filipenses 4:18).

4. Invierte Total Enfoque En Toda Conversación Siendo Atento, Afectuoso Y Haciendo Preguntas Con Propósito. El rostro muestra tu profundidad de afecto. El enfoque de tu conversación revela cuán atento estás a sus necesidades e intereses inmediatos. El verdadero afecto da nacimiento al *discernimiento. Las Palabras Correctas Garantizan La*

Divina Recompensa. "El que sacrifica alabanza me honrará; Y al que ordenare su camino, Le mostraré la salvación de Dios", (Salmos 50:23). *El Silencio Puede Ser Una Semilla de Oro.* "En cuanto a la pasada manera de vivir, despojaos del viejo hombre, que está viciado conforme a los deseos engañosos", (Efesios 4:22). "Solamente que os comportéis como es digno del evangelio de Cristo", (Filipenses 1:27). "Sino, como aquel que os llamó es santo, sed también vosotros santos en toda vuestra manera de vivir", (1 Pedro 1:15). *La Conversación Revela Tu Sabiduría.* "¿Quién es sabio y entendido entre vosotros? Muestre por la buena conducta sus obras en sabia mansedumbre", (Santiago 3:13).

5. Establece Sesiones Cortas de Mentoría Diaria Donde Impartas Tus Persuasiones de Las Experiencias de Tu Vida.
"Donde no hay dirección sabia, caerá el pueblo; Mas en la multitud de consejeros hay seguridad", (Proverbios 11:14). "Aconteció que estaba Jesús orando en un lugar, y cuando terminó, uno de sus discípulos le dijo: Señor, enséñanos a orar, como también Juan enseñó a sus discípulos", (Lucas 11:1). "Y vino uno de los sacerdotes...y les enseñó cómo habían de temer a Jehová", (2 Reyes 17:28).

6. Crea Celebraciones Y Recuerdos de Tu Bondad, Misericordia Y Perdón.
"...porque día santo es a nuestro Señor; no os entristezcáis, porque el gozo de Jehová es vuestra fuerza", (Nehemías 8:10). "Bienaventurados los misericordiosos, porque ellos alcanzarán misericordia", (Mateo 5:7). "Antes sed benignos unos con otros, misericordiosos, perdonándoos unos a otros, como Dios también os perdonó a vosotros en Cristo", (Efesios 4:32).

7. Crea Un Altar Familiar Matutino Donde Tu Familia Te Pueda Escuchar Orar Por Su Vida.
"Confesaos vuestras ofensas unos a otros, y orad unos por otros, para que seáis sanados. La oración eficaz del justo puede mucho", (Santiago 5:16). "Sobrellevad los unos las cargas de los otros, y cumplid así la ley de Cristo", (Gálatas 6:2). "No nos cansemos, pues, de hacer bien; porque a su tiempo segaremos, si no desmayamos", (Gálatas 6:9).

7 Cosas Que Le Importan A Una Mujer

Una Mujer Es Un Precioso Tesoro a los Ojos de Dios y del Hombre.

Cuando Dios vio el vacío del hombre, Él esculpió cuidadosamente el corazón y voz de la mujer que él necesitaba. Todo futuro del hombre está decidido por una cosa: la calidad de la mujer en quien él confía. Todo esposo sabe que su esposa es el enfoque de su vida y su gran inversión. El Hombre Fuera de Lo Común estudia cuidadosamente las necesidades y deseos de la mujer que él protege y ama. ¡Este estudio hará una diferencia más grande y dominante en tu relación con tu esposa…!

1. Tu Determinación. "Jehová es mi luz y mi salvación; ¿de quién temeré? Jehová es la fortaleza de mi vida; ¿de quién he de atemorizarme?", (Salmos 27:1). "Estando persuadido de esto, que el que comenzó en vosotros la buena obra, la perfeccionará hasta el día de Jesucristo", (Filipenses 1:6). "Todo lo puedo en Cristo que me fortalece", (Filipenses 4:13). "Hijitos, vosotros sois de Dios, y los habéis vencido; porque mayor es el que está en vosotros, que el que está en el mundo", (1 Juan 4:4).

2. Tu Bondad. "El amor es sufrido, es benigno", (1 Corintios 13:4). "Antes bien, nos recomendamos en todo como ministros de Dios, en mucha paciencia, en tribulaciones, en necesidades, en angustias; en pureza, en ciencia, en longanimidad, en bondad, en el Espíritu Santo, en amor sincero", (2 Corintios 6:4, 6). "Antes sed benignos unos con otros, misericordiosos, perdonándoos unos a otros, como Dios también os perdonó a vosotros en Cristo", (Efesios 4:32). "Donde no hay griego ni judío, circuncisión ni incircuncisión, bárbaro ni escita, siervo ni libre, sino que Cristo es el todo, y en todos. Vestíos, pues, como escogidos de Dios, santos y amados, de entrañable misericordia, de benignidad, de humildad, de mansedumbre, de paciencia", (Colosenses 3:11-12).

3. Tu Integridad. "Camina en su integridad el justo; Sus hijos son dichosos después de él", (Proverbios 20:7). "De más estima es el buen nombre que las muchas riquezas, Y la buena fama más que la plata y el oro", (Proverbios 22:1). "No seas sin causa testigo contra tu prójimo, Y no lisonjees con tus labios", (Proverbios 24:28).

4. Tu Habilidad Para Escuchar. "En las muchas palabras no falta pecado; Mas el que refrena sus labios es prudente", (Proverbios 10:19). "Por esto, mis amados hermanos, todo hombre sea pronto para oír, tardo para hablar, tardo para airarse", (Santiago 1:19). "El que tiene oído, oiga lo que el Espíritu dice a las iglesias", (Apocalipsis 2:7).

5. Tu Aprobación. "Pero desecha las cuestiones necias e insensatas, sabiendo que engendran contiendas", (2 Timoteo 2:23). "Pero evita las cuestiones necias, y genealogías, y contenciones, y discusiones acerca de la ley; porque son vanas y sin provecho", (Tito 3:9). "Mejores son dos que uno; porque tienen mejor paga de su trabajo. Porque si cayeren, el uno levantará a su compañero; pero ¡ay del solo! que cuando cayere, no habrá segundo que lo levante", (Eclesiastés 4:9-10).

6. Tu Seguridad Financiera. "Sino acuérdate de Jehová tu Dios, porque Él te da el poder para hacer las riquezas, a fin de confirmar Su pacto que juró a tus padres, como en este día", (Deuteronomio 8:18). "Cuando comieres el trabajo de tus manos, Bienaventurado serás, y te irá bien. Tu mujer será como vid que lleva fruto a los lados de tu casa; Tus hijos como plantas de olivo alrededor de tu mesa", (Salmos 128:2-3). "Bienaventurado el hombre que teme a Jehová, Y en Sus mandamientos se deleita en gran manera. Su descendencia será poderosa en la tierra; La generación de los rectos será bendita. Bienes y riquezas hay en su casa, Y su justicia permanece para siempre", (Salmos 112:1-3). "Porque si alguno no provee para los suyos, y mayormente para los de su casa, ha negado la fe, y es peor que un incrédulo", (1 Timoteo 5:8).

7. Tu Liderazgo Espiritual. "Porque yo sé que mandará a sus hijos y a su casa después de sí, que guarden el camino de Jehová, haciendo justicia y juicio, para que haga venir Jehová sobre Abraham lo que ha hablado acerca de él", (Génesis 18:19). "Las casadas estén sujetas a sus propios maridos, como al Señor; porque el marido es cabeza de la mujer, así como Cristo es cabeza de la iglesia, la cual es Su cuerpo, y Él es su Salvador. Así que, como la iglesia está sujeta a Cristo, así también las casadas lo estén a sus maridos en todo", (Efesios 5:22-24). "Que gobierne bien su casa, que tenga a sus hijos en sujeción con toda honestidad", (1 Timoteo 3:4). "A ser prudentes, castas, cuidadosas de su casa, buenas, sujetas a sus maridos, para que la palabra de Dios no sea blasfemada", (Tito 2:5).

-22-

LAS 7 LEYES ESCONDIDAS DE LOS NEGOCIOS

La Biblia Es Un Libro Sobre Hacer Negocios En La Tierra... Con Dios Y Con El Hombre.

Negocios es resolver un problema para alguien por una recompensa financiera acordada. Tu éxito en los negocios está garantizado cuando honras estas 7 leyes escondidas que producen favor, reconocimiento y productividad. ¿Estás deseando comenzar tu propio negocio? ¿Estás luchando por crear reconocimiento y credibilidad en un mundo competitivo? ¡Tu vida de negocios cambiará en 30 días en la medida que apliques estos secretos explosivos en tu ambiente presente...!

1. La Ley de La Necesidad. "¿Has visto hombre solícito en su trabajo? Delante de los reyes estará; No estará delante de los de baja condición", (Proverbios 22:29). "Y dijo Faraón a sus siervos: ¿Acaso hallaremos a otro hombre como éste, en quien esté el espíritu de Dios? Y dijo Faraón a José: Pues que Dios te ha hecho saber todo esto, no hay entendido ni sabio como tú. Tú estarás sobre mi casa, y por tu palabra se gobernará todo mi pueblo; solamente en el trono seré yo mayor que tú", (Génesis 41:38-40). "Los caldeos respondieron delante del rey, y dijeron: No hay hombre sobre la tierra que pueda declarar el asunto del rey; además de esto, ningún rey, príncipe ni señor preguntó cosa semejante a ningún mago ni astrólogo ni caldeo. Porque el asunto que el rey demanda es difícil, y no hay quien lo pueda declarar al rey, salvo los dioses cuya morada no es con la carne. Entonces Arioc llevó prontamente a Daniel ante el rey, y le dijo así: He hallado un varón de los deportados de Judá, el cual dará al rey la interpretación", (Daniel 2:10-11, 25).

2. La Ley de La Pasión. "Todo lo que te viniere a la mano para hacer, hazlo según tus fuerzas; porque en el Seol, adonde vas, no hay obra, ni trabajo, ni ciencia, ni Sabiduría", (Eclesiastés 9:10). "En lo que requiere diligencia, no perezosos", (Romanos 12:11). "He peleado la buena batalla, he acabado la carrera, he guardado la fe", (2 Timoteo 4:7). "Todo lo puedo en Cristo que me fortalece", (Filipenses 4:13). "Entonces Él les dijo: ¿Por qué me buscabais? ¿No sabíais que en los negocios de Mi Padre me es necesario estar?", (Lucas 2:49).

3. La Ley de La Diferencia. "Yo planté, Apolos regó; pero el crecimiento lo ha dado Dios", (1 Corintios 3:6). "Ahora bien, hay diversidad de dones, pero el Espíritu es el mismo. Y hay diversidad de ministerios, pero el Señor es el mismo. Y hay diversidad de operaciones, pero Dios, que hace todas las cosas en todos, es el mismo. Pero a cada uno le es dada la manifestación del Espíritu para provecho. Porque a éste es dada por el Espíritu palabra de Sabiduría; a otro, palabra de ciencia según el mismo Espíritu; a otro, fe por el mismo Espíritu; y a otro, dones de sanidades por el mismo Espíritu. A otro, el hacer milagros; a otro, profecía; a otro, discernimiento de espíritus; a otro, diversos géneros de lenguas; y a otro, interpretación de lenguas", (1Corintios 12:4-10). "Y Él mismo constituyó a unos, apóstoles; a otros, profetas; a otros, evangelistas; a otros, pastores y maestros", (Efesios 4:11). "Y a unos puso Dios en la iglesia, primeramente apóstoles, luego profetas, lo tercero maestros, luego los que hacen milagros, después los que sanan, los que ayudan, los que administran, los que tienen don de lenguas. ¿Son todos apóstoles? ¿son todos profetas? ¿todos maestros? ¿hacen todos milagros? ¿Tienen todos dones de sanidad? ¿hablan todos lenguas? ¿interpretan todos? Procurad, pues, los dones mejores. Mas yo os muestro un camino aun más excelente", (1 Corintios 12:28-31).

4. La Ley Del Enfoque. "Hermanos, yo mismo no pretendo haberlo ya alcanzado; pero una cosa hago: olvidando ciertamente lo que queda atrás, y extendiéndome a lo que está delante, prosigo a la meta, al premio del supremo llamamiento de Dios en Cristo Jesús", (Filipenses 3:13-14). "Solamente esfuérzate y sé muy valiente, para cuidar de hacer conforme a toda la ley que mi siervo Moisés te mandó; no te apartes de ella ni a diestra ni a siniestra, para que seas prosperado en todas las cosas que emprendas", (Josué 1:7). "Mas os he escrito, hermanos, en parte con atrevimiento, como para haceros recordar, por la gracia que de Dios me es dada para ser ministro de Jesucristo a los gentiles, ministrando el evangelio de Dios, para que los gentiles le sean ofrenda agradable, santificada por el Espíritu Santo", (Romanos 15:15-16).

5. La Ley de La Asociación. "¿Andarán dos juntos, si no estuvieren de acuerdo?", (Amós 3:3). "Mejores son dos que uno; porque tienen mejor paga de su trabajo. Y si alguno prevaleciere contra uno, dos le resistirán; y cordón de tres dobleces no se rompe pronto", (Eclesiastés 4:9, 12). "Traed todos los diezmos al alfolí y haya alimento en mi casa; y probadme ahora en esto, dice Jehová de los ejércitos, si no os abriré las ventanas de los cielos, y derramaré sobre vosotros bendición hasta que sobreabunde. Reprenderé también por vosotros al devorador, y no os destruirá el fruto de la tierra, ni vuestra vid en el campo será estéril, dice Jehová de los ejércitos. Y todas las naciones os dirán bienaventurados; porque seréis tierra deseable, dice Jehová de los ejércitos", (Malaquías 3:10-12).

6. La Ley Del Cambio. "He aquí que yo hago cosa nueva; pronto saldrá a luz; ¿no la conoceréis? Otra vez abriré camino en el desierto, y ríos en la soledad", (Isaías 43:19). "Todo tiene su tiempo, y todo lo que se quiere debajo del cielo tiene su hora", (Eclesiastés 3:1). "De modo que si alguno está en Cristo, nueva criatura es; las cosas viejas pasaron; he aquí todas son hechas nuevas", (2 Corintios 5:17).

7. La Ley de La Confianza. "El hombre de verdad tendrá muchas bendiciones; Mas el que se apresura a enriquecerse no será sin culpa", (Proverbios 28:20). "Ahora bien, se requiere de los administradores, que cada uno sea hallado fiel", (1 Corintios 4:2).

23

7 Decisiones Que Decidirán Tu Riqueza

Las Decisiones Deciden La Riqueza.

Dios espera productividad y aumento. En la Creación Él instruyó que toda criatura viviente se multiplicara. Dios creó el dinero para que el hombre lo usara para suplir sus necesidades y cumplir sus sueños y metas.

Dios quiere que *coseches* los beneficios del dinero y lo *siembres* en Su reino para cumplir Su Gran Comisión. En este estudio, tú aprenderás algunas persuasiones acerca de la riqueza. Esta enseñanza corregirá cualquier visión distorsionada que puedas tener respecto al dinero. ¡Alístate para tomar buenas decisiones sobre la riqueza…!

1. Tu Decisión Para Desarrollar Una Convicción Total En Que La Prosperidad Financiera Es La Perfecta Voluntad de Dios.

"Amado, yo deseo que tú seas prosperado en todas las cosas, y que tengas salud, así como prospera tu alma", (3 Juan 2). "Porque sol y escudo es Jehová Dios; Gracia y gloria dará Jehová. No quitará el bien a los que andan en integridad", (Salmos 84:11). "Bienaventurado el hombre que teme a Jehová, Y en Sus mandamientos se deleita en gran manera. Su descendencia será poderosa en la tierra; La generación de los rectos será bendita. Bienes y riquezas hay en su casa, Y su justicia permanece para siempre", (Salmos 112:1-3).

2. Tu Decisión de Abrazar Tu Asignación Y Lograr La Excelencia En Ella.

"Antes que te formase en el vientre te conocí, y antes que nacieses te santifiqué, te di por profeta a las naciones", (Jeremías 1:5). "No te niegues a hacer el bien a quien es debido, cuando tuvieres poder para hacerlo", (Proverbios 3:27). "La dádiva del hombre le ensancha el camino y le lleva delante de los grandes", (Proverbios 18:16). "Vino, pues, palabra de Jehová a mí, diciendo: antes que te formase en el vientre te conocí, y antes que nacieses te santifiqué, te di por profeta a las naciones…porque a todo lo que te envíe irás tú, y dirás todo lo que te mande", (Jeremías 1:4-5, 7). "De cierto, de cierto os digo: El que en Mí cree, las obras que Yo hago, él las hará también; y aun mayores hará, porque yo voy al Padre", (Juan 14:12). "No me elegisteis vosotros a Mí, sino que Yo os elegí a vosotros, y os he puesto para que vayáis y llevéis fruto, y vuestro fruto permanezca; para que todo lo que pidiéreis al Padre en Mi nombre, Él os lo dé", (Juan 15:16).

3. Tu Decisión de Entrar A Todo Ambiente Como Un Aprendiz Y Personalizar El Mundo de Tu Información.

"Procura con diligencia presentarte a Dios aprobado, como obrero que no tiene de qué avergonzarse, que usa bien la palabra de verdad", (2 Timoteo 2:15). "Muéstrame, oh Jehová, Tus caminos; enséñame Tus sendas. encamíname en Tu verdad, y enséñame, porque Tú eres el Dios de mi salvación; en Tí he esperado todo el día", (Salmos 25:4-5). "Pero persiste tú en lo que has aprendido y te persuadiste, sabiendo de quién has aprendido; y que desde la niñez has sabido las Sagradas Escrituras, las cuales te pueden hacer sabio para la salvación por la fe que es en Cristo Jesús", (2 Timoteo 3:14-15). "Oye ahora Mi voz; Yo te aconsejaré, y Dios estará contigo...y enseña a ellos las ordenanzas y las leyes, y muéstrales el camino por donde deben andar, y lo que han de hacer", (Éxodo 18:19-20).

4. Tu Decisión de Discernir El Potencial Y Las Limitaciones de Toda Relación.

"Bienaventurado el varón que no anduvo en consejo de malos, ni estuvo en camino de pecadores, ni en silla de escarnecedores se ha sentado", (Salmos 1:1). "... el alma de Jonatán quedó ligada con la de David, y lo amó Jonatán como a sí mismo...e hicieron pacto Jonatán y David, porque él le amaba como a sí mismo", (1 Samuel 18:1, 3). "En todo tiempo ama el amigo, y es como un hermano en tiempo de angustia", (Proverbios 17:17). "Mas os ruego, hermanos, que os fijéis en los que causan divisiones y tropiezos en contra de la doctrina que vosotros habéis aprendido, y que os apartéis de ellos", (Romanos 16:17). "No os unáis en yugo desigual con los incrédulos; porque ¿qué compañerismo tiene la justicia con la injusticia? ¿Y qué comunión la luz con las tinieblas?", (2 Corintios 6:14).

5. Tu Decisión de Honrar La Cadena Bíblica de Autoridad.

"Obedeced a vuestros pastores, y sujetaos a ellos; porque ellos velan por vuestras almas, como quienes han de dar cuenta; para que lo hagan con alegría, y no quejándose, porque esto no os es provechoso", (Hebreos 13:17). "Y a unos puso Dios en la iglesia, primeramente apóstoles, luego profetas, lo tercero maestros, luego los que hacen milagros, después los que sanan, los que ayudan, los que administran, los que tienen don de lenguas", (1 Corintios 12:28). "Sométase toda persona a las autoridades superiores; porque no hay autoridad sino de parte de Dios, y las que hay, por Dios han sido establecidas", (Romanos 13:1). "Igualmente, jóvenes, estad sujetos a los ancianos; y todos, sumisos unos a otros, revestíos de humildad; porque: Dios resiste a los soberbios, y da gracia a los humildes", (1 Pedro 5:5).

6. Tu Decisión de Identificar Oportunidades Ocultas, Conocimientos E Ideas Ocultas En Cada Crisis Adversa.

"Hermanos míos, tened por sumo gozo cuando os halléis en diversas pruebas, sabiendo que la prueba de vuestra fe produce paciencia. Mas tenga la paciencia su obra completa, para que seáis perfectos y cabales, sin que os falte cosa alguna", (Santiago 1:2-4). "Y me ha dicho: Bástate mi gracia; porque mi poder se perfecciona en la debilidad. Por tanto, de buena gana me gloriaré más bien en mis debilidades, para que repose sobre mí el poder de Cristo. Por lo cual, por amor a Cristo me gozo en las debilidades, en afrentas, en necesidades, en persecuciones, en angustias; porque cuando soy débil, entonces soy fuerte", (2 Corintios 12:9-10). "Pero tenemos este tesoro en vasos de barro, para que la excelencia del poder sea de Dios, y no de nosotros", (2 Corintios 4:7).

7. Tu Decisión de Honrar La Voz Suave Del Espíritu Santo En Todo Momento de Fe Fuera de Lo Común.

"Mas el Consolador, el Espíritu Santo, a quien el Padre enviará en Mi nombre, Él os enseñará todas las cosas, y os recordará todo lo que Yo os he dicho", (Juan 14:26). "Pero cuando venga el Espíritu de verdad, Él os guiará a toda la verdad", (Juan 16:13). "Digo, pues: Andad en el Espíritu", (Gálatas 5:16). "Entonces tus oídos oirán a tus espaldas palabra que diga: éste es el camino, andad por él; y no echéis a la mano derecha, ni tampoco torzáis a la mano izquierda", (Isaías 30:21). "Y el Espíritu dijo a Felipe: Acércate y júntate a ese carro", (Hechos 8:29). "Levántate, vete a Sarepta de Sidón, y mora allí; he aquí yo he dado orden allí a una mujer viuda que te sustente", (1 Reyes 17:9).

24

7 Preguntas Que Todo Hombre Debe Hacerse A Sí Mismo

La Cosa Más Poderosa En La Tierra Es Una Pregunta.

Las preguntas revelan pasión...confianza...enfoque. La diferencia en las estaciones es la pregunta que estás dispuesto a hacer. ¡En este asombroso e inolvidable estudio, El Dr. Mike Murdock revela el secreto escondido de todo éxito Fuera de lo Común! ¡Nunca serás el mismo...!

1. ¿El Gozo de Quién Es El Que Realmente Te Importa Más?

"Compartiendo para las necesidades de los santos; practicando la hospitalidad", (Romanos 12:13). "Sino hospedador, amante de lo bueno, sobrio, justo, santo, dueño de sí mismo", (Tito 1:8). "Hospedaos los unos a los otros sin murmuraciones", (1 Pedro 4:9).

2. ¿Qué Persona Cerca de Ti Lucha Más Fuerte Para Complacerte Y Realizar Tus Instrucciones?

"Todo lo que te viniere a la mano para hacer, hazlo según tus fuerzas", (Eclesiastés 9:10). "Os rogamos, hermanos, que reconozcáis a los que trabajan entre vosotros, y os presiden en el Señor, y os amonestan", (1 Tesalonicenses 5:12). "Yo conozco tus obras, y tu arduo trabajo y paciencia", (Apocalipsis 2:2).

3. ¿Qué Oportunidades Te Han Sido Dadas Para Resolver Problemas Para La Persona Dispuesta A Recompensarte?

"Así halló José gracia en sus ojos, y le servía; y él le hizo mayordomo de su casa y entregó en su poder todo lo que tenía", (Génesis 39:4). "Y el jefe de la cárcel entregó en mano de José el cuidado de todos los presos que había en aquella prisión; todo lo que se hacía allí, él lo hacía", (Génesis 39:22). "Y él preguntó a aquellos oficiales de Faraón, que estaban con él en la prisión de la casa de su señor, diciendo: ¿Por qué parecen hoy mal vuestros semblantes? Ellos le dijeron: Hemos tenido un sueño, y no hay quien lo interprete. Entonces les dijo José: ¿No son de Dios las interpretaciones? Contádmelo ahora", (Génesis 40:7-8). "Estaba allí con nosotros un joven hebreo, siervo del capitán de la guardia; y se lo contamos, y él nos interpretó nuestros sueños, y declaró a cada uno conforme a su sueño", (Génesis 41:12). "Y dijo Faraón a José: Yo he tenido un sueño, y no hay quien lo interprete; mas he oído decir de ti, que oyes sueños para interpretarlos. Respondió José a Faraón, diciendo: No está en mí; Dios será el que dé respuesta propicia a Faraón", (Génesis 41:15-16).

4. ¿Cómo Recompensas A La Persona Más Atenta A Seguir Tus Instrucciones?

"Jehová recompense tu obra, y tu remuneración sea cumplida de parte de Jehová Dios de Israel, bajo cuyas alas has venido a refugiarte", (Rut 2:12). "...Mas el que siembra justicia tendrá galardón firme", (Proverbios 11:18). "...para recompensar a cada uno según sea su obra", (Apocalipsis 22:12).

5. ¿Qué Has Decidido Que Debería Ser El Legado de Tu Vida?

"De cierto os digo que dondequiera que se predique este evangelio, en todo el mundo, también se contará lo que ésta ha hecho, para memoria de ella", (Mateo 26:13). "Tus oraciones y tus limosnas han subido para memoria delante de Dios", (Hechos 10:4). "Así que, hermanos míos amados, estad firmes y constantes, creciendo en la obra del Señor siempre, sabiendo que vuestro trabajo en el Señor no es en vano", (1 Corintios 15:58). "Para que andéis como es digno del Señor, agradándole en todo, llevando fruto en toda buena obra, y creciendo en el conocimiento de Dios", (Colosenses 1:10). "Y todo lo que hagáis, hacedlo de corazón, como para el Señor y no para los hombres; sabiendo que del Señor recibiréis la recompensa de la herencia, porque a Cristo el Señor servís", (Colosenses 3:23-24).

6. ¿Quiénes Son Las Tres Personas Que Viven Ahora En El Futuro Que Quieres Crear?

"Oirá el sabio, y aumentará el saber, Y el entendido adquirirá consejo", (Proverbios 1:5). "Y vino uno de los sacerdotes que habían llevado cautivo de Samaria, y habitó en Bet-el, y les enseñó cómo habían de temer a Jehová", (2 Reyes 17:28). "Aconteció que estaba Jesús orando en un lugar, y cuando terminó, uno de Sus discípulos le dijo: Señor, enséñanos a orar, como también Juan enseñó a sus discípulos", (Lucas 11:1). "Y cómo nada que fuese útil he rehuido de anunciaros y enseñaros, públicamente y por las casas", (Hechos 20:20).

7. ¿Cómo Has Elegido Honrar A La Gente Que Ha Impartido Más A Tu Vida?

"Los ancianos que gobiernan bien, sean tenidos por dignos de doble honor, mayormente los que trabajan en predicar y enseñar", (1 Timoteo 5:17). "Y Elías le dijo: Te ruego que te quedes aquí, porque Jehová me ha enviado al Jordán. Y él dijo: Vive Jehová, y vive tu alma, que no te dejaré. Fueron, pues, ambos", (2 Reyes 2:6). "Y vuelto a la mujer, dijo a Simón: ¿Ves esta mujer? Entré en tu casa, y no me diste agua para Mis pies; mas ésta ha regado Mis pies con lágrimas, y los ha enjugado con sus cabellos. No me diste beso; mas ésta, desde que entré, no ha cesado de besar mis pies. No ungiste mi cabeza con aceite; mas ésta ha ungido con perfume Mis pies. Por lo cual te digo que sus muchos pecados le son perdonados, porque amó mucho; mas aquel a quien se le perdona poco, poco ama", (Lucas 7:44-47).

25

7 RITUALES DE HONOR QUE GARANTIZAN EL FAVOR DE DIOS

La Sabiduría Es La Habilidad de Discernir La Diferencia.

El Honor Es La Disposición A Celebrar Y Recompensar Diferencias. Si Tienes Éxito…Será Por Alguien Que Elegiste Honrar. Si caes…será por alguien que elegiste deshonrar. Todo pecado es un pecado de deshonor. Dios habló los 10 Mandamientos: 4 fueron honrar a Dios y 6 se referían a honrar a la Gente. Un ritual…es un hábito o ceremonia de algo que haces diariamente para comunicar honor o nacimiento o un cambio. ¡Este estudio abrirá el futuro que has soñado…!

1. El Ritual de Leer La Biblia Diariamente. "La exposición de tus palabras alumbra; Hace entender a los simples", (Salmos 119:130). "Procura con diligencia presentarte a Dios aprobado, como obrero que no tiene de qué avergonzarse, que usa bien la palabra de verdad", (2 Timoteo 2:15).

2. El Ritual de Escuchar La Palabra de Dios. "Y me dijo: Muy amado, no temas; la paz sea contigo; esfuérzate y aliéntate. Y mientras él me hablaba, recobré las fuerzas, y dije: Hable mi señor, porque me has fortalecido", (Daniel 10:19). "Así que la fe es por el oír, y el oír, por la palabra de Dios", (Romanos 10:17).

3. El Ritual de Estudiar Sabiduría Diariamente Para Mentoría Personal. "Sabiduría ante todo; adquiere Sabiduría; Y sobre todas tus posesiones adquiere inteligencia", (Proverbios 4:7). "Guardadlos, pues, y ponedlos por obra; porque esta es vuestra Sabiduría y vuestra inteligencia ante los ojos de los pueblos, los cuales oirán todos estos estatutos, y dirán: Ciertamente pueblo sabio y entendido, nación grande es esta", (Deuteronomio 4:6).

4. El Ritual de Asistir A La Iglesia. "No dejando de congregarnos, como algunos tienen por costumbre, sino exhortándonos; y tanto más, cuanto veis que aquel día se acerca", (Hebreos 10:25). "Yo me alegré con los que me decían: A la casa de Jehová iremos", (Salmos 122:1). "Una cosa he demandado a Jehová, ésta buscaré; Que esté yo en la casa de Jehová todos los días de mi vida, Para contemplar la hermosura de Jehová, y para inquirir en Su templo", (Salmos 27:4). "Vino a Nazaret, donde se había criado; y en el día de reposo entró en la sinagoga, conforme a Su costumbre, y se levantó a leer", (Lucas 4:16).

5. El Ritual de Cantar Y Adorar. "Cantad alegres a Dios, habitantes de toda la tierra. Servid a Jehová con alegría; Venid ante su presencia con regocijo. Entrad por sus puertas con acción de gracias, Por sus atrios con alabanza; Alabadle, bendecid su nombre. Porque Jehová es bueno; para siempre es su misericordia, Y su verdad por todas las generaciones", (Salmos 100:1-2, 4-5).

6. El Ritual de Entrar Al Lugar Secreto Diariamente. "Y les dijo: Vosotros que sois los principales padres de las familias de los levitas, santificaos, vosotros y vuestros hermanos, y pasad el arca de Jehová Dios de Israel al lugar que le he preparado", (1 Crónicas 15:12). "Me mostrarás la senda de la vida; En Tu presencia hay plenitud de gozo; Delicias a Tu diestra para siempre", (Salmos 16:11). "Levantándose muy de mañana, siendo aún muy oscuro, salió y se fue a un lugar desierto, y allí oraba", (Marcos 1:35). "El que habita al abrigo del Altísimo Morará bajo la sombra del Omnipotente", (Salmos 91:1). "Mas tú, cuando ores, entra en tu aposento, y cerrada la puerta, ora a tu Padre que está en secreto; y tu Padre que ve en lo secreto te recompensará en público", (Mateo 6:6).

7. El Ritual de Diezmar de Cada Cheque de Pago. "Y el diezmo de la tierra, así de la simiente de la tierra como del fruto de los árboles, de Jehová es; es cosa dedicada a Jehová. Y todo diezmo de vacas o de ovejas, de todo lo que pasa bajo la vara, el diezmo será consagrado a Jehová", (Levítico 27:30, 32). "Honra a Jehová con tus bienes, Y con las primicias de todos tus frutos; Y serán llenos tus graneros con abundancia, Y tus lagares rebosarán de mosto", (Proverbios 3:9-10). "Traed todos los diezmos al alfolí y haya alimento en Mi casa; y probadme ahora en esto, dice Jehová de los ejércitos, si no os abriré las ventanas de los cielos, y derramaré sobre vosotros bendición hasta que sobreabunde", (Malaquías 3:10).

Cuando Resuelves Un Problema, Programas Una Recompensa.
Todo el reino trabaja por la Ley de la Recompensa. Todo en la tierra en el universo de Dios trabaja por la Ley de la Recompensa. Tus Recompensas En La Vida Están Determinadas Por Las Clases de Problemas Que Estás Dispuesto A Resolver Para Otros. ¡En este estudio aprenderás los secretos escondidos para la total Libertad Financiera…!

1. La Ley de Creer. "Jesús le dijo: Si puedes creer, al que cree todo le es posible", (Marcos 9:23). "Por tanto, os digo que todo lo que pidiereis orando, creed que lo recibiréis, y os vendrá", (Marcos 11:24). "Pero sin fe es imposible agradar a Dios; porque es necesario que el que se acerca a Dios crea que le hay, y que es galardonador de los que le buscan", (Hebreos 11:6).

2. La Ley del Enfoque. "Solamente esfuérzate y sé muy valiente, para cuidar de hacer conforme a toda la ley que mi siervo Moisés te mandó; no te apartes de ella ni a diestra ni a siniestra, para que seas prosperado en todas las cosas que emprendas", (Josué 1:7). "Y Jesús le dijo: Ninguno que poniendo su mano en el arado mira hacia atrás, es apto para el reino de Dios", (Lucas 9:62). "Hermanos, yo mismo no pretendo haberlo ya alcanzado; pero una cosa hago: olvidando ciertamente lo que queda atrás, y extendiéndome a lo que está delante, prosigo a la meta, al premio del supremo llamamiento de Dios en Cristo Jesús", (Filipenses 3:13-14). "…puestos los ojos en Jesús, el autor y consumador de la fe, el cual por el gozo puesto delante de Él sufrió la cruz, menospreciando el oprobio, y se sentó a la diestra del trono de Dios", (Hebreos 12:2).

3. La Ley de La Diferencia. "Ahora bien, hay diversidad de dones, pero el Espíritu es el mismo. Y hay diversidad de ministerios, pero el Señor es el mismo. Y hay diversidad de operaciones, pero Dios, que hace todas las cosas en todos, es el mismo", (1 Corintios 12:4-6). "Porque de la manera que en un cuerpo tenemos muchos miembros, pero no todos los miembros tienen la misma función, así nosotros, siendo muchos, somos un cuerpo en Cristo, y todos miembros los unos de los otros. De manera que, teniendo diferentes dones, según la gracia que nos es dada", (Romanos 12:4-6). "Y lo he llenado del Espíritu de Dios, en Sabiduría y en inteligencia, en ciencia y en todo arte, para inventar diseños, para trabajar en oro, en plata y en bronce, y en artificio de piedras para engastarlas, y en artificio de madera; para trabajar en toda clase de labor", (Éxodo 31:3-5). "Entonces uno de los criados respondió diciendo: He aquí yo he visto a un hijo de Isaí de Belén, que sabe tocar, y es valiente y vigoroso y hombre de guerra, prudente en sus palabras, y hermoso, y Jehová está con él", (1 Samuel 16:18). "...muchachos en quienes no hubiese tacha alguna, de buen parecer, enseñados en toda Sabiduría, sabios en ciencia y de buen entendimiento, e idóneos para estar en el palacio del rey; y que les enseñase las letras y la lengua de los caldeos", (Daniel 1:4).

4. La Ley de Las Relaciones. "El hombre que tiene amigos ha de mostrarse amigo; Y amigo hay más unido que un hermano", (Proverbios 18:24). "Mejores son dos que uno; porque tienen mejor paga de su trabajo", (Eclesiastés 4:9). "¿Andarán dos juntos, si no estuvieren de acuerdo?", (Amós 3:3). "Entonces los que temían a Jehová hablaron cada uno a su compañero; y Jehová escuchó y oyó, y fue escrito libro de memoria delante de él para los que temen a Jehová, y para los que piensan en su nombre", (Malaquías 3:16). "Nadie tiene mayor amor que este, que uno ponga su vida por sus amigos", (Juan 15:13).

5. La Ley de La Mente. "Encomienda a Jehová tus obras, Y tus pensamientos serán afirmados", (Proverbios 16:3). "Porque el ocuparse de la carne es muerte, pero el ocuparse del Espíritu es vida y paz", (Romanos 8:6). "No os conforméis a este siglo, sino transformaos por medio de la renovación de vuestro entendimiento, para que comprobéis cuál sea la buena voluntad de Dios, agradable y perfecta", (Romanos 12:2). "Y renovaos en el espíritu de vuestra mente", (Efesios 4:23). "Por lo demás, hermanos, todo lo que es verdadero, todo lo honesto, todo lo justo, todo lo puro, todo lo amable, todo lo que es de buen nombre; si hay virtud alguna, si algo digno de alabanza, en esto pensad", (Filipenses 4:8). "Por lo cual, este es el pacto que haré con la casa de Israel Después de aquellos días, dice el Señor: Pondré mis leyes en la mente de ellos, Y sobre su corazón las escribiré; Y seré a ellos por Dios, Y ellos me serán a Mí por pueblo", (Hebreos 8:10).

6. La Ley de Honor. "...Y a la honra precede la humildad", (Proverbios 15:33). "El que sigue la justicia y la misericordia hallará la vida, la justicia y la honra", (Proverbios 21:21). "Riquezas, honra y vida son la remuneración de la humildad y del temor de Jehová", (Proverbios 22:4). "Honrad a todos. Amad a los hermanos. Temed a Dios. Honrad al rey", (1 Pedro 2:17). "Honra a tu padre y a tu madre, para que tus días se alarguen en la tierra que Jehová tu Dios te da", (Éxodo 20:12). "Al que maldice a su padre o a su madre, Se le apagará su lámpara en oscuridad tenebrosa", (Proverbios 20:20).

7. La Ley de La Obediencia.
"Si quisiereis y oyereis, comeréis el bien de la tierra", (Isaías 1:19). "Si oyeren, y le sirvieren, Acabarán sus días en bienestar, Y sus años en dicha", (Job 36:11). "...de Jehová tu Dios, para guardar y poner por obra todos Sus mandamientos que yo te prescribo hoy, también Jehová tu Dios te exaltará sobre todas las naciones de la tierra", (Deuteronomio 28:1-2).

QUÉ HACER...CUANDO TU HOGAR SE ESTÁ DESTRUYENDO

Tu Vida En El Hogar Es El Enfoque de La Actividad Demoníaca Y La Estrategia.

Los Hogares se están derrumbando...todo alrededor de nosotros. Tu mayor inversión...es tu propia Mente. Tu segunda mayor inversión...son tus Relaciones Familiares. Este Estudio de Sabiduría te ayudará a cambiar el Mundo de tu Hogar. ¡Rápidamente...!

1. Atesora Tu Vida En Casa Como Tu Activo Más Grandioso E Inversión. "Por esto dejará el hombre a su padre y a su madre, y se unirá a su mujer, y los dos serán una sola carne. Grande es este misterio; mas yo digo esto respecto de Cristo y de la iglesia. Por lo demás, cada uno de vosotros ame también a su mujer como a sí mismo; y la mujer respete a su marido", (Efesios 5:31-33). "Porque si alguno no provee para los suyos, y mayormente para los de su casa, ha negado la fe, y es peor que un incrédulo", (1 Timoteo 5:8). "He aquí, herencia de Jehová son los hijos; Cosa de estima el fruto del vientre", (Salmos 127:3). "Bienaventurado el hombre que llenó su aljaba de ellos; No será avergonzado Cuando hablare con los enemigos en la puerta", (Salmos 127:5). "Con Sabiduría se edificará la casa, Y con prudencia se afirmará", (Proverbios 24:3). "Tu mujer será como vid que lleva fruto a los lados de tu casa; Tus hijos como plantas de olivo alrededor de tu mesa", (Salmos 128:3).

2. Nunca Olvides Que Tu Casa Tiene Un Enemigo Invisible. "Y si una casa está dividida contra sí misma, tal casa no puede permanecer", (Marcos 3:25). "El hombre perverso levanta contienda, Y el chismoso aparta a los mejores amigos", (Proverbios 16:28). "Porque no tenemos lucha contra sangre y carne, sino contra principados, contra potestades, contra los gobernadores de las tinieblas de este siglo, contra huestes espirituales de maldad en las regiones celestes", (Efesios 6:12). "...porque las armas de nuestra milicia no son carnales, sino poderosas en Dios para la destrucción de fortalezas", (2 Corintios 10:4).

3. Recuerda Que Tú Eres El Jardinero En Tu Jardín Del Amor.
"Donde no hay dirección sabia, caerá el pueblo; Mas en la multitud de consejeros hay seguridad", (Proverbios 11:14). "Y vosotros, padres, no provoquéis a ira a vuestros hijos, sino criadlos en disciplina y amonestación del Señor", (Efesios 6:4).

4. Haz de Tu Casa Un Centro de Recuperación.
"Panal de miel son los dichos suaves; Suavidad al alma y medicina para los huesos", (Proverbios 16:24). "Después dijo al discípulo: He ahí tu madre. Y desde aquella hora el discípulo la recibió en su casa", (Juan 19:27).

5. Aprende Cómo Volverte Un Líder Espiritual.
"El que turba su casa heredará viento; Y el necio será siervo del sabio de corazón", (Proverbios 11:29). "Y todos tus hijos serán enseñados por Jehová; y se multiplicará la paz de tus hijos", (Isaías 54:13). "Porque yo sé que mandará a sus hijos y a su casa después de sí, que guarden el camino de Jehová, haciendo justicia y juicio, para que haga venir Jehová sobre Abraham lo que ha hablado acerca de él", (Génesis 18:19).

6. Abraza Tu Casa Como El Cuartel de Tu Ministerio Personal.
"Si quisiereis y oyereis, comeréis el bien de la tierra", (Isaías 1:19). "Y vendrán sobre ti todas estas bendiciones, y te alcanzarán, si oyeres la voz de Jehová tu Dios", (Deuteronomio 28:2).

7. Esculpe El Ambiente de Tu Palacio A Través de La Unción Del Rey.
"Me mostrarás la senda de la vida; En tu presencia hay plenitud de gozo; Delicias a tu diestra para siempre", (Salmos 16:11). "Entrad por sus puertas con acción de gracias, Por sus atrios con alabanza; Alabadle, bendecid su nombre", (Salmos 100:4). "Respondió Jesús y le dijo: El que me ama, Mi palabra guardará; y Mi Padre le amará, y vendremos a Él, y haremos morada con Él", (Juan 14:23). "¡Mirad cuán bueno y cuán delicioso es habitar los hermanos juntos en armonía!", (Salmos 133:1).

28

7 Cosas Que Haría Diferente Si Pudiera Empezar de Nuevo Mi Ministerio

Más de 42 Años de Ministerio Global Crean Innumerables Experiencias Relaciones Y Descubrimientos.

Los errores se pueden evitar...los sueños se pueden alcanzar rápidamente...mediante secretos de mentoría. En esta impartición única en tu vida, el Dr. Mike Murdock revela secretos de oro para un ministerio eficaz y duradero. Su franqueza y honestidad revelarán las llaves escondidas que pueden abrir tu futuro.

1. Invertiría Cuatro Años Como Asistente Personal Y Aprendiz de Un Mentor Probado.
"Y les dijo: Venid en pos de Mí, y os haré pescadores de hombres", (Mateo 4:19). "Mas Josafat dijo: ¿No hay aquí profeta de Jehová, para que consultemos a Jehová por medio de él? Y uno de los siervos del rey de Israel respondió y dijo: Aquí está Eliseo hijo de Safat, que servía a Elías", (2 Reyes 3:11). "Tú, pues, hijo mío, esfuérzate en la gracia que es en Cristo Jesús. Lo que has oído de mí ante muchos testigos, esto encarga a hombres fieles que sean idóneos para enseñar también a otros", (2 Timoteo 2:1-2).

2. Discerniría Y Dominaría El Tema Predominante Y Distintivo de Mi Ministerio.
"Cada uno en el estado en que fue llamado, en él se quede", (1 Corintios 7:20). "El Espíritu de Jehová el Señor está sobre mí, porque me ungió Jehová; me ha enviado a predicar buenas nuevas a los abatidos, a vendar a los quebrantados de corazón, a publicar libertad a los cautivos, y a los presos apertura de la cárcel", (Isaías 61:1). "Antes que te formase en el vientre te conocí, y antes que nacieses te santifiqué, te di por profeta a las naciones", (Jeremías 1:5).

3. Proveería Consistentemente A Mis Amigos Y Socios Un Boletín.
La Información Genera Confianza. "Y Jehová dijo a Moisés: Escribe esto para memoria en un libro, y di a Josué que raeré del todo la memoria de Amalec de debajo del cielo", (Éxodo 17:14). "Anunciad en las

naciones, y haced saber; levantad también bandera, publicad, y no encubráis", (Jeremías 50:2). "Ve, pues, ahora, y escribe esta visión en una tabla delante de ellos, y regístrala en un libro, para que quede hasta el día postrero, eternamente y para siempre", (Isaías 30:8).

4. Aprendería Continuamente Nuevas Tecnologías Para Mantener Un Sistema de Información.
Acceder al conocimiento rápidamente, trae progresos espectaculares. "Yo, la Sabiduría, habito con la cordura, Y hallo la ciencia de los consejos", (Proverbios 8:12).

5. Atesoraría Y Capacitaría A Un Círculo de Socios Que Hayan Mostrado Apoyo Y Aprecio Por Mi Visión.
"Doy gracias a mi Dios siempre que me acuerdo de vosotros, siempre en todas mis oraciones rogando con gozo por todos vosotros", (Filipenses 1:3-4). "Compañero soy yo de todos los que Te temen y guardan Tus mandamientos", (Salmos 119:63). "Mejores son dos que uno; porque tienen mejor paga de su trabajo", (Eclesiastés 4:9). "Porque nosotros somos colaboradores de Dios", (1 Corintios 3:9). "Os rogamos, hermanos, que reconozcáis a los que trabajan entre vosotros, y os presiden en el Señor, y os amonestan", (1 Tesalonicenses 5:12). "…pues aun a Tesalónica me enviasteis una y otra vez para mis necesidades. Pero todo lo he recibido, y tengo abundancia; estoy lleno, habiendo recibido de Epafrodito lo que enviasteis; olor fragante, sacrificio acepto, agradable a Dios", (Filipenses 4:16, 18).

6. Invertiría Tiempo En Crear Videos de Entrenamiento Para Mi Equipo.
"Y todos los días, en el templo y por las casas, no cesaban de enseñar y predicar a Jesucristo", (Hechos 5:42). "Oyó Abram que su pariente estaba prisionero, y armó a sus criados, los nacidos en su casa, trescientos dieciocho, y los siguió hasta Dan", (Génesis 14:14). "Y se juntaron con él todos los afligidos, y todo el que estaba endeudado, y todos los que se hallaban en amargura de espíritu, y fue hecho jefe de ellos; y tuvo consigo como cuatrocientos hombres", (1 Samuel 22:2). "Estos son los principales de los valientes que David tuvo, y los que le ayudaron en su reino, con todo Israel, para hacerle rey sobre Israel, conforme a la palabra de Jehová", (1 Crónicas 11:10).

7. Escribiría Una Página Devocional Diariamente.
"Así habló Jehová Dios de Israel, diciendo: Escríbete en un libro todas las palabras que te he hablado", (Jeremías 30:2). "Estas cosas os escribimos, para que

vuestro gozo sea cumplido", (1 Juan 1:4). "Rebosa mi corazón palabra buena; Dirijo al rey mi canto; Mi lengua es pluma de escribiente muy ligero", (Salmos 45:1). "¡Quién diese ahora que mis palabras fuesen escritas! ¡Quién diese que se escribiesen en un libro; Que con cincel de hierro y con plomo Fuesen esculpidas en piedra para siempre!", (Job 19:23-24). "Y el que estaba sentado en el trono dijo: He aquí, Yo hago nuevas todas las cosas. Y me dijo: Escribe; porque estas palabras son fieles y verdaderas", (Apocalipsis 21:5).

29

7 CLASES DE GENTE QUE SIEMPRE FRACASA

Cada Fracaso Debería Ser Examinado Por Los Secretos Ocultos.

El Fracaso Es La Semilla Para La Humildad. La Humildad Da A Luz Voluntad Para Escuchar A Otros. En este interesante estudio podrás encontrar rápidamente cualquier ingrediente faltante en tu actual Ecuación del Éxito. ¡Miles de personas han saltado de las cenizas del fracaso al Éxito Fuera de lo Común gracias a esta revelación...!

1. Los Que No Tienen Convicción. "Entonces Caleb hizo callar al pueblo delante de Moisés, y dijo: Subamos luego, y tomemos posesión de ella; porque más podremos nosotros que ellos. Mas los varones que subieron con él, dijeron: No podremos subir contra aquel pueblo, porque es más fuerte que nosotros", (Números 13:30-31). "Tampoco dudó, por incredulidad, de la promesa de Dios, sino que se fortaleció en fe, dando gloria a Dios, por lo cual también su fe le fue contada por justicia", (Romanos 4:20-22). "Y en el desierto has visto que Jehová tu Dios te ha traído, como trae el hombre a su hijo, por todo el camino que habéis andado, hasta llegar a este lugar. Y aun con esto no creísteis a Jehová vuestro dio", (Deuteronomio 1:31-32).

2. Los Indecisos. "El hombre de doble ánimo es inconstante en todos sus caminos", (Santiago 1:8). "A los cielos y a la tierra llamo por testigos hoy contra vosotros, que os he puesto delante la vida y la muerte, la bendición y la maldición; escoge, pues, la vida, para que vivas tú y tu descendencia", (Deuteronomio 30:19). "Y si mal os parece servir a Jehová, escogeos hoy a quién sirváis; si a los dioses a quienes sirvieron vuestros padres, cuando estuvieron al otro lado del río, o a los dioses de los amorreos en cuya tierra habitáis; pero yo y mi casa serviremos a Jehová", (Josué 24:15).

3. Los Que No Se Enfocan. "Solamente esfuérzate y sé muy valiente, para cuidar de hacer conforme a toda la ley que mi siervo Moisés te mandó; no te apartes de ella ni a diestra ni a siniestra, para que seas prosperado en todas las cosas que emprendas. Nunca se apartará de tu boca este libro de la ley, sino que de día y de noche meditarás en él, para que guardes y hagas conforme a todo lo que en él está escrito; porque entonces harás prosperar tu camino, y todo te saldrá bien", (Josué 1:7-8). "No tendrá temor de malas noticias; Su corazón está firme, confiado en Jehová", (Salmos 112:7). "Hermanos, yo mismo no pretendo haberlo ya alcanzado; pero una cosa hago: olvidando ciertamente lo que queda atrás, y extendiéndome a lo que está delante, prosigo a la meta, al premio del supremo llamamiento de Dios en Cristo Jesús", (Filipenses 3:13-14).

4. Los No Enseñables. "Por tanto, sabe que no es por tu justicia que Jehová tu Dios te da esta buena tierra para tomarla; porque pueblo duro de cerviz eres tú", (Deuteronomio 9:6). "¡Duros de cerviz, e incircuncisos de corazón y de oídos! Vosotros resistís siempre al Espíritu Santo; como vuestros padres, así también vosotros", (Hechos 7:51). "No obstante, este pueblo tiene corazón falso y rebelde…vuestros pecados apartaron de vosotros el bien", (Jeremías 5:23, 25). "Pobreza y vergüenza tendrá el que menosprecia el consejo; Mas el que guarda la corrección recibirá honra", (Proverbios 13:18).

5. Los Malagradecidos. "Respondiendo Jesús, dijo: ¿No son diez los que fueron limpiados? Y los nueve, ¿dónde están? ¿No hubo quien volviese y diese gloria a Dios sino este extranjero?", (Lucas 17:17-18). "Entrad por Sus puertas con acción de gracias, Por Sus atrios con alabanza; Alabadle, bendecid Su nombre", (Salmos 100:4). "Pues habiendo conocido a Dios, no le glorificaron como a Dios, ni le dieron gracias, sino que se envanecieron en sus razonamientos, y su necio corazón fue entenebrecido", (Romanos 1:21). "Y la paz de Dios gobierne en vuestros corazones, a la que asimismo fuisteis llamados en un solo cuerpo; y sed agradecidos", (Colosenses 3:15).

6. Los Que No Buscan Logros. "¡Jerusalén, Jerusalén, que matas a los profetas, y apedreas a los que te son enviados! ¡Cuántas veces quise juntar a tus hijos, como la gallina junta sus polluelos debajo de las alas, y no quisiste!", (Mateo 23:37). "…no tenéis lo que deseáis, porque no pedís", (Santiago 4:2). "Pedid, y se os dará; buscad, y hallaréis; llamad, y se os abrirá. Porque todo aquel que pide, recibe; y el que busca, halla; y al que llama, se le abrirá", (Mateo 7:7-8).

7. Los Irrespetuosos. "Al que maldice a su padre o a su madre, Se le apagará su lámpara en oscuridad tenebrosa", (Proverbios 20:20). "Igualmente, jóvenes, estad sujetos a los ancianos; y todos, sumisos unos a otros, revestíos de humildad; porque: Dios resiste a los soberbios, Y da gracia a los humildes", (1 Pedro 5:5). "El ojo que escarnece a su padre Y menosprecia la enseñanza de la madre, Los cuervos de la cañada lo saquen, Y lo devoren los hijos del águila", (Proverbios 30:17). "Y el hombre que procediere con soberbia, no obedeciendo al sacerdote que está para ministrar allí delante de Jehová tu Dios, o al juez, el tal morirá; y quitarás el mal de en medio de Israel", (Deuteronomio 17:12). "Después subió de allí a Bet-el; y subiendo por el camino, salieron unos muchachos de la ciudad, y se burlaban de él, diciendo: ¡Calvo, sube! ¡calvo, sube! Y mirando él atrás, los vio, y los maldijo en el nombre de Jehová. Y salieron dos osos del monte, y despedazaron de ellos a cuarenta y dos muchachos", (2 Reyes 2:23-24). "El hijo honra al padre, y el siervo a su señor. Si, pues, soy yo padre, ¿dónde está mi honra? y si soy señor, ¿dónde está mi temor? dice Jehová de los ejércitos a vosotros, oh sacerdotes, que menospreciáis mi nombre. Y decís: ¿En qué hemos menospreciado tu nombre? En que ofrecéis sobre mi altar pan inmundo. Y dijisteis: ¿En qué te hemos deshonrado? En que pensáis que la mesa de Jehová es despreciable", (Malaquías 1:6-7).

-30-
LA LEY DEL PROTOCOLO Y LA RECOMPENSA QUE ESTA GENERA

El Protocolo Te Llevará Más Lejos Que La Genialidad.

La inteligencia proviene de Dios. El protocolo es tu elección. La genialidad es una habilidad. El protocolo es una actitud. *El Protocolo Es La Conducta Apropiada Y Aceptada En Un Ambiente Específico*…la forma propia y adecuada como debes comportarte en un ambiente determinado. Ignorar el protocolo puede destruir el Favor y relaciones de toda una vida. ¡Este estudio eliminará muchas temporadas de sufrimiento en tu vida…!

1. El Protocolo Es La Conducta Apropiada Y Aceptada En Un Ambiente Específico. "Cuando yo era niño, hablaba como niño, pensaba como niño, juzgaba como niño; mas cuando ya fui hombre, dejé lo que era de niño", (1 Corintios 13:11). "Pero mirad que esta libertad vuestra no venga a ser tropezadero para los débiles. Por lo cual, si la comida le es a mi hermano ocasión de caer, no comeré carne jamás, para no poner tropiezo a mi hermano", (1 Corintios 8:9, 13). "…y diciendo: varones, ¿por qué hacéis esto? Nosotros también somos hombres semejantes a vosotros, que os anunciamos que de estas vanidades os convirtáis al Dios vivo, que hizo el cielo y la tierra, el mar, y todo lo que en ellos hay. En las edades pasadas él ha dejado a todas las gentes andar en sus propios caminos", (Hechos 14:15-16). "Todo tiene su tiempo, y todo lo que se quiere debajo del cielo tiene su hora", (Eclesiastés 3:1).

2. El Espíritu Santo Ha Establecido Un Protocolo Para Entrar En Su Presencia. "Venid, aclamemos alegremente a Jehová; Cantemos con júbilo a la roca de nuestra salvación. Lleguemos ante su presencia con alabanza; Aclamémosle con cánticos", (Salmos 95:1-2). "Entrad por sus puertas con acción de gracias, Por sus atrios con alabanza; Alabadle, bendecid su nombre. Porque Jehová es bueno; para siempre es su misericordia, Y su verdad por todas las generaciones", (Salmos 100:4-5). "¿Quién subirá al monte de Jehová? ¿Y quién estará en su lugar santo? El limpio de manos y puro de corazón; El que no ha elevado su alma a cosas vanas, Ni jurado con engaño", (Salmos 24:3-4).

3. Las Palabras Correctas Importan Grandemente Para Dios...Tus Palabras Son Parte del Protocolo Espiritual.

"Entonces me dijo: Daniel, no temas; porque desde el primer día que dispusiste tu corazón a entender y a humillarte en la presencia de tu Dios, fueron oídas tus palabras; y a causa de tus palabras yo he venido", (Daniel 10:12). "Mas yo os digo que de toda palabra ociosa que hablen los hombres, de ella darán cuenta en el día del juicio. Porque por tus palabras serás justificado, y por tus palabras serás condenado", (Mateo12:36-37). "Oíd, porque hablaré cosas excelentes, Y abriré mis labios para cosas rectas. Porque mi boca hablará verdad, Y la impiedad abominan mis labios. Justas son todas las razones de mi boca; No hay en ellas cosa perversa ni torcida", (Proverbios 8:6-8).

4. El Protocolo Es Importante En La Presencia de Líderes Fuera de Lo Común.
"Los labios justos son el contentamiento de los reyes, Y éstos aman al que habla lo recto", (Proverbios 16:13). "Y pon cuchillo a tu garganta, Si tienes gran apetito", (Proverbios 23:2). "No te alabes delante del rey, Ni estés en el lugar de los grandes; Porque mejor es que se te diga: Sube acá, Y no que seas humillado delante del príncipe A quien han mirado tus ojos", (Proverbios 25:6-7).

5. Evalúa Un Ambiente Antes de Que Intentes Cambiarlo O Alterarlo.
"No entres apresuradamente en pleito, No sea que no sepas qué hacer al fin, Después que tu prójimo te haya avergonzado", (Proverbios 25:8). "¿Qué hay, pues, hermanos? Cuando os reunís, cada uno de vosotros tiene salmo, tiene doctrina, tiene lengua, tiene revelación, tiene interpretación. Hágase todo para edificación. Si habla alguno en lengua extraña, sea esto por dos, o a lo más tres, y por turno; y uno interprete. Y si no hay intérprete, calle en la iglesia, y hable para sí mismo y para Dios. Asimismo, los profetas hablen dos o tres, y los demás juzguen", (1 Corintios 14:26-29).

6. Cuando Entras A La Zona de Comodidad de Otro, No Introduzcas La Incomodidad.
"Pues Dios no es Dios de confusión, sino de paz. Como en todas las iglesias de los santos", (1 Corintios 14:33). "Pero hágase todo decentemente y con orden", (1 Corintios 14:40). "Si es posible, en cuanto dependa de vosotros, estad en paz con todos los hombres", (Romanos 12:18). "Porque el siervo del Señor no debe ser contencioso, sino

amable para con todos, apto para enseñar, sufrido", (2 Timoteo 2:24).

7. El Propósito del Protocolo Es Documentar Tu Respeto Hacia Los Demás. "Entonces Faraón envió y llamó a José. Y lo sacaron apresuradamente de la cárcel, y se afeitó, y mudó sus vestidos, y vino a Faraón", (Génesis 41:14). "…y dije al rey: Si le place al rey, y tu siervo ha hallado gracia delante de ti, envíame a Judá, a la ciudad de los sepulcros de mis padres, y la reedificaré. Y carta para Asaf guarda del bosque del rey, para que me dé madera para enmaderar las puertas del palacio de la casa, y para el muro de la ciudad, y la casa en que yo estaré. Y me lo concedió el rey, según la benéfica mano de mi Dios sobre mí", (Nehemías 2:5, 8). "Si he hallado gracia ante los ojos del rey, y si place al rey otorgar mi petición y conceder mi demanda, que venga el rey con Amán a otro banquete que les prepararé; y mañana haré conforme a lo que el rey ha mandado", (Ester 5:8). "Entonces la reina Ester respondió y dijo: Oh rey, si he hallado gracia en tus ojos, y si al rey place, séame dada mi vida por mi petición, y mi pueblo por mi demanda", (Ester 7:3).

APRENDIENDO EL ARTE DE LA CELEBRACIÓN

La Celebración Decide Lo Que Recuerdas.

La celebración revela lo que Atesoras. La celebración es una Prueba de Honor. En este increíble estudio, ¡aprenderás cómo acceder y crear una atmósfera de energía y entusiasmo en tu vida y en tu ambiente!

1. La Biblia Es Un Registro de Celebraciones Divinas. "Me regocijo en tu palabra como el que halla muchos despojos", (Salmos 119:162). "Me postraré hacia Tu santo templo, Y alabaré Tu nombre por Tu misericordia y Tu fidelidad; Porque has engrandecido Tu nombre, y Tu palabra sobre todas las cosas", (Salmos 138:2). "Señor, digno eres de recibir la gloria y la honra y el poder; porque Tú creaste todas las cosas, y por Tu voluntad existen y fueron creadas", (Apocalipsis 4:11). "Y cantaban un nuevo cántico, diciendo: Digno eres de tomar el libro y de abrir sus sellos; porque Tú fuiste inmolado, y con Tu sangre nos has redimido para Dios, de todo linaje y lengua y pueblo y nación", (Apocalipsis 5:9).

2. Dios Es Un Celebrador. "E hizo Dios animales de la tierra según su género, y ganado según su género, y todo animal que se arrastra sobre la tierra según su especie. Y vio Dios que era bueno", (Génesis 1:25). "Y pondrás las dos piedras sobre las hombreras del efod, para piedras memoriales a los hijos de Israel; y Aarón llevará los nombres de ellos delante de Jehová sobre sus dos hombros por memorial", (Éxodo 28:12). "Puestos los ojos en Jesús, el autor y consumador de la fe, el cual por el gozo puesto delante de él sufrió la cruz, menospreciando el oprobio, y se sentó a la diestra del trono de Dios", (Hebreos 12:2). "Y Jehová dijo a satanás: ¿No has considerado a Mi siervo Job, que no hay otro como él en la tierra, varón perfecto y recto, temeroso de Dios y apartado del mal, y que todavía retiene su integridad, aun cuando tú me incitaste contra él para que lo arruinara sin causa?", (Job 2:3).

3. La Celebración Es Una Actitud. "Engrandeced a Jehová conmigo, Y exaltemos a una Su nombre", (Salmos 34:3). "Entonces María dijo: Engrandece mi alma al Señor", (Lucas 1:46). "Dulce será mi meditación en Él; Yo me regocijaré en Jehová", (Salmos 104:34).

4. Celebra Tu Llamado Y La Palabra de Dios En Tu Vida.

"Oídme, oh casa de Jacob, y todo el resto de la casa de Israel, los que sois traídos por mí desde el vientre, los que sois llevados desde la matriz", (Isaías 46:3). "Antes que te formase en el vientre te conocí, y antes que nacieses te santifiqué, te di por profeta a las naciones", (Jeremías 1:5). "Ahora, así dice Jehová, Creador tuyo, oh Jacob, y Formador tuyo, oh Israel: No temas, porque Yo te redimí; te puse nombre, Mío eres tú", (Isaías 43:1). "En mi corazón he guardado tus dichos, Para no pecar contra Ti", (Salmos 119:11).

5. Celebra Continuamente Cualquier Bendición Que Dios Te Ha Dado.

"Entonces María dijo: He aquí la sierva del Señor; hágase conmigo conforme a tu palabra. Y el ángel se fue de su presencia", (Lucas 1:38). "Entonces uno de ellos, viendo que había sido sanado, volvió, glorificando a Dios a gran voz, y se postró rostro en tierra a sus pies, dándole gracias; y éste era samaritano. Respondiendo Jesús, dijo: ¿No son diez los que fueron limpiados? Y los nueve, ¿dónde están? Y le dijo: Levántate, vete; tu fe te ha salvado", (Lucas 17:15-17,19). "Y saltando, se puso en pie y anduvo; y entró con ellos en el templo, andando, y saltando, y alabando a Dios. Y todo el pueblo le vio andar y alabar a Dios. Y le reconocían que era el que se sentaba a pedir limosna a la puerta del templo, la Hermosa; y se llenaron de asombro y espanto por lo que le había sucedido", (Hechos 3:8-10).

6. Celebra A La Gente Que Dios Ha Traído A Tu Vida.

"Y levantándose, vino a su padre. Y cuando aún estaba lejos, lo vio su padre, y fue movido a misericordia, y corrió, y se echó sobre su cuello, y le besó", (Lucas 15:20). "Este mandamiento, hijo Timoteo, te encargo, para que conforme a las profecías que se hicieron antes en cuanto a ti, milites por ellas la buena milicia", (1 Timoteo 1:18). "Cuando llegó a Jerusalén, trataba de juntarse con los discípulos; pero todos le tenían miedo, no creyendo que fuese discípulo. Entonces Bernabé, tomándole, lo trajo a los apóstoles, y les contó cómo Saulo había visto en el camino al Señor, el cual le había hablado, y cómo en Damasco había hablado valerosamente en el nombre de Jesús", (Hechos 9:26-27). "Respondió Rut: No me ruegues que te deje, y me aparte de ti; porque a dondequiera que tú fueres, iré yo, y dondequiera que vivieres, viviré. Tu pueblo será mi pueblo, y tu Dios mi Dios. Donde tú murieres, moriré yo, y allí seré sepultada; así me haga Jehová, y aun me añada, que sólo la muerte hará separación entre nosotras dos", (Rut 1:16-17).

7. Haz de La Celebración Un Ritual Y Un Estilo de Vida.

"Yo me alegré con los que me decían: A la casa de Jehová iremos", (Salmos 122:1). "Bendito Jehová Dios, el Dios de Israel, El único que hace maravillas. Bendito su nombre glorioso para siempre, Y toda la tierra sea llena de Su gloria. Amén y Amén", (Salmos 72:18-19). "Dad gracias en todo, porque esta es la voluntad de Dios para con vosotros en Cristo Jesús", (1 Tesalonicenses 5:18). "Y la gente que iba delante y la que iba detrás aclamaba, diciendo: ¡Hosanna al Hijo de David! ¡Bendito el que viene en el nombre del Señor! ¡Hosanna en las alturas!", (Mateo 21:9). "Entonces le respondió Jesús: Bienaventurado eres, Simón, hijo de Jonás, porque no te lo reveló carne ni sangre, sino Mi Padre que está en los cielos", (Mateo 16:17).

-32-

DESATANDO LA LEY DEL AUMENTO

El Aumento Es Un Mandato de Dios Para Nosotros En Su Palabra.
El Aumento Genera Placer, Influencia Y Habilidad Para Bendecir A Otros. Las Llaves Maestras Para El Aumento Las Vemos Reveladas En Las Vidas de Triunfadores Exitosos Tanto En Las Escrituras Como En La Historia. Este Estudio Extraordinario Revela Los Secretos del Favor Instantáneo, de Promociones de Trabajo Y de Libertad Financiera, ¡Como Nunca Antes Lo Habías Escuchado...!

1. El Aumento Es Un Deseo E Instinto Humano Permanente. "Y los bendijo Dios, y les dijo: Fructificad y multiplicaos; llenad la tierra, y sojuzgadla, y señoread en los peces del mar, en las aves de los cielos, y en todas las bestias que se mueven sobre la tierra", (Génesis 1:28). "Porque habrá simiente de paz; la vid dará su fruto, y dará su producto la tierra, y los cielos darán su rocío; y haré que el remanente de este pueblo posea todo esto", (Zacarías 8:12). "...la tierra rendirá sus productos, y el árbol del campo dará su fruto", (Levítico 26:4). "Oye, pues, oh Israel, y cuida de ponerlos por obra, para que te vaya bien en la tierra que fluye leche y miel, y os multipliquéis, como te ha dicho Jehová el Dios de tus padres", (Deuteronomio 6:3). "La tierra dará su fruto", (Salmos 67:6).

2. El Aumento Es La Recompensa Divina Por La Obediencia. "...Yo he venido para que tengan vida, y para que la tengan en abundancia", (Juan 10:10). "Traed todos los diezmos al alfolí y haya alimento en mi casa; y probadme ahora en esto, dice Jehová de los ejércitos, si no os abriré las ventanas de los cielos, y derramaré sobre vosotros bendición hasta que sobreabunde", (Malaquías 3:10). "Y sembró Isaac en aquella tierra, y cosechó aquel año ciento por uno; y le bendijo Jehová", (Génesis 26:12). "Y aunque tu principio haya sido pequeño, Tu postrer estado será muy grande", (Job 8:7). "Aumentarás mi grandeza, Y volverás a consolarme", (Salmos 71:21). "...pero el crecimiento lo ha dado Dios", (1 Corintios 3:6).

3. El Aumento Es Esperado Y Monitoreado Por Dios Mismo. "Respondiendo su señor, le dijo: Siervo malo y negligente, sabías que siego donde no sembré, y que recojo donde no esparcí. Por tanto, debías

haber dado mi dinero a los banqueros, y al venir yo, hubiera recibido lo que es mío con los intereses", (Mateo 25:26-27). "Por la mañana, volviendo a la ciudad, tuvo hambre. Y viendo una higuera cerca del camino, vino a ella, y no halló nada en ella, sino hojas solamente; y le dijo: Nunca jamás nazca de ti fruto. Y luego se secó la higuera", (Mateo 21:18-19). "Y Jesús crecía en Sabiduría y en estatura, y en gracia para con Dios y los hombres", (Lucas 2:52).

4. El Aumento Es Un Mandato En Su Palabra. "La mano de los diligentes señoreará; Mas la negligencia será tributaria", (Proverbios 12:24). "Y te multiplicaré en gran manera, y haré naciones de ti, y reyes saldrán de ti", (Génesis 17:6). "Para que andéis como es digno del Señor, agradándole en todo, llevando fruto en toda buena obra, y creciendo en el conocimiento de Dios", (Colosenses 1:10).

5. El Aumento Es La Recompensa Por El Desempeño.
"Mas el que sin conocerla hizo cosas dignas de azotes, será azotado poco; porque a todo aquel a quien se haya dado mucho, mucho se le demandará; y al que mucho se le haya confiado, más se le pedirá", (Lucas 12:48). "Pero llegando también el que había recibido un talento, dijo: Señor, te conocía que eres hombre duro, que siegas donde no sembraste y recoges donde no esparciste; por lo cual tuve miedo, y fui y escondí tu talento en la tierra; aquí tienes lo que es tuyo", (Mateo 25:24-25). "Vino el primero, diciendo: Señor, tu mina ha ganado diez minas. Él le dijo: Está bien, buen siervo; por cuanto en lo poco has sido fiel, tendrás autoridad sobre diez ciudades. Vino otro, diciendo: Señor, tu mina ha producido cinco minas. Y también a éste dijo: Tú también sé sobre cinco ciudades", (Lucas 19:16-19).

6. El Aumento Viene Por Medio de Asociación Y Relaciones. "Todo lo puedo en Cristo que me fortalece", (Filipenses 4:13). "Cuando habían pasado, Elías dijo a Eliseo: Pide lo que quieras que haga por ti, antes que yo sea quitado de ti. Y dijo Eliseo: Te ruego que una doble porción de tu espíritu sea sobre mí. Él le dijo: Cosa difícil has pedido. Si me vieres cuando fuere quitado de ti, te será hecho así; mas si no, no", (2 Reyes 2:9-10). "Aumentará Jehová bendición sobre vosotros; Sobre vosotros y sobre vuestros hijos", (Salmos 115:14). "¡Jehová Dios de vuestros padres os haga mil veces más de lo que ahora sois, y os bendiga, como os ha prometido!", (Deuteronomio 1:11).

7. El Aumento Es Recompensado. "Quitadle, pues, el talento, y dadlo al que tiene diez talentos. Porque al que tiene, le será dado, y tendrá más; y al que no tiene, aun lo que tiene le será quitado. Y al siervo inútil echadle en las tinieblas de afuera; allí será el lloro y el crujir de dientes", (Mateo 25:28-30). "...y Mi galardón conmigo para recompensar a cada uno según sea su obra", (Apocalipsis 22:12).

7 Cualidades de Un Padre Fuera de Lo Común

Un Padre Fuera de Lo Común Conoce Los Sueños Y Metas de Sus Hijos.

Un Padre Fuera de lo Común no substituye regalos por una plática en Amor. El Padre Fuera de lo Común no substituye una plática en Amor por su presencia. ¡Todo padre verá un cambio dramático en los 7 días siguientes de cuando reciba esta asombrosa colección de secretos…!

1. Un Padre Fuera de Lo Común Crea Recuerdos. "El que turba su casa heredará viento; Y el necio será siervo del sabio de corazón", (Proverbios 11:29). "Y cualquiera que haga tropezar a alguno de estos pequeños que creen en Mí, mejor le fuera que se le colgase al cuello una piedra de molino de asno, y que se le hundiese en lo profundo del mar", (Mateo 18:6). "…Él edificará casa a mi nombre, y él me será a mí por hijo, y yo le seré por padre; y afirmaré el trono de su reino sobre Israel para siempre", (1 Crónicas 22:10). "El hijo sabio alegra al padre, Pero el hijo necio es tristeza de su madre", (Proverbios 10:1).

2. El Padre Fuera de Lo Común Sabe Que La Semilla del Tiempo Cultivará Una Cosecha de Confianza. "Instruye al niño en su camino, Y aun cuando fuere viejo no se apartará de él", (Proverbios 22:6). "No nos cansemos, pues, de hacer bien; porque a su tiempo segaremos, si no desmayamos", (Gálatas 6:9).

3. El Padre Fuera de Lo Común Está Dispuesto A Confrontar Los Problemas En Su Hogar. *La confrontación es un intento para conservar una Relación.* "Si es posible, en cuanto dependa de vosotros, estad en paz con todos los hombres", (Romanos 12:18). "Venid luego, dice Jehová, y estemos a cuenta…", (Isaías 1:18). "Fieles son las heridas del que ama", (Proverbios 27:6). "Que gobierne bien su casa, que tenga a sus hijos en sujeción con toda honestidad", (1 Timoteo 3:4).

4. El Padre Fuera de Lo Común Está Dispuesto A Escuchar Y Expresar Sus Verdaderos Sentimientos. *La*

Evidencia del Amor es la disposición para Escuchar. "Al que denuncia a sus amigos como presa, Los ojos de sus hijos desfallecerán", (Job 17:5). "Besados serán los labios del que responde palabras rectas", (Proverbios 24:26). "Y vosotros, padres, no provoquéis a ira a vuestros hijos, sino criadlos en disciplina y amonestación del Señor", (Efesios 6:4).

5. El Padre Fuera de Lo Común Intercede Específicamente Por Sus Hijos.

"Por nada estéis afanosos, sino sean conocidas vuestras peticiones delante de Dios en toda oración y ruego, con acción de gracias", (Filipenses 4:6). "Así que, lejos sea de mí que peque yo contra Jehová cesando de rogar por vosotros", (1 Samuel 12:23). "Exhorto ante todo, a que se hagan rogativas, oraciones, peticiones y acciones de gracias, por todos los hombres", (1 Timoteo 2:1). "Así que, lejos sea de mí que peque yo contra Jehová cesando de rogar por vosotros; antes os instruiré en el camino bueno y recto", (1 Samuel 12:23).

6. El Padre Fuera de Lo Común Manifiesta Amabilidad Hacia La Madre de Sus Hijos.

"Antes sed benignos unos con otros, misericordiosos, perdonándoos unos a otros, como Dios también os perdonó a vosotros en Cristo", (Efesios 4:32). "La lengua apacible es árbol de vida", (Proverbios 15:4). "El hombre se alegra con la respuesta de su boca; Y la palabra a su tiempo, ¡cuán buena es!", (Proverbios 15:23). "Tu mujer será como vid que lleva fruto a los lados de tu casa; Tus hijos como plantas de olivo alrededor de tu mesa", (Salmos 128:3). "Maridos, amad a vuestras mujeres, así como Cristo amó a la iglesia, y se entregó a sí mismo por ella", (Efesios 5:25).

7. El Padre Fuera de Lo Común Lleva Consistentemente A Su Familia A La Presencia de Dios.

"No dejando de congregarnos, como algunos tienen por costumbre, sino exhortándonos; y tanto más, cuanto veis que aquel día se acerca", (Hebreos 10:25). "Yo me alegré con los que me decían: A la casa de Jehová iremos", (Salmos 122:1). "He aquí, herencia de Jehová son los hijos; Cosa de estima el fruto del vientre. Como saetas en mano del valiente, Así son los hijos habidos en la juventud", (Salmos 127:3-4).

-34-
RENOMBRANDO TUS MOMENTOS Y CAMBIANDO TU MUNDO

Dios Empaca Todo En...Momentos.

Los momentos son dones Divinos...que deben ser *desenvueltos, discernidos y nombrados.* Dios vio la crucifixión como el nacimiento de la familia cristiana y no como el fin del Hijo de Dios. Tu decisión de renombrar tus Momentos de Crisis...como momentos de Promoción es muy importante. ¡Este estudio cambiará tu mundo para siempre...!

1. Tu Decisión de Renombrar Tus Momentos Decidirá La Calidad de Tu Vida.
"Este dicho pareció grave en gran manera a Abraham a causa de su hijo. Entonces dijo Dios a Abraham: no te parezca grave a causa del muchacho y de tu sierva; en todo lo que te dijere Sara, oye su voz, porque en Isaac te será llamada descendencia", (Génesis 21:11-12). "Y dará a luz un hijo, y llamarás su nombre JESÚS, porque Él salvará a Su pueblo de sus pecados", (Mateo 1:21). "Y Jabes fue más ilustre que sus hermanos, al cual su madre llamó Jabes, diciendo: por cuanto lo di a luz en dolor. E invocó Jabes al Dios de Israel, diciendo: ¡Oh, si me dieras bendición, y ensancharas mi territorio, y si Tu mano estuviera conmigo, y me libraras de mal, para que no me dañe! Y le otorgó Dios lo que pidió", (1 Crónicas 4:9-10). "Y vio Dios lo que hicieron, que se convirtieron de su mal camino; y se arrepintió del mal que había dicho que les haría, y no lo hizo", (Jonás 3:10).

2. Dios Nos Ha Autorizado A Renombrar Las Cosas.
"Jehová Dios formó, pues, de la tierra toda bestia del campo, y toda ave de los cielos, y las trajo a Adán para que viese cómo las había de llamar; y todo lo que Adán llamó a los animales vivientes, ese es su nombre", (Génesis 2:19). "La muerte y la vida están en poder de la lengua, Y el que la ama comerá de sus frutos", (Proverbios 18:21).

3. Un Momento de Crisis Es Simplemente El Lugar de Nacimiento Para El Cambio.
"Y aconteció que mientras uno derribaba un árbol, se le cayó el hacha en el agua; y gritó diciendo: ¡Ah, señor mío, era prestada! El varón de Dios preguntó: ¿Dónde cayó? Y él le mostró el

lugar. Entonces cortó él un palo, y lo echó allí; e hizo flotar el hierro. Y dijo: Tómalo. Y él extendió la mano, y lo tomó", (2 Reyes 6:5-7). "Y se levantó de mañana y salió el que servía al varón de Dios, y he aquí el ejército que tenía sitiada la ciudad, con gente de a caballo y carros. Entonces su criado le dijo: ¡Ah, señor mío! ¿qué haremos? Él le dijo: No tengas miedo, porque más son los que están con nosotros que los que están con ellos. Y oró Eliseo, y dijo: te ruego, oh Jehová, que abras sus ojos para que vea. Entonces Jehová abrió los ojos del criado, y miró; y he aquí que el monte estaba lleno de gente de a caballo, y de carros de fuego alrededor de Eliseo", (2 Reyes 6:15-17).

4. Lo Que Piensas Que Es Una Conclusión Es A Menudo Un Comienzo. "Y ella respondió: Vive Jehová tu Dios, que no tengo pan cocido; solamente un puñado de harina tengo en la tinaja, y un poco de aceite en una vasija; y ahora recogía dos leños, para entrar y prepararlo para mí y para mi hijo, para que lo comamos, y nos dejemos morir. Elías le dijo: No tengas temor; ve, haz como has dicho; pero hazme a mí primero de ello una pequeña torta cocida debajo de la ceniza, y tráemela; y después harás para ti y para tu hijo. Porque Jehová Dios de Israel ha dicho así: La harina de la tinaja no escaseará, ni el aceite de la vasija disminuirá, hasta el día en que Jehová haga llover sobre la faz de la tierra. Entonces ella fue e hizo como le dijo Elías; y comió él, y ella, y su casa, muchos días", (1 Reyes 17:12-15). "Y hubo contienda entre los pastores del ganado de Abram y los pastores del ganado de Lot; y el cananeo y el ferezeo habitaban entonces en la tierra. Entonces Abram dijo a Lot: no haya ahora altercado entre nosotros dos, entre mis pastores y los tuyos, porque somos hermanos. ¿No está toda la tierra delante de ti? yo te ruego que te apartes de mí. Si fueres a la mano izquierda, yo iré a la derecha; y si tú a la derecha, yo iré a la izquierda. Y alzó Lot sus ojos, y vio toda la llanura del Jordán, que toda ella era de riego, como el huerto de Jehová, como la tierra de Egipto en la dirección de Zoar, antes que destruyese Jehová a Sodoma y a Gomorra. Entonces Lot escogió para sí toda la llanura del Jordán; y se fue Lot hacia el oriente, y se apartaron el uno del otro. Abram acampó en la tierra de Canaán, en tanto que Lot habitó en las ciudades de la llanura, y fue poniendo sus tiendas hasta Sodoma. Y Jehová dijo a Abram, después que Lot se apartó de él: alza ahora tus ojos, y mira desde el lugar donde estás hacia el norte y el sur, y al oriente y al occidente. Porque toda la tierra que ves, la daré a ti y a tu descendencia para siempre. Y haré tu

descendencia como el polvo de la tierra; que si alguno puede contar el polvo de la tierra, también tu descendencia será contada. Levántate, ve por la tierra a lo largo de ella y a su ancho; porque a ti la daré", (Génesis 13:7-12, 14-17).

5. Nadie Más Ve Lo Que Tú Has Discernido En El Momento.

"Y aconteció que cuando sintieron alegría en su corazón, dijeron: Llamad a Sansón, para que nos divierta. Y llamaron a Sansón de la cárcel, y sirvió de juguete delante de ellos; y lo pusieron entre las columnas", (Jueces 16:25). "Asió luego Sansón las dos columnas de en medio, sobre las que descansaba la casa, y echó todo su peso sobre ellas, su mano derecha sobre una y su mano izquierda sobre la otra. Y dijo Sansón: muera yo con los filisteos. Entonces se inclinó con toda su fuerza, y cayó la casa sobre los principales, y sobre todo el pueblo que estaba en ella. Y los que mató al morir fueron muchos más que los que había matado durante su vida", (Jueces 16:29-30). "Y uno de los malhechores que estaban colgados le injuriaba, diciendo: si Tú eres el Cristo, sálvate a Ti mismo y a nosotros. Respondiendo el otro, le reprendió, diciendo: ¿Ni aun temes tú a Dios, estando en la misma condenación? nosotros, a la verdad, justamente padecemos, porque recibimos lo que merecieron nuestros hechos; mas éste ningún mal hizo. Y dijo a Jesús: acuérdate de mí cuando vengas en Tu reino. Entonces Jesús le dijo: de cierto te digo que hoy estarás conmigo en el paraíso", (Lucas 23:39-43).

6. Dios Esconde Nuestro Futuro Por Lo General, En Momentos de Sufrimiento.

"Después hubo hambre en la tierra, además de la primera hambre que hubo en los días de Abraham; y se fue Isaac a Abimelec rey de los filisteos, en Gerar. Y se le apareció Jehová, y le dijo: no desciendas a Egipto; habita en la tierra que yo te diré. Habita como forastero en esta tierra, y estaré contigo, y te bendeciré; porque a ti y a tu descendencia daré todas estas tierras, y confirmaré el juramento que hice a Abraham tu padre. Multiplicaré tu descendencia como las estrellas del cielo, y daré a tu descendencia todas estas tierras; y todas las naciones de la tierra serán benditas en tu simiente...Y sembró Isaac en aquella tierra, y cosechó aquel año ciento por uno; y le bendijo Jehová", (Génesis 26:1-4, 12). (Ver 2 Reyes 4:1-7.)

7. Lo Que Satanás Pretende Para Mal Dios Lo Tornará Para Bien.

"Y les respondió José: no temáis; ¿acaso estoy yo en lugar de Dios? vosotros pensasteis mal contra mí, mas Dios lo encaminó a bien, para hacer lo que vemos hoy, para mantener en vida a mucho pueblo. Ahora, pues, no tengáis miedo; yo os sustentaré a vosotros y a vuestros hijos. Así los consoló, y les habló al corazón", (Génesis 50:19-21). "Entonces dijo el rey: ¿Quién está en el patio? y Amán había venido al patio exterior de la casa real, para hablarle al rey para que hiciese colgar a Mardoqueo en la horca que él le tenía preparada. Y los servidores del rey le respondieron: he aquí Amán está en el patio. Y el rey dijo: que entre. Entró, pues, Amán, y el rey le dijo: ¿Qué se hará al hombre cuya honra desea el rey? y dijo Amán en su corazón: ¿A quién deseará el rey honrar más que a mí? y respondió Amán al rey: para el varón cuya honra desea el rey, traigan el vestido real de que el rey se viste, y el caballo en que el rey cabalga, y la corona real que está puesta en su cabeza; y den el vestido y el caballo en mano de alguno de los príncipes más nobles del rey, y vistan a aquel varón cuya honra desea el rey, y llévenlo en el caballo por la plaza de la ciudad, y pregonen delante de él: así se hará al varón cuya honra desea el rey. Entonces el rey dijo a Amán: date prisa, toma el vestido y el caballo, como tú has dicho, y hazlo así con el judío Mardoqueo, que se sienta a la puerta real; no omitas nada de todo lo que has dicho", (Ester 6:4-10).

7 Cosas Que La Grandeza Verdadera Requerirá De Ti

La Grandeza Es Una Elección.

Todo hombre contiene una pasión invisible...para lograr trascendencia, obtener reconocimiento y grandeza. Es la Semilla Divina en el interior del hombre...que ocasiona que se produzca el cambio en él, que descubra nueva Sabiduría y edifique relaciones valiosas. La expectación es una incesante corriente sin fin...que lleva al hombre hacia su Futuro. En este fascinante/cautivador estudio aprenderás cómo desatar el potencial escondido en lo profundo de tu ser... ¡y cambiar tu propio ambiente más rápido de lo que jamás soñaste!

1. Reconocimiento de La Diferencia Divina Que Dios Creó En Tu Interior.
"Te alabaré; porque formidables, maravillosas son Tus obras; Estoy maravillado, Y mi alma lo sabe muy bien", (Salmos 139:14). "Porque de la manera que en un cuerpo tenemos muchos miembros, pero no todos los miembros tienen la misma función, así nosotros, siendo muchos, somos un cuerpo en Cristo, y todos miembros los unos de los otros. De manera que, teniendo diferentes dones, según la gracia que nos es dada, si el de profecía, úsese conforme a la medida de la fe", (Romanos 12:4-6). "Y Él mismo constituyó a unos, apóstoles; a otros, profetas; a otros, evangelistas; a otros, pastores y maestros", (Efesios 4:11).

2. La Convicción de Que Dios Puede Tornar Cualquier Cosa Mala Para Bien Tuyo.
"Vosotros pensasteis mal contra mí, mas Dios lo encaminó a bien, para hacer lo que vemos hoy, para mantener en vida a mucho pueblo", (Génesis 50:20). "Y quitó Jehová la aflicción de Job, cuando él hubo orado por sus amigos; y aumentó al doble todas las cosas que habían sido de Job", (Job 42:10). "Los impíos me han aguardado para destruirme; mas yo consideraré tus testimonios...me pusieron lazo los impíos, pero yo no me desvié de Tus mandamientos", (Salmos 119:95, 110). "Mas cuando Ester vino a la presencia del rey, él ordenó por carta que el perverso designio que aquél trazó contra los judíos recayera sobre su cabeza; y que colgaran a él y a

sus hijos en la horca", (Ester 9:25). "El que cava foso caerá en él; Y al que revuelve la piedra, sobre él le volverá...el que hace errar a los rectos por el mal camino, el caerá en su misma fosa; mas los perfectos heredarán el bien", (Proverbios 26:27; 28:10).

3. Tu Voluntad Para Buscar Mentoría de Triunfadores Fuera de Lo Común. "Y les dijo: Venid en pos de mí, y os haré pescadores de hombres", (Mateo 4:19). "Lo que aprendisteis y recibisteis y oísteis y visteis en mí, esto haced; y el Dios de paz estará con vosotros", (Filipenses 4:9). "Pues para esto fuisteis llamados; porque también Cristo padeció por nosotros, dejándonos ejemplo, para que sigáis sus pisadas", (1 Pedro 2:21).

4. Tu Pasión Por Sembrar Honor En La Cadena de Autoridad Conforme A La Biblia. "Los ancianos que gobiernan bien, sean tenidos por dignos de doble honor, mayormente los que trabajan en predicar y enseñar", (1 Timoteo 5:17). "Siervos, obedeced en todo a vuestros amos terrenales, no sirviendo al ojo, como los que quieren agradar a los hombres, sino con corazón sincero, temiendo a Dios. Y todo lo que hagáis, hacedlo de corazón, como para el Señor y no para los hombres", (Colosenses 3:22-23). "Honra a tu padre y a tu madre, que es el primer mandamiento con promesa; para que te vaya bien, y seas de larga vida sobre la tierra", (Efesios 6:2-3).

5. Tu Disposición Para Admitir Errores Personales Y Para No Culpar A Los Demás Por Los Resultados de Tus Propias Decisiones. "Por Jehová son ordenados los pasos del hombre, y Él aprueba su camino. Cuando el hombre cayere, no quedará postrado, porque Jehová sostiene su mano", (Salmos 37:23-24). "Donde no hay dirección sabia, caerá el pueblo; mas en la multitud de consejeros hay seguridad", (Proverbios 11:14). "Porque siete veces cae el justo, y vuelve a levantarse; mas los impíos caerán en el mal", (Proverbios 24:16). "Venid luego, dice Jehová, y estemos a cuenta: si vuestros pecados fueren como la grana, como la nieve serán emblanquecidos; si fueren rojos como el carmesí, vendrán a ser como blanca lana", (Isaías 1:18).

6. Tu Disposición Para Analizar Continuamente Los Resultados de Tus Decisiones Y Esfuerzos. "Las riquezas de vanidad disminuirán; pero el que recoge con mano laboriosa las aumenta", (Proverbios 13:11). "Si quisiereis y oyereis, comeréis el bien de la tierra; si no

quisiereis y fuereis rebeldes, seréis consumidos a espada; porque la boca de Jehová lo ha dicho", (Isaías 1:19-20). "Digo, pues: Andad en el Espíritu, y no satisfagáis los deseos de la carne", (Gálatas 5:16). "Sembráis mucho, y recogéis poco; coméis, y no os saciáis; bebéis, y no quedáis satisfechos; os vestís, y no os calentáis; y el que trabaja a jornal recibe su jornal en saco roto. Así ha dicho Jehová de los ejércitos: meditad sobre vuestros caminos", (Hageo 1:6-7).

7. Tu Incansable Búsqueda de La Integridad Personal Hacia Dios Y Los Demás.

"Camina en su integridad el justo; sus hijos son dichosos después de él", (Proverbios 20:7). "De más estima es el buen nombre que las muchas riquezas, y la buena fama más que la plata y el oro", (Proverbios 22:1). "No seas sin causa testigo contra tu prójimo, y no lisonjees con tus labios", (Proverbios 24:28). "No paguéis a nadie mal por mal; procurad lo bueno delante de todos los hombres", (Romanos 12:17).

~36~
7 PODERES DE TU MENTE

Tu Mente Es La Que Toma Las Decisiones.

Tu Mente es la fábrica del conocimiento. Es el centro de almacenamiento. Es la bodega donde almacenas sucesos emocionales y sentimientos. Tú no eres tu Mente. Tu Mente…tu pasión y anhelo por Dios…está en guerra con tu mente. Tu Mente es tan extraordinaria que todos los poderes diabólicos están enfocados en tu Mente. ¡Este estudio te ayudará a incrementar tu respeto por la Mente…!

1. Tu Mente Está Decidiendo Lo Que Estás Sintiendo. "Y cuando Esaú era de cuarenta años, tomó por mujer a Judit hija de Beeri heteo, y a Basemat hija de Elón heteo; y fueron amargura de espíritu para Isaac y para Rebeca", (Génesis 26:34-35). "Tú guardarás en completa paz a aquel cuyo pensamiento en ti persevera; porque en Ti ha confiado", (Isaías 26:3). "Y hablaron mal entre los hijos de Israel, de la tierra que habían reconocido, diciendo: la tierra por donde pasamos para reconocerla, es tierra que traga a sus moradores; y todo el pueblo que vimos en medio de ella son hombres de grande estatura. También vimos allí gigantes, hijos de Anac, raza de los gigantes, y éramos nosotros, a nuestro parecer, como langostas; y así les parecíamos a ellos. Entonces toda la congregación gritó, y dio voces; y el pueblo lloró aquella noche. Y se quejaron contra Moisés y contra Aarón todos los hijos de Israel; y les dijo toda la multitud: ¡Ojalá muriéramos en la tierra de Egipto; o en este desierto ojalá muriéramos!", (Números 13:32-14:2).

2. Tu Mente Busca Continuamente Información Y La Amplifica. "Por lo demás, hermanos, todo lo que es verdadero, todo lo honesto, todo lo justo, todo lo puro, todo lo amable, todo lo que es de buen nombre; si hay virtud alguna, si algo digno de alabanza, en esto pensad. Lo que aprendisteis y recibisteis y oísteis y visteis en mí, esto haced; y el Dios de paz estará con vosotros", (Filipenses 4:8-9). "Dame, pues, ahora este monte, del cual habló Jehová aquel día; porque tú oíste en aquel día que los anaceos están allí, y que hay ciudades grandes y fortificadas. Quizá Jehová estará conmigo, y los echaré, como Jehová ha dicho", (Josué 14:12). "Y hablaron a toda la congregación de los hijos de Israel, diciendo: la tierra por donde pasamos para reconocerla, es tierra en gran manera buena. Si Jehová se agradare de nosotros, él nos llevará a esta tierra, y nos la entregará; tierra que fluye leche y miel. Por tanto, no seáis rebeldes contra Jehová, ni temáis al pueblo de esta tierra; porque nosotros los comeremos como pan; su amparo se ha apartado de ellos, y con nosotros está Jehová; no los temáis", (Números 14:7-9).

3. La Única Manera Como Puedes Cambiar Tu Vida Es A Través de Tu Mente. "Así que, hermanos, os ruego por las misericordias de Dios, que presentéis vuestros cuerpos en sacrificio vivo, santo, agradable a Dios, que es vuestro culto racional. No os conforméis a este siglo, sino transformaos por medio de la renovación de vuestro entendimiento, para que comprobéis cuál sea la buena voluntad de Dios, agradable y perfecta", (Romanos 12:1-2). "Y renovaos en el espíritu de vuestra mente, y vestíos del nuevo hombre, creado según Dios en la justicia y santidad de la verdad", (Efesios 4:23-24). "Haya, pues, en vosotros este sentir que hubo también en Cristo Jesús", (Filipenses 2:5).

4. Tu Mente Afecta Tu Salud. "Porque el ocuparse de la carne es muerte, pero el ocuparse del Espíritu es vida y paz", (Romanos 8:6). "Vienen a Jesús, y ven al que había sido atormentado del demonio, y que había tenido la legión, sentado, vestido y en su juicio cabal; y tuvieron miedo", (Marcos 5:15). "Amado, yo deseo que tú seas prosperado en todas las cosas, y que tengas salud, así como prospera tu alma", (3 Juan 2).

5. Tu Mente Tiene Una Habilidad Increíble Para Reunir Información Y Para Ver La Diferencia. "Si clamares a la inteligencia, y a la prudencia dieres tu voz; si como a la plata la buscares, y la escudriñares como a tesoros, Entonces entenderás el temor de Jehová, y hallarás el conocimiento de Dios. Porque Jehová da la Sabiduría, y de Su boca viene el conocimiento y la inteligencia", (Proverbios 2:3-6). "Entonces él comenzó a maldecir, y a jurar: no conozco a este hombre de quien habláis. Y el gallo cantó la segunda vez. Entonces Pedro se acordó de las palabras que Jesús le había dicho: antes que el gallo cante dos veces, me negarás tres veces. Y pensando en esto, lloraba", (Marcos 14:71-72). "Entonces el rey respondió y dijo: dad a aquélla el hijo vivo, y no lo matéis; ella es su madre", (1 Reyes 3:27). "Viendo entonces Gedeón que era el ángel de Jehová…", (Jueces 6:22). "Jehová, pues, llamó la tercera vez a Samuel. Y él se levantó y vino a Elí, y dijo: heme aquí; ¿para qué me has llamado? entonces entendió Elí que Jehová

llamaba al joven", (1 Samuel 3:8). "Y entendió David que Jehová le había confirmado por rey sobre Israel, y que había engrandecido su reino por amor de su pueblo Israel", (2 Samuel 5:12). "Pero Jesús, conociendo la malicia de ellos, les dijo: ¿Por qué me tentáis, hipócritas?", (Mateo 22:18). "Entonces Pablo, notando que una parte era de saduceos y otra de fariseos, alzó la voz en el concilio: Varones hermanos, yo soy fariseo, hijo de fariseo; acerca de la esperanza y de la resurrección de los muertos se me juzga", (Hechos 23:6).

6. La Mente Decide Lo Que Cree Por Medio de La Repetición. "Instruye al niño en su camino, y aun cuando fuere viejo no se apartará de él", (Proverbios 22:6). "Por tanto, pondréis estas Mis palabras en vuestro corazón y en vuestra alma, y las ataréis como señal en vuestra mano, y serán por frontales entre vuestros ojos. Y las enseñaréis a vuestros hijos, hablando de ellas cuando te sientes en tu casa, cuando andes por el camino, cuando te acuestes, y cuando te levantes, y las escribirás en los postes de tu casa, y en tus puertas; para que sean vuestros días, y los días de vuestros hijos, tan numerosos sobre la tierra que Jehová juró a vuestros padres que les había de dar, como los días de los cielos sobre la tierra", (Deuteronomio 11:18-21). "Nunca se apartará de tu boca este libro de la ley, sino que de día y de noche meditarás en él, para que guardes y hagas conforme a todo lo que en él está escrito; porque entonces harás prosperar tu camino, y todo te saldrá bien", (Josué 1:8).

7. Dios Te Dio Una Mente Para Redimensionar Tus Experiencias. "Encomienda a Jehová tus obras, Y tus pensamientos serán afirmados", (Proverbios 16:3). "Puestos los ojos en Jesús, el autor y consumador de la fe, el cual por el gozo puesto delante de Él sufrió la cruz, menospreciando el oprobio, y se sentó a la diestra del trono de Dios", (Hebreos 12:2). "Sean gratos los dichos de mi boca y la meditación de mi corazón delante de ti, Oh Jehová, roca mía, y redentor mío", (Salmos 19:14). "¿Con qué limpiará el joven su camino? Con guardar Tu palabra. Con todo mi corazón te he buscado; No me dejes desviarme de Tus mandamientos", (Salmos 119:9-10). "Hermanos, yo mismo no pretendo haberlo ya alcanzado; pero una cosa hago: olvidando ciertamente lo que queda atrás, y extendiéndome a lo que está delante", (Filipenses 3:13). "Pronto está mi corazón, oh Dios, mi corazón está dispuesto; Cantaré, y trovaré salmos", (Salmos 57:7). "No tendrá temor de malas noticias; Su corazón está firme, confiado en Jehová", (Salmos 112:7).

7 Secretos Escondidos Para Desarrollar El Espíritu de Excelencia

La Excelencia Es La Semilla Del Reconocimiento.

La Excelencia Es El Puente A Todo Futuro. La excelencia es imposible de esconder. Esta inolvidable revelación desatará una nueva esperanza para tu Futuro, y ayudará a impulsarte a tu cambio inmediato. ¡Jamás volverás a ser el mismo…!

1. Sé Excelente En Tu Conversación Con Dios. "Venid luego, dice Jehová, y estemos a cuenta", (Isaías 1:18). "Y Jehová se fue, luego que acabó de hablar a Abraham; y Abraham volvió a su lugar", (Génesis 18:33). "Entonces Jehová dijo a Moisés: He aquí, Yo vengo a ti en una nube espesa, para que el pueblo oiga mientras Yo hablo contigo, y también para que te crean para siempre. Y Moisés refirió las palabras del pueblo a Jehová", (Éxodo 19:9). "Y Jehová dijo a Moisés: También haré esto que has dicho, por cuanto has hallado gracia en Mis ojos, y te he conocido por tu nombre. Él entonces dijo: Te ruego que me muestres Tu gloria", (Éxodo 33:17-18).

2. Sé Excelente Comunicándote Con Verdad Con La Gente. "No conviene al necio la altilocuencia; ¡Cuánto menos al príncipe el labio mentiroso!", (Proverbios 17:7). "La lengua falsa atormenta al que ha lastimado, Y la boca lisonjera hace resbalar", (Proverbios 26:28). "Pero sea vuestro hablar: Sí, sí; no, no; porque lo que es más de esto, de mal procede", (Mateo 5:37). "…sino que vuestro sí sea sí, y vuestro no sea no, para que no caigáis en condenación", (Santiago 5:12).

3. Sé Excelente Escuchando. "Y oyó Moisés la voz de su suegro, e hizo todo lo que dijo", (Éxodo 18:24). "Cuando se lo dijeron a Jotam, fue y se puso en la cumbre del monte de Gerizim, y alzando su voz clamó y les dijo: Oídme, varones de Siquem, y así os oiga Dios", (Jueces 9:7). "El oído que escucha las amonestaciones de la vida, Entre los sabios morará. El que tiene en poco la disciplina menosprecia su alma; Mas el que escucha la corrección tiene entendimiento", (Proverbios 15:31-32). "El camino del necio es derecho en su opinión; mas el que obedece al consejo es sabio", (Proverbios 12:15). "Entonces Booz dijo a Rut: Oye, hija mía, no vayas a espigar a otro campo, ni pases de aquí; y aquí estarás junto a mis criadas", (Rut 2:8).

4. Sé Excelente Discerniendo La Diferencia En Los Momentos.

"Entonces vinieron a él unos trayendo un paralítico, que era cargado por cuatro. Y como no podían acercarse a Él a causa de la multitud, descubrieron el techo de donde estaba, y haciendo una abertura, bajaron el lecho en que yacía el paralítico. Al ver Jesús la fe de ellos, dijo al paralítico: Hijo, tus pecados te son perdonados", (Marcos 2:3-5). "Y oyendo que era Jesús nazareno, comenzó a dar voces y a decir: ¡Jesús, Hijo de David, ten misericordia de mí! Y muchos le reprendían para que callase, pero él clamaba mucho más: ¡Hijo de David, ten misericordia de mí! entonces Jesús, deteniéndose, mandó llamarle; y llamaron al ciego, diciéndole: ten confianza; levántate, te llama. Él entonces, arrojando su capa, se levantó y vino a Jesús. Respondiendo Jesús, le dijo: ¿Qué quieres que te haga? Y el ciego le dijo: Maestro, que recobre la vista. Y Jesús le dijo: vete, tu fe te ha salvado. Y en seguida recobró la vista, y seguía a Jesús en el camino", (Marcos 10:47-52). "Pero una mujer que desde hacía doce años padecía de flujo de sangre, y había sufrido mucho de muchos médicos, y gastado todo lo que tenía, y nada había aprovechado, antes le iba peor, cuando oyó hablar de Jesús, vino por detrás entre la multitud, y tocó Su manto. Porque decía: si tocare tan solamente Su manto, seré salva. Y en seguida la fuente de su sangre se secó; y sintió en el cuerpo que estaba sana de aquel azote", (Marcos 5:25-29). "Y uno de los malhechores que estaban colgados le injuriaba, diciendo: si Tú eres el Cristo, sálvate a Ti Mismo y a nosotros. Respondiendo el otro, le reprendió, diciendo: ¿Ni aun temes tú a Dios, estando en la misma condenación? nosotros, a la verdad, justamente padecemos, porque recibimos lo que merecieron nuestros hechos; mas Éste ningún mal hizo. y dijo a Jesús: acuérdate de mí cuando vengas en Tu reino. Entonces Jesús le dijo: de cierto te digo que hoy estarás conmigo en el paraíso", (Lucas 23:39-43).

5. Sé Excelente En Resolución de Problemas.

"Mas Jehová estaba con José, y fue varón próspero; y estaba en la casa de su amo el egipcio. Y vio su amo que Jehová estaba con él, y que todo lo que él hacía, Jehová lo hacía prosperar en su mano. Así halló José gracia en sus ojos, y le servía; y él le hizo mayordomo de su casa y entregó en su poder todo lo que tenía", (Génesis 39:2-4). "Pero Jehová estaba con José y le extendió su misericordia, y le dio gracia en los ojos del jefe de la cárcel. Y el jefe de la cárcel entregó en mano de José el cuidado de todos los presos que había en aquella prisión; todo lo que se hacía allí, él lo hacía. No necesitaba atender el jefe de la cárcel cosa alguna de las que estaban al cuidado de José, porque Jehová estaba con José, y lo que él hacía, Jehová lo prosperaba", (Génesis 39:21-23). "Y él preguntó a aquellos oficiales de Faraón, que estaban con él en la prisión de la casa de su señor, diciendo: ¿Por qué parecen hoy mal vuestros semblantes? Ellos le dijeron: hemos tenido un sueño, y no hay quien lo interprete. Entonces les dijo José: ¿No son de Dios las interpretaciones? contádmelo ahora", (Génesis 40:7-8). "Y dijo Faraón a José: yo he tenido un sueño, y no hay quien lo interprete; mas he oído decir de ti, que oyes sueños para interpretarlos. Respondió José a Faraón, diciendo: no está en mí; Dios será el que dé respuesta propicia a Faraón", (Génesis 41:15-16).

6. Sé Excelente En Presentación.
"Cuando le llegó a Ester, hija de Abihail tío de Mardoqueo, quien la había tomado por hija, el tiempo de venir al rey, ninguna cosa procuró sino lo que dijo Hegai eunuco del rey, guarda de las mujeres; y ganaba Ester el favor de todos los que la veían. Fue, pues, Ester llevada al rey Asuero a su casa real en el mes décimo, que es el mes de Tebet, en el año séptimo de su reinado. Y el rey amó a Ester más que a todas las otras mujeres, y halló ella gracia y benevolencia delante de él más que todas las demás vírgenes; y puso la corona real en su cabeza, y la hizo reina en lugar de Vasti", (Ester 2:15-17). "Te lavarás, pues, y te ungirás, y vistiéndote tus vestidos, irás a la era; mas no te darás a conocer al varón hasta que él haya acabado de comer y de beber. Y cuando él se acueste, notarás el lugar donde se acuesta, e irás y descubrirás sus pies, y te acostarás allí; y él te dirá lo que hayas de hacer", (Rut 3:3-4). "Entonces Faraón envió y llamó a José. Y lo sacaron apresuradamente de la cárcel, y se afeitó, y mudó sus vestidos, y vino a Faraón", (Génesis 41:14).

7. Sé Excelente Aprendiendo.
"Aprended a hacer el bien; buscad el juicio, restituid al agraviado, haced justicia al huérfano, amparad a la viuda", (Isaías 1:17). "Y reposará sobre él el Espíritu de Jehová; espíritu de Sabiduría y de inteligencia, espíritu de consejo y de poder, espíritu de conocimiento y de temor de Jehová", (Isaías 11:2). "Procura con diligencia presentarte a Dios aprobado, como obrero que no tiene de qué avergonzarse, que usa bien la palabra de verdad", (2 Timoteo 2:15).

-38-

7 LEYES DEL ÉXITO QUE NUNCA DEBES OLVIDAR

El Éxito Es Un Lugar… Una Actitud… Un Viaje… Una Opinión… Una Experiencia.

El éxito es una colección continua de Experiencias…que ocurre diariamente. El Éxito es cualquier satisfacción obtenida por medio del logro de una meta que vale la pena. ¡Este estudio inolvidable hará una verdadera diferencia en tu vida…!

1. La Ley de La Diferencia. "Porque de la manera que en un cuerpo tenemos muchos miembros, pero no todos los miembros tienen la misma función, así nosotros, siendo muchos, somos un cuerpo en Cristo, y todos miembros los unos de los otros. De manera que, teniendo diferentes dones, según la gracia que nos es dada, si el de profecía, úsese conforme a la medida de la fe", (Romanos 12:4-6). "Y no participéis en las obras infructuosas de las tinieblas, sino más bien reprendedlas; porque vergonzoso es aun hablar de lo que ellos hacen en secreto", (Efesios 5:11-12). "Ahora bien, hay diversidad de dones, pero el Espíritu es el mismo. Y hay diversidad de ministerios, pero el Señor es el mismo. Y hay diversidad de operaciones, pero Dios, que hace todas las cosas en todos, es el mismo", (1 Corintios 12:4-6). "Antes que te formase en el vientre te conocí, y antes que nacieses te santifiqué, te di por profeta a las naciones", (Jeremías 1:5).

2. La Ley del Protocolo. "Pero hágase todo decentemente y con orden", (1 Corintios 14:40). "Y pon cuchillo a tu garganta, si tienes gran apetito", (Proverbios 23:2). "No te alabes delante del rey, ni estés en el lugar de los grandes; porque mejor es que se te diga: sube acá, y no que seas humillado delante del príncipe a quien han mirado tus ojos", (Proverbios 25:6-7). "Detén tu pie de la casa de tu vecino, no sea que hastiado de ti te aborrezca", (Proverbios 25:17).

3. La Ley del Enfoque. "Solamente esfuérzate y sé muy valiente, para cuidar de hacer conforme a toda la ley que mi siervo Moisés te mandó; no te apartes de ella ni a diestra ni a siniestra, para que seas prosperado en todas las cosas que emprendas", (Josué 1:7). "Y Jesús le dijo: ninguno que poniendo su mano en el arado mira hacia atrás, es apto para el reino de Dios", (Lucas 9:62). "Hermanos, yo mismo no pretendo haberlo ya alcanzado; pero una cosa hago: olvidando ciertamente lo que queda atrás, y extendiéndome a lo que está delante, prosigo a la meta, al premio del supremo llamamiento de Dios en Cristo Jesús", (Filipenses 3:13-14). "Puestos los ojos en Jesús, el autor y consumador de la fe, el cual por el gozo puesto delante de Él sufrió la cruz, menospreciando el oprobio, y se sentó a la diestra del trono de Dios", (Hebreos 12:2).

4. La Ley del Reconocimiento. "Diciendo: ¡Oh, si también tú conocieses, a lo menos en este tu día, lo que es para tu paz! mas ahora está encubierto de tus ojos", (Lucas 19:42). "¿Teniendo ojos no veis, y teniendo oídos no oís? ¿Y no recordáis?", (Marcos 8:18). "El que tiene oído, oiga lo que el Espíritu dice a las iglesias", (Apocalipsis 2:7). "Y despertó Jacob de su sueño, y dijo: ciertamente Jehová está en este lugar, y yo no lo sabía", (Génesis 28:16).

5. La Ley de Un Corazón de Siervo. "Como el Hijo del Hombre no vino para ser servido, sino para servir, y para dar su vida en rescate por muchos", (Mateo 20:28). "Y su señor le dijo: bien, buen siervo y fiel; sobre poco has sido fiel, sobre mucho te pondré; entra en el gozo de tu señor", (Mateo 25:21). "Mas no así vosotros, sino sea el mayor entre vosotros como el más joven, y el que dirige, como el que sirve", (Lucas 22:26). "Por lo cual, siendo libre de todos, me he hecho siervo de todos para ganar a mayor número", (1 Corintios 9:19). "El que es el mayor de vosotros, sea vuestro siervo", (Mateo 23:11).

6. La Ley del Honor. "…Y a la honra precede la humildad", (Proverbios 15:33). "El que sigue la justicia y la misericordia hallará la vida, la justicia y la honra", (Proverbios 21:21). "Riquezas, honra y vida Son la remuneración de la humildad y del temor de Jehová", (Proverbios 22:4). "Honrad a todos. Amad a los hermanos. Temed a Dios. Honrad al rey", (1 Pedro 2:17). "Vosotros, maridos, igualmente, vivid con ellas sabiamente dando honor a la mujer como a vaso más frágil, y como a coherederas de la gracia de la vida, para que vuestras oraciones no tengan estorbo", (1 Pedro 3:7).

7. La Ley de La Semilla. "Honra a Jehová con tus bienes, y con las primicias de todos tus frutos; y serán llenos tus graneros con abundancia, y

tus lagares rebosarán de mosto", (Proverbios 3:9-10). "Echa tu pan sobre las aguas; porque después de muchos días lo hallarás…por la mañana siembra tu semilla, y a la tarde no dejes reposar tu mano; porque no sabes cuál es lo mejor, si esto o aquello, o si lo uno y lo otro es igualmente bueno", (Eclesiastés 11:1, 6). "Dad, y se os dará; medida buena, apretada, remecida y rebosando darán en vuestro regazo; porque con la misma medida con que medís, os volverán a medir", (Lucas 6:38). "Pero esto digo: el que siembra escasamente, también segará escasamente; y el que siembra generosamente, generosamente también segará", (2 Corintios 9:6).

-39-

7 Cosas Pequeñas Que Generan Gran Éxito

Una Diminuta Llave Abre La Caja Fuerte de Un Banco..

Pequeñas bisagras abren grandes puertas. Nunca menosprecies el poder de las cosas pequeñas. ¡Este tema alumbrará un mundo que jamás pensaste que existiera…!

1. Las Metas Escritas. "Y Jehová me respondió, y dijo: escribe la visión, y declárala en tablas, para que corra el que leyere en ella. Aunque la visión tardará aún por un tiempo, mas se apresura hacia el fin, y no mentirá; aunque tardare, espéralo, porque sin duda vendrá, no tardará", (Habacuc 2:2-3). "Porque ¿quién de vosotros, queriendo edificar una torre, no se sienta primero y calcula los gastos, a ver si tiene lo que necesita para acabarla? no sea que después que haya puesto el cimiento, y no pueda acabarla, todos los que lo vean comiencen a hacer burla de él, diciendo: Este hombre comenzó a edificar, y no pudo acabar", (Lucas 14:28-30).

2. Las Palabras. "La muerte y la vida están en poder de la lengua, Y el que la ama comerá de sus frutos", (Proverbios 18:21). "Porque todos ofendemos muchas veces. Si alguno no ofende en palabra, éste es varón perfecto, capaz también de refrenar todo el cuerpo", (Santiago 3:2).

3. Las Preguntas. "Pedid, y se os dará; buscad, y hallaréis; llamad, y se os abrirá", (Mateo 7:7). "Y aconteció que tres días después le hallaron en el templo, sentado en medio de los doctores de la ley, oyéndoles y preguntándoles", (Lucas 2:46). "…y sacándolos, les dijo: Señores, ¿qué debo hacer para ser salvo? ellos dijeron: Cree en el Señor Jesucristo, y serás salvo, tú y tu casa", (Hechos 16:30-31).

4. El Lugar Secreto. "Dios, Dios mío eres Tú; de madrugada te buscaré; mi alma tiene sed de Ti, mi carne te anhela, en tierra seca y árida donde no hay aguas", (Salmos 63:1). "Levantándose muy de mañana, siendo aún muy oscuro, salió y se fue a un lugar desierto, y allí oraba", (Marcos 1:35).

"El que habita al abrigo del Altísimo morará bajo la sombra del Omnipotente", (Salmos 91:1). "Mas tú, cuando ores, entra en tu aposento, y cerrada la puerta, ora a tu Padre que está en secreto; y tu Padre que ve en lo secreto te recompensará en público", (Mateo 6:6). "En aquellos días Él fue al monte a orar, y pasó la noche orando a Dios", (Lucas 6:12).

5. Los Momentos. "…ninguno está seguro de la vida", (Job 24:22). "Todo tiene su tiempo, y todo lo que se quiere debajo del cielo tiene su hora…porque allí hay un tiempo para todo lo que se quiere y para todo lo que se hace", (Eclesiastés 3:1,17). "Cuando no sabéis lo que será mañana. Porque ¿qué es vuestra vida? ciertamente es neblina que se aparece por un poco de tiempo, y luego se desvanece", (Santiago 4:14). "Porque un ángel descendía de tiempo en tiempo al estanque, y agitaba el agua", (Juan 5:4).

6. Las Instrucciones. "Si quisiereis y oyereis, comeréis el bien de la tierra", (Isaías 1:19). "Y vendrán sobre ti todas estas bendiciones, y te alcanzarán, si oyeres la voz de Jehová tu Dios", (Deuteronomio 28:2). "Guarda y escucha todas estas palabras que yo te mando, para que haciendo lo bueno y lo recto ante los ojos de Jehová tu Dios, te vaya bien a ti y a tus hijos después de ti para siempre", (Deuteronomio 12:28). "…porque guardamos Sus mandamientos, y hacemos las cosas que son agradables delante de Él", (1 Juan 3:22).

7. Escuchar. "Entonces tus oídos oirán a tus espaldas palabra que diga: este es el camino, andad por él; y no echéis a la mano derecha, ni tampoco torzáis a la mano izquierda", (Isaías 30:21). "Mis ovejas oyen Mi voz, y Yo las conozco, y me siguen", (Juan 10:27). "El que tiene oído, oiga lo que el Espíritu dice a las iglesias", (Apocalipsis 2:7). "Con todo eso, oye ahora esta palabra que yo hablo en tus oídos y en los oídos de todo el pueblo", (Jeremías 28:7). "Por esto, mis amados hermanos, todo hombre sea pronto para oír, tardo para hablar, tardo para airarse", (Santiago 1:19).

~40~

EL ENEMIGO DENTRO DE TI

Hay Algo Dentro de Ti Más Mortífero Que Cualquier Cosa A Tu Alrededor.

La duda es un adversario invisible que debes confrontar y derrotar…para desatar el Milagro que Dios te ha prometido. La voz más peligrosa en tu vida es aquella que expresa duda sobre la voluntad de Dios…del plan para tu vida. La tragedia más grande de la duda es que te descalifica instantáneamente de la grandeza. ¡Este estudio desatará al conquistador escondido en la profundidad de tu ser…!

1. La Duda Entra Por Oír Opiniones Que Contradicen La Palabra de Dios. "Pero a pesar de que había hecho tantas señales delante de ellos, no creían en Él", (Juan 12:37). "Y vemos que no pudieron entrar a causa de incredulidad", (Hebreos 3:19). "Y éstos eran más nobles que los que estaban en Tesalónica, pues recibieron la palabra con toda solicitud, escudriñando cada día las Escrituras para ver si estas cosas eran así. Así que creyeron muchos de ellos, y mujeres griegas de distinción, y no pocos hombres", (Hechos 17:11-12). "Y éstos son los de junto al camino: en quienes se siembra la palabra, pero después que la oyen, en seguida viene satanás, y quita la palabra que se sembró en sus corazones…pero los afanes de este siglo, y el engaño de las riquezas, y las codicias de otras cosas, entran y ahogan la palabra, y se hace infructuosa", (Marcos 4:15, 19).

2. La Duda Entra Por Discutir Recuerdos de Tus Fracasos Personales. "También vimos allí gigantes, hijos de Anac, raza de los gigantes, y éramós nosotros, a nuestro parecer, como langostas; y así les parecíamós a ellos", (Números 13:33). "Y yo dije: ¡Ah! ¡ah, Señor Jehová! he aquí, no sé hablar, porque soy niño. Y me dijo Jehová: no digas: soy un niño; porque a todo lo que te envíe irás tú, y dirás todo lo que te mande", (Jeremías 1:6-7). "Entonces le respondió: ah, señor mío, ¿con qué salvaré yo a Israel? he aquí que mi familia es pobre en Manasés, y yo el menor en la casa de mi padre", (Jueces 6:15). "Y él respondió: ¿Quién te ha puesto a ti por príncipe y juez sobre nosotros? ¿Piensas matarme como mataste al egipcio? entonces Moisés tuvo miedo, y dijo: ciertamente esto ha sido descubierto.

Oyendo Faraón acerca de este hecho, procuró matar a Moisés; pero Moisés huyó de delante de Faraón, y habitó en la tierra de Madián", (Éxodo 2:14-15). "Y cuando Jehová te haya metido en la tierra del cananeo, como te ha jurado a ti y a tus padres, y cuando te la hubiere dado", (Éxodo 3:11).

3. La Duda Entra Por Medio de Amistades Erróneas Y Por Conocidos Que Hablan A Tu Vida.

"Entonces toda la congregación gritó, y dio voces; y el pueblo lloró aquella noche y se quejaron contra Moisés y contra Aarón todos los hijos de Israel; y les dijo toda la multitud: ¡Ojalá muriéramós en la tierra de Egipto; o en este desierto ojalá muriéramós!", (Números 14:1-2). "Y volvían, y tentaban a Dios, Y provocaban al Santo de Israel. No se acordaron de Su mano, del día que los redimió de la angustia", (Salmos 78:41-42). "No erréis; las malas conversaciones corrompen las buenas costumbres", (1 Corintios 15:33). "Mirad, hermanos, que no haya en ninguno de vosotros corazón malo de incredulidad para apartarse del Dios vivo", (Hebreos 3:12). "E inmediatamente el padre del muchacho clamó y dijo: creo; ayuda mi incredulidad", (Marcos 9:24).

4. La Duda Se Reemplaza Fácilmente Con Fe...En La Presencia de Dios.

"Estos son asimismo los que fueron sembrados en pedregales: los que cuando han oído la palabra, al momento la reciben con gozo; pero no tienen raíz en sí, sino que son de corta duración, porque cuando viene la tribulación o la persecución por causa de la palabra, luego tropiezan. Estos son los que fueron sembrados entre espinos: los que oyen la palabra, pero los afanes de este siglo, y el engaño de las riquezas, y las codicias de otras cosas, entran y ahogan la palabra, y se hace infructuosa", (Marcos 4:16-19). "A fin de que pongan en Dios su confianza, y no se olviden de las obras de Dios; que guarden Sus mandamientos, y no sean como sus padres, generación contumaz y rebelde; generación que no dispuso su corazón, ni fue fiel para con Dios su espíritu", (Salmos 78:7-8). "Y clamaban a gran voz, diciendo: ¿Hasta cuándo, Señor, santo y verdadero, no juzgas y vengas nuestra sangre en los que moran en la tierra?", (Apocalipsis 6:10).

5. La Duda Es Contagiosa.

"Finalmente se apareció a los once mismos, estando ellos sentados a la mesa, y les reprochó su incredulidad y dureza de corazón, porque no habían creído a los que le habían visto resucitado", (Marcos 16:14). "Y no hizo allí muchos milagros, a causa de la incredulidad de ellos", (Mateo 13:58). "Y no pudo hacer allí ningún milagro, salvo que sanó a unos pocos enfermos, poniendo sobre ellos las manos. Y estaba asombrado de la incredulidad de ellos. Y recorría las aldeas de alrededor, enseñando", (Marcos 6:5-6).

6. Algo Que Continúas Escuchando Está Decidiendo Lo Que Sigues Creyendo.
"Así que la fe es por el oír, y el oír, por la palabra de Dios", (Romanos 10:17). "Pero pida con fe, no dudando nada; porque el que duda es semejante a la onda del mar, que es arrastrada por el viento y echada de una parte a otra", (Santiago 1:6). "A Jehová he puesto siempre delante de mí; porque está a mi diestra, no seré conmovido", (Salmos 16:8). "Dios está en medio de ella; no será conmovida. Dios la ayudará al clarear la mañana", (Salmos 46:5). "Echa sobre Jehová tu carga, y él te sustentará; no dejará para siempre caído al justo", (Salmos 55:22). "Él solamente es mi roca y mi salvación; es mi refugio, no resbalaré mucho", (Salmos 62:2).

7. La Duda Entra Por La Ausencia de Hombres de Dios Que Hablen A Tu Vida.
"¿Cómo, pues, invocarán a aquel en el cual no han creído? ¿Y cómo creerán en aquel de quien no han oído? ¿Y cómo oirán sin haber quien les predique?", (Romanos 10:14). "Pero Jesús, luego que oyó lo que se decía, dijo al principal de la sinagoga: no temas, cree solamente. Y no permitió que le siguiese nadie sino Pedro, Jacobo, y Juan hermano de Jacobo", (Marcos 5:36-37). "Dijo también el Señor: Simón, Simón, he aquí satanás os ha pedido para zarandearos como a trigo; pero Yo he rogado por ti, que tu fe no falte; y tú, una vez vuelto, confirma a tus hermanos", (Lucas 22:31-32). "Jesús le dijo: si puedes creer, al que cree todo le es posible. E inmediatamente el padre del muchacho clamó y dijo: creo; ayuda mi incredulidad", (Marcos 9:23-24).

7 Ingredientes Escondidos En Todo Milagro

Discernir Las Estaciones Es de Suma Importancia.

Los Milagros son una parte fundamental de mi Sistema de Creencias. Mi vida ha estado llena de Milagros…desde la edad de año y medio y de dos años. Siento una urgencia por compartir estos principios contigo…los 7 ingredientes necesarios para que experimentes un Milagro. ¡La estación está a punto de cambiar en tu vida…!

1. Alcanzar. Tu Pasión Por Un Milagro Debe Ser Suficientemente Fuerte Para Tratar Incansablemente de Alcanzarlo. "Entonces vinieron a Jericó; y al salir de Jericó Él y Sus discípulos y una gran multitud, Bartimeo el ciego, hijo de Timeo, estaba sentado junto al camino mendigando. Y oyendo que era Jesús nazareno, comenzó a dar voces y a decir: ¡Jesús, Hijo de David, ten misericordia de mí!", (Marcos 10:46-47). "Pedid, y se os dará; buscad, y hallaréis; llamad, y se os abrirá. Porque todo aquel que pide, recibe; y el que busca, halla; y al que llama, se le abrirá", (Mateo 7:7-8). "¿Qué padre de vosotros, si su hijo le pide pan, le dará una piedra? ¿O si pescado, en lugar de pescado, le dará una serpiente? ¿O si le pide un huevo, le dará un escorpión? Pues si vosotros, siendo malos, sabéis dar buenas dádivas a vuestros hijos, ¿cuánto más vuestro Padre celestial dará el Espíritu Santo a los que se lo pidan?", (Lucas 11:11-13). "Pero una mujer que desde hacía doce años padecía de flujo de sangre, y había sufrido mucho de muchos médicos, y gastado todo lo que tenía, y nada había aprovechado, antes le iba peor, cuando oyó hablar de Jesús, vino por detrás entre la multitud, y tocó Su manto. Porque decía: Si tocare tan solamente Su manto, seré salva. Y en seguida la fuente de su sangre se secó; y sintió en el cuerpo que estaba sana de aquel azote", (Marcos 5:25-29).

2. El Acuerdo. Necesitas Un Intercesor, Un Intercesor Humano Que Permanezca En Acuerdo Contigo. "Así, cuando destruyó Dios las ciudades de la llanura, Dios se acordó de Abraham, y envió fuera a Lot de en medio de la destrucción, al asolar las ciudades donde Lot estaba", (Génesis 19:29). "Así que Pedro estaba custodiado en la cárcel; pero la iglesia hacía sin cesar oración a Dios por él. Y cuando Herodes le iba a sacar, aquella misma noche estaba Pedro durmiendo entre dos soldados, sujeto con dos cadenas, y los guardas delante de la puerta custodiaban la cárcel. Y he aquí que se presentó un ángel del Señor, y una luz resplandeció en la cárcel; y tocando a Pedro en el costado, le despertó, diciendo: Levántate pronto. Y las cadenas se le cayeron de las manos", (Hechos 12:5-7). "Y busqué entre ellos hombre que hiciese vallado y que se pusiese en la brecha delante de Mí, a favor de la tierra, para que Yo no la destruyese; y no lo hallé", (Ezequiel 22:30).

3. Capacidad. Debes Creer En Alguien Capaz de Obrar Milagros.
"...cómo Dios ungió con el Espíritu Santo y con poder a Jesús de Nazaret, y cómo éste anduvo haciendo bienes y sanando a todos los oprimidos por el diablo, porque Dios estaba con él", (Hechos 10:38). "Entonces Jesús, mirándolos, dijo: Para los hombres es imposible, mas para Dios, no; porque todas las cosas son posibles para Dios", (Marcos 10:27). "Esta, presentándose en la misma hora, daba gracias a Dios, y hablaba del niño a todos los que esperaban la redención en Jerusalén", (Lucas 2:38). "Le dijo Jesús: Yo soy la resurrección y la vida; el que cree en Mí, aunque esté muerto, vivirá", (Juan 11:25). "El ladrón no viene sino para hurtar y matar y destruir; Yo he venido para que tengan vida, y para que la tengan en abundancia", (Juan 10:10). "Mas el ángel, respondiendo, dijo a las mujeres: No temáis vosotras; porque yo sé que buscáis a Jesús, el que fue crucificado. No está aquí, pues ha resucitado, como dijo. Venid, ved el lugar donde fue puesto el Señor", (Mateo 28:5-6).

4. Autoconfianza. Debes Creer En Tu Propia Valía Para Recibir Un Milagro.
"Mas el pueblo que conoce a su Dios se esforzará y actuará", (Daniel 11:32). "Porque habéis sido comprados por precio; glorificad, pues, a Dios en vuestro cuerpo y en vuestro espíritu, los cuales son de Dios", (1 Corintios 6:20). "Por lo demás, hermanos míos, fortaleceos en el Señor, y en el poder de Su fuerza", (Efesios 6:10). "Porque de tal manera amó Dios al mundo, que ha dado a Su Hijo unigénito, para que todo aquel que en Él cree, no se pierda, mas tenga vida eterna", (Juan 3:16). "Quien llevó Él Mismo nuestros pecados en Su cuerpo sobre el madero, para que nosotros, estando muertos a los pecados, vivamós a la justicia; y por cuya herida fuisteis sanados", (1 Pedro 2:24).

5. Convicción. Debes Tener Confianza En El Carácter de Dios.
"Pero sin fe es imposible agradar a Dios; porque es necesario que el que se acerca a Dios crea que le hay, y que es galardonador de los que le buscan", (Hebreos 11:6). "Dios no es hombre, para que mienta, Ni hijo de hombre para que

se arrepienta. El dijo, ¿y no hará? Habló, ¿y no lo ejecutará?", (Números 23:19). "Me mostrarás la senda de la vida; En Tu presencia hay plenitud de gozo; Delicias a Tu diestra para siempre", (Salmos 16:11). "Bueno es Jehová a los que en él esperan, al alma que le busca", (Lamentaciones 3:25). "...pero los que esperan a Jehová tendrán nuevas fuerzas; levantarán alas como las águilas; correrán, y no se cansarán; caminarán, y no se fatigarán", (Isaías 40:31).

6. Obediencia. Debes Aceptar Y Realizar Cualquier Instrucción Que Autorice La Liberación de Tu Milagro. "Me es necesario hacer las obras del que me envió, entre tanto que el día dura; la noche viene, cuando nadie puede trabajar. Entre tanto que estoy en el mundo, luz soy del mundo. Dicho esto, escupió en tierra, e hizo lodo con la saliva, y untó con el lodo los ojos del ciego, y le dijo: Ve a lavarte en el estanque de Siloé (que traducido es, Enviado). Fue entonces, y se lavó, y regresó viendo", (Juan 9:4-7). "Entonces Eliseo le envió un mensajero, diciendo: Ve y lávate siete veces en el Jordán, y tu carne se te restaurará, y serás limpio... El entonces descendió, y se zambulló siete veces en el Jordán, conforme a la palabra del varón de Dios; y su carne se volvió como la carne de un niño, y quedó limpio", (2 Reyes 5:10, 14). "Mas Jehová dijo a Josué: Mira, yo he entregado en tu mano a Jericó y a su rey, con sus varones de guerra. Rodearéis, pues, la ciudad todos los hombres de guerra, yendo alrededor de la ciudad una vez; y esto haréis durante seis días. Y siete sacerdotes llevarán siete bocinas de cuernos de carnero delante del arca; y al séptimo día daréis siete vueltas a la ciudad, y los sacerdotes tocarán las bocinas", (Josué 6:2-4). (Ver Josué 6:15-16, 20.)

7. Expectación. Debes Desarrollar Un Ambiente de Expectación Y Obediencia. "...para que así no haya en medio de ti mendigo; porque Jehová te bendecirá con abundancia en la tierra que Jehová tu Dios te da por heredad para que la tomes en posesión, si escuchares fielmente la voz de Jehová tu Dios, para guardar y cumplir todos estos mandamientos que yo te ordeno hoy", (Deuteronomio 15:4-5). "El que tiene oído, oiga lo que el Espíritu dice a las iglesias. Al que venciere, le daré a comer del árbol de la vida, el cual está en medio del paraíso de Dios", (Apocalipsis 2:7). "Si quisiereis y oyereis, comeréis el bien de la tierra", (Isaías 1:19). "Mis ovejas oyen Mi voz, y Yo las conozco, y me siguen", (Juan 10:27). "Y persistió en buscar a Dios en los días de Zacarías, entendido en visiones de Dios; y en estos días en que buscó a Jehová, Él le prosperó", (2 Crónicas 26:5). (Ver Éxodo 23:22-23; Malaquías 3:10-11.)

-42-

LOS ERRORES QUE DESTRUYEN EL PUENTE DEL ACCESO

Todos Los Dones Vienen A Través de La Puerta de Oro del Acceso.

Jamás serás promovido…respetado…o valorado hasta que alguien te vea. Dios no puede cambiar tu vida hasta que no cambie a quién tienes acceso. ¡El secreto del Acceso puede cambiar tu mundo en 7 días…!

1. Falta de Respeto. "Después subió de allí a Bet-el; y subiendo por el camino, salieron unos muchachos de la ciudad, y se burlaban de él, diciendo: ¡Calvo, sube! ¡calvo, sube! Y mirando él atrás, los vio, y los maldijo en el nombre de Jehová. Y salieron dos osos del monte, y despedazaron de ellos a cuarenta y dos muchachos", (2 Reyes 2:23-24). "Y se escandalizaban de él. Pero Jesús les dijo: No hay profeta sin honra, sino en su propia tierra y en su casa", (Mateo 13:57). "Todos los que están bajo el yugo de esclavitud, tengan a sus amos por dignos de todo honor, para que no sea blasfemado el nombre de Dios y la doctrina. Y los que tienen amos creyentes, no los tengan en menos por ser hermanos, sino sírvanles mejor, por cuanto son creyentes y amados los que se benefician de su buen servicio. Esto enseña y exhorta", (1 Timoteo 6:1-2).

2. Desacuerdo. "¿Andarán dos juntos, si no estuvieren de acuerdo?", (Amós 3:3). "La blanda respuesta quita la ira; Mas la palabra áspera hace subir el furor", (Proverbios 15:1). "Al no estar de acuerdo entre sí, comenzaron a marcharse", (Hechos 28:25). "Se produjo un desacuerdo tan grande que se separaron el uno del otro", (Hechos 15:39).

3. Divisionismo. "Perversidades hay en su corazón; anda pensando el mal en todo tiempo; Siembra las discordias. El testigo falso que habla mentiras, Y el que siembra discordia entre hermanos", (Proverbios 6:14, 19). "El hombre perverso levanta contienda, Y el chismoso aparta a los mejores amigos", (Proverbios 16:28). "Mas os ruego, hermanos, que os fijéis en los que causan divisiones y tropiezos en contra de la doctrina que vosotros habéis aprendido, y que os apartéis de ellos", (Romanos 16:17). "Y manifiestas son las obras de la carne, que son: adulterio, fornicación, inmundicia, lascivia, idolatría, hechicerías, enemistades, pleitos, celos, iras, contiendas, disensiones, herejías", (Gálatas 5:19-20).

4. Desilusión. "Como diente roto y pie descoyuntado Es la confianza en el prevaricador en tiempo de angustia", (Proverbios 25:19). "¿Qué más se podía hacer a mi viña, que yo no haya hecho en ella? ¿Cómo, esperando yo que diese uvas, ha dado uvas silvestres?", (Isaías 5:4).

5. Desinterés. "Respondiendo su señor, le dijo: Siervo malo y negligente, sabías que siego donde no sembré, y que recojo donde no esparcí. Y al siervo inútil echadle en las tinieblas de afuera; allí será el lloro y el crujir de dientes", (Mateo 25:26, 30). "Pero por cuanto eres tibio, y no frío ni caliente, te vomitaré de mi boca", (Apocalipsis 3:16).

6. Interrupción. "Sin leña se apaga el fuego, Y donde no hay chismoso, cesa la contienda", (Proverbios 26:20). "Nada hagáis por contienda o por vanagloria; antes bien con humildad, estimando cada uno a los demás como superiores a él mismo", (Filipenses 2:3). "Porque donde hay celos y contención, allí hay perturbación y toda obra perversa", (Santiago 3:16).

7. Engaño. "Respondiendo Jesús, les dijo: Mirad que nadie os engañe", (Mateo 24:4). "Nadie os engañe con palabras vanas, porque por estas cosas viene la ira de Dios sobre los hijos de desobediencia", (Efesios 5:6). "Porque hay aún muchos contumaces, habladores de vanidades y engañadores, mayormente los de la circuncisión", (Tito 1:10). "Porque nada hay encubierto, que no haya de descubrirse; ni oculto, que no haya de saberse", (Lucas 12:2).

7 Pasos Para Tomar El Liderazgo Sobre Tu Mundo Privado

Liderazgo Es Influencia.

Esfuérzate en elevar tu presente a su grado más alto de excelencia. Domina tu campo. Tu crisis actual tiene el propósito de mantenerte en condiciones. La crisis te da una oportunidad para arreglar de nuevo tu Mundo Privado. Únete al Dr. Mike Murdock mientras te ayuda a identificar tu Mundo Privado, y aprendes cómo recibir una gracia y unción especiales para elevarlo a su nivel más alto. ¡Tu eficacia podría duplicarse cuando escuches esta increíble enseñanza…!

1. Identifica Tu Diferencia Y Tus Fortalezas.
"Porque el Hijo del Hombre vino a buscar y a salvar lo que se había perdido", (Lucas 19:10). "El ladrón no viene sino para hurtar y matar y destruir; Yo he venido para que tengan vida, y para que la tengan en abundancia", (Juan 10:10). "El Espíritu del Señor está sobre Mí, Por cuanto me ha ungido para dar buenas nuevas a los pobres", (Lucas 4:18). "Antes que te formase en el vientre te conocí, y antes que nacieses te santifiqué, te di por profeta a las naciones", (Jeremías 1:5).

2. Identifica Dónde Eres Más Vulnerable.
"El da esfuerzo al cansado, y multiplica las fuerzas al que no tiene ningunas", (Isaías 40:29). "Por tanto, no desmayamos; antes aunque este nuestro hombre exterior se va desgastando, el interior no obstante se renueva de día en día", (2 Corintios 4:16). "Y me ha dicho: Bástate mi gracia; porque mi poder se perfecciona en la debilidad. Por tanto, de buena gana me gloriaré más bien en mis debilidades, para que repose sobre mí el poder de Cristo", (2 Corintios 12:9). "Todo lo puedo en Cristo que me fortalece", (Filipenses 4:13).

3. Discierne Los Puntos Sensibles de Quienes Te Aman.
"Y si la hierba del campo que hoy es, y mañana se echa en el horno, Dios la viste así, ¿no hará mucho más a vosotros, hombres de poca fe?", (Mateo 6:30). "El les dijo: ¿Por qué teméis, hombres de poca fe? Entonces, levantándose, reprendió a los vientos y al mar; y se hizo grande bonanza", (Mateo 8:26). "Y entendiéndolo Jesús, les dijo: ¿Por qué pensáis dentro de vosotros, hombres

de poca fe, que no tenéis pan?", (Mateo 16:8). "Pero Él, misericordioso, perdonaba la maldad, y no los destruía; Y apartó muchas veces Su ira, Y no despertó todo Su enojo. Se acordó de que eran carne, Soplo que va y no vuelve", (Salmos 78:38-39). "Vino luego a Sus discípulos, y los halló durmiendo, y dijo a Pedro: ¿Así que no habéis podido velar conmigo una hora? Velad y orad, para que no entréis en tentación; el espíritu a la verdad está dispuesto, pero la carne es débil", (Mateo 26:40-41).

4. Recompensa A Los Que Muestran Interés Genuino Hacia Ti.
"Os rogamos, hermanos, que reconozcáis a los que trabajan entre vosotros, y os presiden en el Señor, y os amonestan", (1 Tesalonicenses 5:12). "Pagad a todos lo que debéis: al que tributo, tributo; al que impuesto, impuesto; al que respeto, respeto; al que honra, honra", (Romanos 13:7). "...antes exhortaos los unos a los otros cada día", (Hebreos 3:13). "No te niegues a hacer el bien a quien es debido, Cuando tuvieres poder para hacerlo", (Proverbios 3:27).

5. Identifica Qué Es Lo Que Más Te Motiva Personalmente.
"Esforzaos y cobrad ánimo; no temáis, ni tengáis miedo de ellos, porque Jehová tu Dios es el que va contigo; no te dejará, ni te desamparará", (Deuteronomio 31:6). "Y David se angustió mucho, porque el pueblo hablaba de apedrearlo, pues todo el pueblo estaba en amargura de alma, cada uno por sus hijos y por sus hijas; mas David se fortaleció en Jehová su Dios", (1 Samuel 30:6). "Deléitate asimismo en Jehová, Y Él te concederá las peticiones de tu corazón", (Salmos 37:4). "El día que clamé, me respondiste; Me fortaleciste con vigor en mi alma", (Salmos 138:3). "Me regocijo en Tu palabra como el que halla muchos despojos", (Salmos 119:162). "Mis labios rebosarán alabanza Cuando me enseñes Tus estatutos", (Salmos 119:171). "Por heredad he tomado Tus testimonios para siempre, Porque son el gozo de mi corazón", (Salmos 119:111). "Desfallece mi alma por Tu salvación, Mas espero en Tu palabra", (Salmos 119:81).

6. Pregunta Continuamente...Interna Y Externamente.
"Oyendo la reina de Sabá la fama que Salomón había alcanzado por el nombre de Jehová, vino a probarle con preguntas difíciles", (1 Reyes 10:1). "Y aconteció que tres días después le hallaron en el templo, sentado en medio de los doctores de la ley, oyéndoles y preguntándoles. Y todos los que le oían, se maravillaban de su inteligencia y de sus respuestas", (Lucas 2:46-47). "Pedid,

y se os dará; buscad, y hallaréis; llamad, y se os abrirá", (Mateo 7:7). "Codiciáis, y no tenéis; matáis y ardéis de envidia, y no podéis alcanzar; combatís y lucháis, pero no tenéis lo que deseáis, porque no pedís", (Santiago 4:2). "Examíname, oh Dios, y conoce mi corazón; Pruébame y conoce mis pensamientos", (Salmos 139:23).

7. Hazte Adicto A Los Susurros del Espíritu Santo. "Mis

ovejas oyen Mi voz, y Yo las conozco, y me siguen", (Juan 10:27). "Entonces tus oídos oirán a tus espaldas palabra que diga: Este es el camino, andad por él; y no echéis a la mano derecha, ni tampoco torzáis a la mano izquierda", (Isaías 30:21). "…y dijo: Si oyeres atentamente la voz de Jehová tu Dios, e hicieres lo recto delante de Sus ojos, y dieres oído a Sus mandamientos, y guardares todos Sus estatutos, ninguna enfermedad de las que envié a los egipcios te enviaré a ti; porque Yo soy Jehová tu sanador", (Éxodo 15:26). "Acontecerá que si oyeres atentamente la voz de Jehová tu Dios, para guardar y poner por obra todos Sus mandamientos que yo te prescribo hoy, también Jehová tu Dios te exaltará sobre todas las naciones de la tierra. Y vendrán sobre ti todas estas bendiciones, y te alcanzarán, si oyeres la voz de Jehová tu Dios", (Deuteronomio 28:1-2).

-44-

7 DECISIONES QUE DETERMINAN TU ÉXITO PERSONAL

Todo Tu Éxito Viene A Través de La Sabiduría.

Tu Sabiduría determina la calidad de tus decisiones. Todo lo que deseas viene a través de la Sabiduría y de tus decisiones, La Biblia es un libro acerca de decisiones. ¡Hay 7 decisiones que tomarás que decidirán Tu Éxito Personal…!

1. Tu Decisión de Abrazar La Palabra de Dios Como Infalible E Inerrable.

"…esta es vuestra Sabiduría y vuestra inteligencia ante los ojos de los pueblos, los cuales oirán todos estos estatutos, y dirán: Ciertamente pueblo sabio y entendido, nación grande es esta", (Deuteronomio 4:6). "…y las repetirás a Tus hijos, y hablarás de ellas estando en tu casa, y andando por el camino, y al acostarte, y cuando te levantes", (Deuteronomio 6:7).

"En mi corazón he guardado Tus dichos, Para no pecar contra Ti", (Salmos 119:11). "Acuérdate de la palabra dada a Tu siervo, En la cual me has hecho esperar", (Salmos 119:49). "¡Oh, cuánto amo yo Tu ley! Todo el día es ella mi meditación", (Salmos 119:97). "Lámpara es a mis pies Tu palabra, Y lumbrera a mi camino", (Salmos 119:105). "Por heredad he tomado Tus testimonios para siempre, Porque son el gozo de mi corazón", (Salmos 119:111). "La suma de Tu palabra es verdad, Y eterno es todo juicio de Tu justicia", (Salmos 119:160). "Mucha paz tienen los que aman Tu ley, Y no hay para ellos tropiezo", (Salmos 119:165).

2. Tu Decisión de Convertirte En Aprendiz de Por Vida.

"…aprended a hacer el bien; buscad el juicio, restituid al agraviado, haced justicia al huérfano, amparad a la viuda", (Isaías 1:17). "Procura con diligencia presentarte a Dios aprobado, como obrero que no tiene de qué avergonzarse, que usa bien la palabra de verdad", (2 Timoteo 2:15). "Antes bien, creced en la gracia y el conocimiento de nuestro Señor y Salvador Jesucristo. A él sea gloria ahora y hasta el día de la eternidad. Amén", (2 Pedro 3:18).

3. Tu Decisión de Mostrar Honor Conforme A La Cadena de Autoridad Bíblica.

"Hijos, obedeced en el Señor a vuestros padres, porque esto es justo", (Efesios 6:1). "Por causa del Señor someteos a toda institución humana, ya sea al rey, como a superior...Porque esta es la voluntad de Dios: que haciendo bien, hagáis callar la ignorancia de los hombres insensatos", (1 Pedro 2:13, 15). "Igualmente, jóvenes, estad sujetos a los ancianos; y todos, sumisos unos a otros, revestíos de humildad; porque: Dios resiste a los soberbios, Y da gracia a los humildes", (1 Pedro 5:5).

4. Tu Decisión de Sobresalir Resolviendo Problemas Para Alguien Que Confía En Ti. "De más estima es el buen nombre

que las muchas riquezas, Y la buena fama más que la plata y el oro...¿Has visto hombre solícito en su trabajo? Delante de los reyes estará; No estará delante de los de baja condición", (Proverbios 22:1, 29). "Pero Daniel mismo era superior a estos sátrapas y gobernadores, porque había en él un espíritu superior; y el rey pensó en ponerlo sobre todo el reino", (Daniel 6:3).

5. Tu Decisión de Identificar El Rol Divino de Cada Relación. "Porque así como el cuerpo es uno, y tiene muchos miembros,

pero todos los miembros del cuerpo, siendo muchos, son un solo cuerpo, así también Cristo", (1 Corintios 12:12). "...para que no haya desavenencia en el cuerpo, sino que los miembros todos se preocupen los unos por los otros. De manera que si un miembro padece, todos los miembros se duelen con él, y si un miembro recibe honra, todos los miembros con él se gozan. Vosotros, pues, sois el cuerpo de Cristo, y miembros cada uno en particular", (1 Corintios 12:25-27). "...porque somos miembros de Su cuerpo, de Su carne y de Sus huesos", (Efesios 5:30).

6. Tu Decisión de Buscar La Mentoría de Triunfadores Financieros Fuera de Lo Común. "Donde no hay dirección sabia,

caerá el pueblo; Mas en la multitud de consejeros hay seguridad", (Proverbios 11:14). "...y cómo nada que fuese útil he rehuido de anunciaros y enseñaros, públicamente y por las casas", (Hechos 20:20).

7. Tu Decisión de Hacer Al Espíritu Santo Tu Consejero de Por Vida. "Reconócelo en todos tus caminos, Y Él enderezará tus veredas",

(Proverbios 3:6). "Entonces tus oídos oirán a tus espaldas palabra que diga: Este es el camino, andad por él; y no echéis a la mano derecha, ni tampoco torzáis a la mano izquierda", (Isaías 30:21). "Pero cuando venga el Espíritu de verdad, Él os guiará a toda la verdad; porque no hablará por Su propia cuenta, sino que hablará todo lo que oyere, y os hará saber las cosas que habrán de venir", (Juan 16:13).

45

7 LLAVES MAESTRAS PARA DESARROLLAR TU AUTOCONFIANZA

Autoconfianza Es Fe En Tu Diferencia.

La autoconfianza es la convicción interior de que puedes realizar la meta que estableciste. Esta crea un halo de entusiasmo, esperanza y expectación en tu ambiente. Tu autoconfianza debilita al adversario, atrae a la gente correcta y decide cada Triunfo. ¡Los extraordinarios pasos en este estudio desatarán una fuerza explosiva para escalar cualquier montaña que estés enfrentando...!

1. Reconoce Que Dudar de Ti Mismo Crea Tragedias Y Pérdidas. "Pero sin fe es imposible agradar a Dios; porque es necesario que el que se acerca a Dios crea que le hay, y que es galardonador de los que le buscan", (Hebreos 11:6). "Mirad, hermanos, que no haya en ninguno de vosotros corazón malo de incredulidad para apartarse del Dios vivo...Y vemos que no pudieron entrar a causa de incredulidad", (Hebreos 3:12,19). "Pero pida con fe, no dudando nada; porque el que duda es semejante a la onda del mar, que es arrastrada por el viento y echada de una parte a otra", (Santiago 1:6). La historia de los israelitas revela que una Semilla de Duda Personal puede producir cuarenta años de quebrantamiento de corazón y sufrimiento.

2. Tu Autoconfianza Personal Es La Convicción Interior de Que Tu Diferencia Divina Es La Semilla Para Cualquier Sueño Que Estés Buscando. "Todo lo puedo en Cristo que me fortalece", (Filipenses 4:13). "Hijitos, vosotros sois de Dios, y los habéis vencido; porque mayor es el que está en vosotros, que el que está en el mundo", (1 Juan 4:4). Algo Dentro de Tí Decide Lo Que Debilita Alrededor de Tí.

3. Entra A Todo Ambiente Y Conversación Como Un Aprendiz de Por Vida. "Te alabaré; porque formidables, maravillosas son tus obras; Estoy maravillado, Y mi alma lo sabe muy bien", (Salmos 139:14). "La dádiva del hombre le ensancha el camino Y le lleva delante de los grandes", (Proverbios 18:16). "¿Andarán dos juntos, si no estuvieren de acuerdo?", (Amós 3:3). "Mejores son dos que uno; porque tienen mejor paga de su trabajo", (Eclesiastés 4:9).

4. Lo Que Dices Continuamente Acerca de Tí Mismo Es Lo Que Comienzas A Creer Sobre Tí Mismo.

En Palabra, Conducta o Integridad. Tu Confianza En Tí Mismo Se Decide Por Tu Forma de Hablar Y Por Lo Que Otros Han Elegido Celebrar En Tí. Las Relaciones Importan. "Porque por tus palabras serás justificado, y por tus palabras serás condenado", (Mateo 12:37). "La muerte y la vida están en poder de la lengua", (Proverbios 18:21). "Entonces los que temían a Jehová hablaron cada uno a su compañero; y Jehová escuchó y oyó, y fue escrito libro de memoria delante de él para los que temen a Jehová, y para los que piensan en Su nombre", (Malaquías 3:16). "No erréis; las malas conversaciones corrompen las buenas costumbres", (1 Corintios 15:33).

5. Permanece En El Centro de Tu Experiencia, Unción Y Adiestramiento.

"Con lisonjas seducirá a los violadores del pacto; mas el pueblo que conoce a su Dios se esforzará y actuará", (Daniel 11:32). "Todo lo puedo en Cristo que me fortalece", (Filipenses 4:13). "David respondió a Saúl: Tu siervo era pastor de las ovejas de su padre; y cuando venía un león, o un oso, y tomaba algún cordero de la manada, salía yo tras él, y lo hería, y lo libraba de su boca; y si se levantaba contra mí, yo le echaba mano de la quijada, y lo hería y lo mataba", (1 Samuel 17:34-35).

6. Admite Rápidamente Los Errores Y Discernirás Rápidamente La Solución.

"Entonces él me respondió: Jehová, en cuya presencia he andado, enviará Su ángel contigo, y prosperará tu camino; y tomarás para mi hijo mujer de mi familia y de la casa de mi padre", (Génesis 24:40). "Solamente esfuérzate y sé muy valiente, para cuidar de hacer conforme a toda la ley que mi siervo Moisés te mandó; no te apartes de ella ni a diestra ni a siniestra, para que seas prosperado en todas las cosas que emprendas. Nunca se apartará de tu boca este libro de la ley, sino que de día y de noche meditarás en él, para que guardes y hagas conforme a todo lo que en él está escrito; porque entonces harás prosperar tu camino, y todo te saldrá bien", (Josué 1:7-8).

7. Honra Continuamente La Mentoría de La Voz Interior del Espíritu Santo.

Haciendo ajustes, tal y como Él lo indique. "Jehová es mi luz y mi salvación; ¿de quién temeré? Jehová es la fortaleza de mi vida; ¿de quién he de atemorizarme?", (Salmos 27:1). "Mejor es confiar en Jehová que confiar en el hombre", (Salmos 118:8). "Porque Jehová será tu confianza, Y Él preservará tu pie de quedar preso", (Proverbios 3:26). "Hijitos, vosotros sois de Dios, y los habéis vencido; porque mayor es el que está en vosotros, que el que está en el mundo", (1 Juan 4:4).

46

7 Pequeños Cambios Que Crean Grandes Recompensas En Tu Vida Financiera

A Dios Le Gusta Lo Pequeño. Pequeñas Bellotas. Semillas...Que Crean Un Bosque Entero.

Una simple palabra de confesión...dio a luz vida eterna al ladrón que estaba colgado en la cruz junto a Jesús. Nunca menosprecies las cosas pequeñas. Dios usa pequeñas cosas...para descalificar al orgulloso que trivializa las cosas comunes. Tu vida jamás será la misma después de escuchar este principio eterno: todo lo Grande comienza pequeño.

1. Abraza La Palabra de Dios Como Tu Enciclopedia Financiera Personal.

"Si anduviereis en Mis decretos y guardareis Mis mandamientos, y los pusiereis por obra, Yo daré vuestra lluvia en su tiempo, y la tierra rendirá sus productos, y el árbol del campo dará su fruto", (Levítico 26:3-4). "Acontecerá que si oyeres atentamente la voz de Jehová tu Dios, para guardar y poner por obra todos Sus mandamientos que yo te prescribo hoy, también Jehová tu Dios te exaltará sobre todas las naciones de la tierra. Y vendrán sobre ti todas estas bendiciones, y te alcanzarán, si oyeres la voz de Jehová tu Dios", (Deuteronomio 28:1-2). "Guardad cuidadosamente los mandamientos de Jehová vuestro Dios, y Sus testimonios y Sus estatutos que te ha mandado. Y haz lo recto y bueno ante los ojos de Jehová, para que te vaya bien, y entres y poseas la buena tierra que Jehová juró a tus padres", (Deuteronomio 6:17-18). "Sino acuérdate de Jehová tu Dios, porque Él te da el poder para hacer las riquezas, a fin de confirmar Su pacto que juró a tus padres, como en este día", (Deuteronomio 8:18).

2. Responsabilízate Completamente del Estado Actual de Tus Finanzas, de Tu Estilo de Vida Y de Tu Toma de Decisiones.

"Sé diligente en conocer el estado de tus ovejas, Y mira con cuidado por tus rebaños", (Proverbios 27:23). "El que es fiel en lo muy poco, también en lo más es fiel; y el que en lo muy poco es injusto, también en lo más es injusto", (Lucas 16:10). "Él le dijo: Está bien, buen siervo; por cuanto en lo poco has sido fiel, tendrás autoridad sobre diez ciudades", (Lucas 19:17).

3. Haz Que Otras Personas Se Responsabilicen Por Sus Decisiones Financieras. "…si no quisiereis y fuereis rebeldes, seréis consumidos a espada; porque la boca de Jehová lo ha dicho", (Isaías 1:20). "Camino a la vida es guardar la instrucción; Pero quien desecha la reprensión, yerra", (Proverbios 10:17). "Pobreza y verg:uenza tendrá el que menosprecia el consejo; Mas el que guarda la corrección recibirá honra", (Proverbios 13:18).

4. Redimensiona Tu Asignación Y El Centro de Esta. "Vino, pues, palabra de Jehová a mí, diciendo: Antes que te formase en el vientre te conocí, y antes que nacieses te santifiqué, te di por profeta a las naciones. Y yo dije: ¡Ah! ¡ah, Señor Jehová! He aquí, no sé hablar, porque soy niño", (Jeremías 1:4-5, 7). "La dádiva del hombre le ensancha el camino Y le lleva delante de los grandes", (Proverbios 18:16). "El Espíritu de Jehová el Señor está sobre mí", (Isaías 61:1).

5. Haz de La Mentoría Financiera Parte de Tu Rutina Diaria Dedicándole Una Hora Al Día. "Y éstos eran más nobles que los que estaban en Tesalónica, pues recibieron la palabra con toda solicitud, escudriñando cada día las Escrituras para ver si estas cosas eran así", (Hechos 17:11). "Procura con diligencia presentarte a Dios aprobado, como obrero que no tiene de qué avergonzarse, que usa bien la palabra de verdad", (2 Timoteo 2:15). "Compra la verdad, y no la vendas; La Sabiduría, la enseñanza y la inteligencia", (Proverbios 23:23). "Sabiduría ante todo; adquiere Sabiduría; Y sobre todas tus posesiones adquiere inteligencia", (Proverbios 4:7).

6. Establece Metas Financieras de Corto Plazo Realizables, Y Celébralas. "Y Jehová me respondió, y dijo: Escribe la visión, y declárala en tablas, para que corra el que leyere en ella. Aunque la visión tardará aún por un tiempo, mas se apresura hacia el fin, y no mentirá; aunque tardare, espéralo, porque sin duda vendrá, no tardará", (Habacuc 2:2-3). "Porque ¿quién de vosotros, queriendo edificar una torre, no se sienta primero y calcula los gastos, a ver si tiene lo que necesita para acabarla? No sea que después que haya puesto el cimiento, y no pueda acabarla, todos los que lo vean comiencen a hacer burla de él, diciendo: Este hombre comenzó a edificar, y no pudo acabar", (Lucas 14:28-30).

7. Escucha Los Problemas de Quienes Están A Tu Alrededor.

"Todo lo que te viniere a la mano para hacer, hazlo según tus fuerzas; porque en el Seol, adonde vas, no hay obra, ni trabajo, ni ciencia, ni Sabiduría", (Eclesiastés 9:10). "…sabiendo que el bien que cada uno hiciere, ése recibirá del Señor, sea siervo o sea libre", (Efesios 6:8). "Pero el que tiene bienes de este mundo y ve a su hermano tener necesidad, y cierra contra él su corazón, ¿cómo mora el amor de Dios en él?", (1 Juan 3:17). "¿Has visto hombre solícito en su trabajo? Delante de los reyes estará; No estará delante de los de baja condición", (Proverbios 22:29).

47

7 Llaves Para Convertirte En Un Hombre de Excelencia

Excelencia Es Calidad.

La excelencia es la Semilla para ser reconocido y recompensado en la Tierra. Llegar a serlo es un proceso que involucra tiempo, mentoría y pasión. En este estudio fuera de serie aprenderás poderosos pasos para despegar hacia un nuevo mundo — ¡el mundo de la Excelencia!

1. Establece Con Claridad Tu Definición Personal de Excelencia. "El que ahorra sus palabras tiene Sabiduría; de espíritu prudente es el hombre entendido", (Proverbios 17:27). "Mas la senda de los justos es como la luz de la aurora, que va en aumento hasta que el día es perfecto", (Proverbios 4:18). "…aprended a hacer el bien", (Isaías 1:17).

2. Estudia Ejemplos Bíblicos de Excelencia A Seguir. "Pero Daniel mismo era superior a estos sátrapas y gobernadores, porque había en él un espíritu superior; y el rey pensó en ponerlo sobre todo el reino", (Daniel 6:3). "…y dijo Faraón a sus siervos: ¿Acaso hallaremos a otro hombre como éste, en quien esté el espíritu de Dios? Y dijo Faraón a José: Pues que Dios te ha hecho saber todo esto, no hay entendido ni sabio como tú. Tú estarás sobre mi casa, y por tu palabra se gobernará todo mi pueblo; solamente en el trono seré yo mayor que tú", (Génesis 41:38-40).

3. Reconoce Que La Excelencia Cambia Continuamente Y Que Requiere Adaptación Continua. "Procurad, pues, los dones mejores. Mas yo os muestro un camino aun más excelente", (1 Corintios 12:31). "Jehová cumplirá Su propósito en mí", (Salmos 138:8).

4. Imagina Continuamente Las Recompensas Finales de La Excelencia. "¿Has visto hombre solícito en su trabajo? Delante de los reyes estará; No estará delante de los de baja condición", (Proverbios 22:29). "El hombre de verdad tendrá muchas bendiciones; Mas el que se apresura a enriquecerse no será sin culpa", (Proverbios 28:20). "No nos cansemos, pues, de hacer bien; porque a su tiempo segaremos, si no desmayamos", (Gálatas 6:9).

5. Lleva Cada Momento A Su Máximo Nivel de

Excelencia. "Oíd, porque hablaré cosas excelentes, Y abriré mis labios para cosas rectas", (Proverbios 8:6). "Y alzó sus ojos y miró, y he aquí tres varones que estaban junto a él; y cuando los vio, salió corriendo de la puerta de su tienda a recibirlos, y se postró en tierra, y dijo: Señor, si ahora he hallado gracia en Tus ojos, te ruego que no pases de Tu siervo. Que se traiga ahora un poco de agua, y lavad vuestros pies; y recostaos debajo de un árbol", (Génesis 18:2-4).

6. Decide A Quién Admiras Más Y Aprende de Ellos. "Así excedía el rey Salomón a todos los reyes de la tierra en riquezas y en Sabiduría", (1 Reyes 10:23). "…por cuanto fue hallado en él mayor espíritu y ciencia y entendimiento, para interpretar sueños y descifrar enigmas y resolver dudas; esto es, en Daniel, al cual el rey puso por nombre Beltsasar. Llámese, pues, ahora a Daniel, y él te dará la interpretación", (Daniel 5:12).

7. Domina La Excelencia En Momentos de Soledad.
"…pero hágase todo decentemente y con orden", (1 Corintios 14:40). "…¿cómo, pues, haría yo este grande mal, y pecaría contra Dios?", (Génesis 39:9). "…y tu Padre que ve en lo secreto te recompensará en público", (Mateo 6:4).

48

7 Cosas Que Deberían Importarle A Un Hombre

Sabiduría Es El Reconocimiento de La Diferencia.

El Honor Es La Recompensa A Tu Diferencia. La diferencia en los hombres está en lo que persiguen…protegen…y proclaman. Tu inversión de tiempo y energía revela lo que respetas. La Sabiduría de Oro escondida en estos secretos, ¡es imprescindible para el hombre que está en una Seria búsqueda del Éxito Fuera de lo Común…!

1. La Presencia de Dios. "¡Horrenda cosa es caer en manos del Dios vivo!", (Hebreos 10:31). "No me eches de delante de Ti, no quites de mí Tu santo Espíritu", (Salmos 51:11). "Dios, Dios mío eres Tú; de madrugada te buscaré; Mi alma tiene sed de Ti, mi carne te anhela, En tierra seca y árida donde no hay aguas, Para ver Tu poder y Tu gloria, Así como te he mirado en el santuario. Porque mejor es Tu misericordia que la vida; Mis labios te alabarán", (Salmos 63:1-3). "Pero en cuanto a mí, el acercarme a Dios es el bien; He puesto en Jehová el Señor mi esperanza, Para contar todas Tus obras", (Salmos 73:28).

2. Dialogar Con La Familia. "He aquí, herencia de Jehová son los hijos; Cosa de estima el fruto del vientre. Bienaventurado el hombre que llenó su aljaba de ellos; No será avergonzado Cuando hablare con los enemigos en la puerta", (Salmos 127:3, 5). "Y si una casa está dividida contra sí misma, tal casa no puede permanecer", (Marcos 3:25). "…porque si alguno no provee para los suyos, y mayormente para los de su casa, ha negado la fe, y es peor que un incrédulo", (1 Timoteo 5:8).

3. Reconocimiento de Tu Asignación. "La dádiva del hombre le ensancha el camino Y le lleva delante de los grandes", (Proverbios 18:16). "Ahora bien, hay diversidad de dones, pero el Espíritu es el mismo. Y hay diversidad de ministerios, pero el Señor es el mismo. Y hay diversidad de operaciones, pero Dios, que hace todas las cosas en todos, es el mismo. Porque así como el cuerpo es uno, y tiene muchos miembros, pero todos los miembros del cuerpo, siendo muchos, son un solo cuerpo, así también Cristo", (1 Corintios 12:4-6, 12). "Y Él mismo constituyó a unos, apóstoles; a otros, profetas; a otros, evangelistas; a otros, pastores y maestros", (Efesios 4:11).

4. Tu Autoconfianza. "Con lisonjas seducirá a los violadores del pacto; mas el pueblo que conoce a su Dios se esforzará y actuará", (Daniel 11:32). "Todo lo puedo en Cristo que me fortalece", (Filipenses 4:13). "Dame, pues, ahora este monte, del cual habló Jehová aquel día; porque tú oíste en aquel día que los anaceos están allí, y que hay ciudades grandes y fortificadas. Quizá Jehová estará conmigo, y los echaré, como Jehová ha dicho", (Josué 14:12).

5. Amistades Dignas de Confianza. "En todo tiempo ama el amigo, Y es como un hermano en tiempo de angustia", (Proverbios 17:17). "El hombre que tiene amigos ha de mostrarse amigo; Y amigo hay más unido que un hermano", (Proverbios 18:24). "Fieles son las heridas del que ama; Pero importunos los besos del que aborrece. El ungüento y el perfume alegran el corazón, y el cordial consejo del amigo, al hombre. No dejes a tu amigo, ni al amigo de tu padre; Ni vayas a la casa de tu hermano en el día de tu aflicción. Mejor es el vecino cerca que el hermano lejos", (Proverbios 27:6, 9-10). "Nadie tiene mayor amor que este, que uno ponga su vida por sus amigos. Vosotros sois mis amigos, si hacéis lo que yo os mando", (Juan 15:13-14). "Y no participéis en las obras infructuosas de las tinieblas, sino más bien reprendedlas", (Efesios 5:11).

6. Tu Reputación de Integridad. "De más estima es el buen nombre que las muchas riquezas, y la buena fama más que la plata y el oro", (Proverbios 22:1). "Las moscas muertas hacen heder y dar mal olor al perfume del perfumista; así una pequeña locura, al que es estimado como sabio y honorable", (Eclesiastés 10:1). "Así alumbre vuestra luz delante de los hombres, para que vean vuestras buenas obras, y glorifiquen a vuestro Padre que está en los cielos", (Mateo 5:16).

7. Sabiduría Financiera. "Sino acuérdate de Jehová tu Dios, porque Él te da el poder para hacer las riquezas, a fin de confirmar Su pacto que juró a tus padres, como en este día", (Deuteronomio 8:18). "Canten y alégrense los que están a favor de mi justa causa, Y digan siempre: Sea exaltado Jehová, Que ama la paz de Su siervo", (Salmos 35:27). "Bienaventurado el hombre que teme a Jehová, y en Sus mandamientos se deleita en gran manera. Su descendencia será poderosa en la tierra; La generación de los rectos será bendita. Bienes y riquezas hay en su casa, y su justicia permanece para siempre", (Salmos 112:1-3). "Para hacer que los que me aman tengan su heredad, y que yo llene sus tesoros", (Proverbios 8:21). "Dad, y se os dará; medida buena, apretada, remecida y rebosando darán en vuestro regazo; porque con la misma medida con que medís, os volverán a medir", (Lucas 6:38).

49

7 Fuerzas Que Crean Un Líder Efectivo

Un Líder Es Cualquiera A Quien Alguien Está Siguiendo.

El Líder es aquel cuya influencia es aceptada y abrazada. Un Líder es el que habilita a otros para tomar decisiones. Hay 7 fuerzas que deciden, crean y determinan un gran liderazgo. ¡Tu efectividad podría duplicarse cuando estudies esta increíble enseñanza…!

1. La Fuerza del Amor. "El amor es sufrido, es benigno; el amor no tiene envidia, el amor no es jactancioso, no se envanece; no hace nada indebido, no busca lo suyo, no se irrita, no guarda rencor; no se goza de la injusticia, mas se goza de la verdad. Todo lo sufre, todo lo cree, todo lo espera, todo lo soporta. El amor nunca deja de ser; pero las profecías se acabarán, y cesarán las lenguas, y la ciencia acabará", (1 Corintios 13:4-8). "Si alguno dice: Yo amo a Dios, y aborrece a su hermano, es mentiroso. Pues el que no ama a su hermano a quien ha visto, ¿cómo puede amar a Dios a quien no ha visto? Y nosotros tenemos este mandamiento de Él: El que ama a Dios, ame también a su hermano", (1 Juan 4:20-21). "En esto conocerán todos que sois Mis discípulos, si tuviereis amor los unos con los otros", (Juan 13:35). "Le dijo Simón Pedro: Señor, ¿a dónde vas? Jesús le respondió: A donde Yo voy, no me puedes seguir ahora; mas me seguirás después. Le dijo Pedro: Señor, ¿por qué no te puedo seguir ahora? Mi vida pondré por ti. Jesús le respondió: ¿Tu vida pondrás por mí? De cierto, de cierto te digo: No cantará el gallo, sin que me hayas negado tres veces", (Juan 13:36-38).

2. La Fuerza de Las Palabras. "La muerte y la vida están en poder de la lengua, Y el que la ama comerá de sus frutos", (Proverbios 18:21). "Los labios justos son el contentamiento de los reyes, Y éstos aman al que habla lo recto", (Proverbios 16:13). "Panal de miel son los dichos suaves; Suavidad al alma y medicina para los huesos", (Proverbios 16:24). "Porque todos ofendemos muchas veces. Si alguno no ofende en palabra, éste es varón perfecto, capaz también de refrenar todo el cuerpo", (Santiago 3:2).

3. La Fuerza de La Confiabilidad. "Sé diligente en conocer el estado de tus ovejas, Y mira con cuidado por tus rebaños", (Proverbios 27:23).

"Ahora bien, se requiere de los administradores, que cada uno sea hallado fiel", (1 Corintios 4:2). "Mas el que sin conocerla hizo cosas dignas de azotes, será azotado poco; porque a todo aquel a quien se haya dado mucho, mucho se le demandará; y al que mucho se le haya confiado, más se le pedirá", (Lucas 12:48).

4. La Fuerza de La Responsabilidad.

"De más estima es el buen nombre que las muchas riquezas, Y la buena fama más que la plata y el oro", (Proverbios 22:1). "Vosotros sois la sal de la tierra; pero si la sal se desvaneciere, ¿con qué será salada? No sirve más para nada, sino para ser echada fuera y hollada por los hombres. La luz del mundo Vosotros sois la luz del mundo; una ciudad asentada sobre un monte no se puede esconder", (Mateo 5:13-14). "No es buena vuestra jactancia. ¿No sabéis que un poco de levadura leuda toda la masa?", (1 Corintios 5:6). "No erréis; las malas conversaciones corrompen las buenas costumbres", (1 Corintios 15:33).

5. La Fuerza de La Adaptación.

"Entonces Faraón envió y llamó a José. Y lo sacaron apresuradamente de la cárcel, y se afeitó, y mudó sus vestidos, y vino a Faraón", (Génesis 41:14). "Y cuando llegaba el tiempo de cada una de las doncellas para venir al rey Asuero, después de haber estado doce meses conforme a la ley acerca de las mujeres, pues así se cumplía el tiempo de sus atavíos, esto es, seis meses con óleo de mirra y seis meses con perfumes aromáticos y afeites de mujeres", (Ester 2:12). "Y dijo el rey a Aspenaz, jefe de sus eunucos, que trajese de los hijos de Israel, del linaje real de los príncipes, muchachos en quienes no hubiese tacha alguna, de buen parecer, enseñados en toda Sabiduría, sabios en ciencia y de buen entendimiento, e idóneos para estar en el palacio del rey; y que les enseñase las letras y la lengua de los caldeos. Y les señaló el rey ración para cada día, de la provisión de la comida del rey, y del vino que él bebía; y que los criase tres años, para que al fin de ellos se presentasen delante del rey", (Daniel 1:3-5). "Y respondiendo Booz, le dijo: He sabido todo lo que has hecho con tu suegra después de la muerte de tu marido, y que dejando a tu padre y a tu madre y la tierra donde naciste, has venido a un pueblo que no conociste antes", (Rut 2:11).

6. La Fuerza de La Obediencia.

"Si quisiereis y oyereis, comeréis el bien de la tierra", (Isaías 1:19). "Acontecerá que si oyeres atentamente la voz de Jehová tu Dios, para guardar y poner por obra todos Sus mandamientos que yo te prescribo hoy, también Jehová tu Dios te exaltará sobre todas las naciones de la tierra. Y vendrán sobre ti todas estas bendiciones, y te alcanzarán, si oyeres la voz de Jehová tu Dios", (Deuteronomio 28:1-2). "Y en esto sabemos que nosotros le conocemos, si guardamos Sus mandamientos", (1 Juan 2:3). "Y cualquiera cosa que pidiéremos la recibiremos de Él, porque guardamos Sus mandamientos, y hacemos las cosas que son agradables delante de Él", (1 Juan 3:22).

7. La Fuerza del Honor. "Honra a tu padre y a tu madre, como Jehová tu Dios te ha mandado, para que sean prolongados tus días, y para que te vaya bien sobre la tierra que Jehová tu Dios te da", (Deuteronomio 5:16). "Por tanto, Jehová el Dios de Israel dice: Yo había dicho que tu casa y la casa de tu padre andarían delante de mí perpetuamente; mas ahora ha dicho Jehová: Nunca Yo tal haga, porque Yo honraré a los que Me honran, y los que Me desprecian serán tenidos en poco", (1 Samuel 2:30). "Y Jesús fue con ellos. Pero cuando ya no estaban lejos de la casa, el centurión envió a Él unos amigos, diciéndole: Señor, no te molestes, pues no soy digno de que entres bajo mi techo; por lo que ni aun me tuve por digno de venir a Ti; pero dí la palabra, y mi siervo será sano. Porque también yo soy hombre puesto bajo autoridad, y tengo soldados bajo mis órdenes; y digo a éste: Vé, y va; y al otro: Ven, y viene; y a mi siervo: Haz esto, y lo hace. Al oír esto, Jesús se maravilló de él, y volviéndose, dijo a la gente que le seguía: Os digo que ni aun en Israel he hallado tanta fe", (Lucas 7:6-9).

50

7 SECRETOS DE SUPERVIVENCIA QUE DEBES APRENDER

La Persistencia Gana Respeto.

La Persistencia baja enormemente la moral de un adversario. La persistencia es una estación temporal justo antes de la victoria. La persistencia es una Semilla implacable que desata la Cosecha de una Recompensa. ¡Cada guerrero necesita entender este poderoso estudio...!

1. Dios Está Evaluando Continuamente Tus Reacciones.

"Mas yo os digo que de toda palabra ociosa que hablen los hombres, de ella darán cuenta en el día del juicio. Porque por tus palabras serás justificado, y por tus palabras serás condenado", (Mateo 12:36-37). "Se acordó de que eran carne, soplo que va y no vuelve", (Salmos 78:39). "...Y a la honra precede la humildad", (Proverbios 15:33). "Vio también a una viuda muy pobre, que echaba allí dos blancas. Y dijo: En verdad os digo, que esta viuda pobre echó más que todos. Porque todos aquéllos echaron para las ofrendas de Dios de lo que les sobra; mas ésta, de su pobreza echó todo el sustento que tenía", (Lucas 21:2-4). "Y así como tuve cuidado de ellos para arrancar y derribar, y trastornar y perder y afligir, tendré cuidado de ellos para edificar y plantar, dice Jehová", (Jeremías 31:28). "Y dijo a Jesús: Acuérdate de mí cuando vengas en tu reino. Entonces Jesús le dijo: De cierto te digo que hoy estarás conmigo en el paraíso", (Lucas 23:42-43). "He aquí Yo vengo pronto, y Mi galardón conmigo, para recompensar a cada uno según sea su obra", (Apocalipsis 22:12).

2. Lo Que Dios Ha Hecho Para Otros Lo Hará Por Ti. "Y

dijo Sansón: Muera yo con los filisteos. Entonces se inclinó con toda su fuerza, y cayó la casa sobre los principales, y sobre todo el pueblo que estaba en ella. Y los que mató al morir fueron muchos más que los que había matado durante su vida", (Jueces 16:30). "Entonces dijo David al filisteo: Tú vienes a mí con espada y lanza y jabalina; mas yo vengo a ti en el nombre de Jehová de los ejércitos, el Dios de los escuadrones de Israel, a quien tú has provocado...Y metiendo David su mano en la bolsa, tomó de allí una piedra, y la tiró con la honda, e hirió al filisteo en la frente; y la piedra quedó clavada en la frente, y cayó sobre su rostro en tierra. Así venció David al filisteo con honda y piedra; e hirió al filisteo y lo mató, sin tener David espada en su mano. Entonces corrió David y se puso sobre el filisteo; y tomando la espada de él y sacándola de su vaina, lo acabó de matar, y le cortó con ella la cabeza. Y cuando los filisteos vieron a su paladín muerto, huyeron", (1 Samuel 17:45, 49-51). "...que por fe conquistaron reinos, hicieron justicia, alcanzaron promesas, taparon bocas de leones, apagaron fuegos impetuosos, evitaron filo de espada, sacaron fuerzas de debilidad, se hicieron fuertes en batallas, pusieron en fuga ejércitos extranjeros...Y todos éstos, aunque alcanzaron buen testimonio mediante la fe, no recibieron lo prometido; proveyendo Dios alguna cosa mejor para nosotros, para que no fuesen ellos perfeccionados aparte de nosotros", (Hebreos 11:33-34, 39-40).

3. Tus Victorias Pasadas Son La Prueba de Que Eres Imparable.
"Nadie te podrá hacer frente en todos los días de tu vida; como estuve con Moisés, estaré contigo; no te dejaré, ni te desampararé", (Josué 1:5). "David respondió a Saúl: Tu siervo era pastor de las ovejas de su padre; y cuando venía un león, o un oso, y tomaba algún cordero de la manada, salía yo tras él, y lo hería, y lo libraba de su boca; y si se levantaba contra mí, yo le echaba mano de la quijada, y lo hería y lo mataba. Fuese león, fuese oso, tu siervo lo mataba; y este filisteo incircunciso será como uno de ellos, porque ha provocado al ejército del Dios viviente. Añadió David: Jehová, que me ha librado de las garras del león y de las garras del oso, Él también me librará de la mano de este filisteo. Y dijo Saúl a David: Ve, y Jehová esté contigo", (1 Samuel 17:34-37).

4. Tu Enfoque Decidirá Tus Sentimientos.
"En el día que temo, yo en ti confío", (Salmos 56:3). "No temáis, ni os amedrentéis; ¿no te lo hice oír desde la antigüedad, y te lo dije? Luego vosotros sois mis testigos. No hay Dios sino Yo. No hay Fuerte; no conozco ninguno", (Isaías 44:8). "...puestos los ojos en Jesús, el autor y consumador de la fe, el cual por el gozo puesto delante de Él sufrió la cruz, menospreciando el oprobio, y se sentó a la diestra del trono de Dios", (Hebreos 12:2). "Hermanos, yo mismo no pretendo haberlo ya alcanzado; pero una cosa hago: olvidando ciertamente lo que queda atrás, y extendiéndome a lo que está delante, prosigo a la meta, al premio del supremo llamamiento de Dios en Cristo Jesús", (Filipenses 3:13-14).

5. Nada Es Tan Malo Como Parece Al Principio.
"Y despertó

Jacob de su sueño, y dijo: Ciertamente Jehová está en este lugar, y yo no lo sabía", (Génesis 28:16). "Y oró Eliseo, y dijo: Te ruego, oh Jehová, que abras sus ojos para que vea. Entonces Jehová abrió los ojos del criado, y miró; y he aquí que el monte estaba lleno de gente de a caballo, y de carros de fuego alrededor de Eliseo", (2 Reyes 6:17). "Entonces el rey Nabucodonosor se espantó, y se levantó apresuradamente y dijo a los de su consejo: ¿No echaron a tres varones atados dentro del fuego? Ellos respondieron al rey: Es verdad, oh rey. Y él dijo: He aquí yo veo cuatro varones sueltos, que se pasean en medio del fuego sin sufrir ningún daño; y el aspecto del cuarto es semejante a hijo de los dioses", (Daniel 3:24-25). "Y quitó Jehová la aflicción de Job, cuando él hubo orado por sus amigos; y aumentó al doble todas las cosas que habían sido de Job", (Job 42:10).

6. Darte Por Vencido No Mejora Tu Vida. "Entonces envió

Jezabel a Elías un mensajero, diciendo: Así me hagan los dioses, y aun me añadan, si mañana a estas horas yo no he puesto tu persona como la de uno de ellos. Viendo, pues, el peligro, se levantó y se fue para salvar su vida, y vino a Beerseba, que está en Judá, y dejó allí a su criado. Y él se fue por el desierto un día de camino, y vino y se sentó debajo de un enebro; y deseando morirse, dijo: Basta ya, oh Jehová, quítame la vida, pues no soy yo mejor que mis padres", (1 Reyes 19:2-4). "Pero Jonás se apesadumbró en extremo, y se enojó. Y oró a Jehová y dijo: Ahora, oh Jehová, ¿no es esto lo que yo decía estando aún en mi tierra? Por eso me apresuré a huir a Tarsis; porque sabía yo que Tú eres Dios clemente y piadoso, tardo en enojarte, y de grande misericordia, y que te arrepientes del mal. Ahora pues, oh Jehová, te ruego que me quites la vida; porque mejor me es la muerte que la vida", (Jonás 4:1-3). "No nos cansemos, pues, de hacer bien; porque a su tiempo segaremos, si no desmayamos", (Gálatas 6:9). "Hijitos, vosotros sois de Dios, y los habéis vencido; porque mayor es el que está en vosotros, que el que está en el mundo", (1 Juan 4:4).

7. Tu Persistencia Es La Semilla Que Garantiza Reconocimiento Y Recompensa. "Porque siete veces cae el justo,

y vuelve a levantarse; Mas los impíos caerán en el mal", (Proverbios 24:16). "...pero los que esperan a Jehová tendrán nuevas fuerzas; levantarán alas como las águilas; correrán, y no se cansarán; caminarán, y no se fatigarán", (Isaías 40:31). "Y seréis aborrecidos de todos por causa de Mi nombre; mas el que persevere hasta el fin, éste será salvo", (Mateo 10:22). "No nos cansemos, pues, de hacer bien; porque a su tiempo segaremos, si no desmayamos", (Gálatas 6:9). "Bienaventurado el varón que soporta la tentación; porque cuando haya resistido la prueba, recibirá la corona de vida, que Dios ha prometido a los que le aman", (Santiago 1:12). "El que venciere heredará todas las cosas, y Yo seré su Dios, y él será Mi hijo", (Apocalipsis 21:7).

-51-

LAS 7 BATALLAS MÁS GRANDES QUE TODO HOMBRE DEBE ENFRENTAR

La Tierra Es Un Ambiente Adverso.

La vida es una colección de batallas…emocionales, mentales, financieras, sociales y espirituales. Una Batalla Es La Semilla Para El Cambio. Tú debes conquistar…o ser conquistado. ¡Las Llaves de Sabiduría en este estudio te empoderarán para el Éxito Fuera de lo Común…!

1. La Batalla Por Tu Fe. "…sabiendo que la prueba de vuestra fe produce paciencia. Mas tenga la paciencia su obra completa, para que seáis perfectos y cabales, sin que os falte cosa alguna", (Santiago 1:3-4). "Pero pida con fe, no dudando nada; porque el que duda es semejante a la onda del mar, que es arrastrada por el viento y echada de una parte a otra. No piense, pues, quien tal haga, que recibirá cosa alguna del Señor", (Santiago 1:6-7). "Confesaos vuestras ofensas unos a otros, y orad unos por otros, para que seáis sanados. La oración eficaz del justo puede mucho. Elías era hombre sujeto a pasiones semejantes a las nuestras, y oró fervientemente para que no lloviese, y no llovió sobre la tierra por tres años y seis meses. Y otra vez oró, y el cielo dio lluvia, y la tierra produjo su fruto", (Santiago 5:16-18).

2. La Batalla Por La Prosperidad Financiera. "Honra a Jehová con tus bienes, Y con las primicias de todos tus frutos; Y serán llenos tus graneros con abundancia, Y tus lagares rebosarán de mosto", (Proverbios 3:9-10). "Traed todos los diezmos al alfolí y haya alimento en Mi casa; y probadme ahora en esto, dice Jehová de los ejércitos, si no os abriré las ventanas de los cielos, y derramaré sobre vosotros bendición hasta que sobreabunde. Reprenderé también por vosotros al devorador, y no os destruirá el fruto de la tierra, ni vuestra vid en el campo será estéril, dice Jehová de los ejércitos", (Malaquías 3:10-11). "…porque si alguno no provee para los suyos, y mayormente para los de su casa, ha negado la fe, y es peor que un incrédulo", (1 Timoteo 5:8). "¡Jehová Dios de vuestros padres os haga mil veces más de lo que ahora sois, y os bendiga, como os ha prometido!", (Deuteronomio 1:11). "…que no reciba cien veces más ahora en este tiempo;

casas, hermanos, hermanas, madres, hijos, y tierras, con persecuciones; y en el siglo venidero la vida eterna", (Marcos 10:30).

3. La Batalla de La Mente. "¿Con qué limpiará el joven su camino? Con guardar Tu Palabra", (Salmos 119:9). "Porque cual es su pensamiento en su corazón, tal es él", (Proverbios 23:7). "Y dijo Jehová: He aquí el pueblo es uno, y todos éstos tienen un solo lenguaje; y han comenzado la obra, y nada les hará desistir ahora de lo que han pensado hacer", (Génesis 11:6). "Porque no nos ha dado Dios espíritu de cobardía, sino de poder, de amor y de dominio propio", (2 Timoteo 1:7).

4. La Batalla Por Tu Familia. "He aquí, herencia de Jehová son los hijos; Cosa de estima el fruto del vientre…Bienaventurado el hombre que llenó su aljaba de ellos; No será avergonzado. Cuando hablare con los enemigos en la puerta", (Salmos 127:3, 5). "Con Sabiduría se edificará la casa, Y con prudencia se afirmará", (Proverbios 24:3). "Y si una casa está dividida contra sí misma, tal casa no puede permanecer", (Marcos 3:25). "Y vosotros, padres, no provoquéis a ira a vuestros hijos sino criadlos en disciplina y amonestación del Señor", (Efesios 6:4).

5. La Batalla Por La Integridad. "No hay otro mayor que yo en esta casa, y ninguna cosa me ha reservado sino a ti, por cuanto tú eres su mujer; ¿cómo, pues, haría yo este grande mal, y pecaría contra Dios?", (Génesis 39:9). "Entonces le dijo su mujer: ¿Aún retienes tu integridad? Maldice a Dios, y muérete. Y él le dijo: Como suele hablar cualquiera de las mujeres fatuas, has hablado. ¿Qué? ¿Recibiremos de Dios el bien, y el mal no lo recibiremos? En todo esto no pecó Job con sus labios", (Job 2:9-10). "…pues si nuestro corazón nos reprende, mayor que nuestro corazón es Dios, y Él sabe todas las cosas. Amados, si nuestro corazón no nos reprende, confianza tenemos en Dios", (1 Juan 3:20-21). "Camina en su integridad el justo; Sus hijos son dichosos después de Él", (Proverbios 20:7). "De más estima es el buen nombre que las muchas riquezas, Y la buena fama más que la plata y el oro", (Proverbios 22:1). "No seas sin causa testigo contra tu prójimo, Y no lisonjees con tus labios", (Proverbios 24:28).

6. La Batalla Para Permanecer En Amor…Caminar En Amor. "Un mandamiento nuevo os doy: Que os améis unos a otros; como Yo os he amado, que también os améis unos a otros. En esto conocerán todos que sois Mis discípulos, si tuviereis amor los unos con los otros", (Juan 13:34-35). "…y la esperanza no avergüenza; porque el amor de Dios ha sido derramado en nuestros corazones por el Espíritu Santo que nos fue dado", (Romanos 5:5). "Mas el fruto del Espíritu es amor, gozo, paz, paciencia, benignidad, bondad, fe", (Gálatas 5:22). "Maridos, amad a vuestras mujeres, así como Cristo amó a la iglesia, y se entregó a Sí Mismo por ella", (Efesios 5:25).

7. La Batalla Por Tu Ministerio.

"¿Cómo, pues, invocarán a aquel en el cual no han creído? ¿Y cómo creerán en aquel de quien no han oído? ¿Y cómo oirán sin haber quien les predique? ¿Y cómo predicarán si no fueren enviados? Como está escrito: ¡Cuán hermosos son los pies de los que anuncian la paz, de los que anuncian buenas nuevas!", (Romanos 10:14-15). "...no que seamos competentes por nosotros mismos para pensar algo como de nosotros mismos, sino que nuestra competencia proviene de Dios, el cual asimismo nos hizo ministros competentes de un nuevo pacto, no de la letra, sino del espíritu; porque la letra mata, mas el espíritu vivifica", (2 Corintios 3:5-6). "Porque Dios no es injusto para olvidar vuestra obra y el trabajo de amor que habéis mostrado hacia Su nombre, habiendo servido a los santos y sirviéndoles aún", (Hebreos 6:10). "¿Quién nos separará del amor de Cristo? ¿Tribulación, o angustia, o persecución, o hambre, o desnudez, o peligro, o espada? Como está escrito: Por causa de Ti somos muertos todo el tiempo; Somos contados como ovejas de matadero. Antes, en todas estas cosas somos más que vencedores por medio de aquel que nos amó", (Romanos 8:35-37).

52

7 Maneras Para Crear Un Cambio Rápido

¿Está Dios Verdaderamente En Control?

La doctrina de la predestinación atribuye todos los cambios a la soberanía de Dios. Ninguna otra doctrina podría ser más destructiva. Tus Decisiones…Pasión…Enfoque y Mentoría pueden crear un cambio en 24 horas. Las Decisiones Determinan Tu Riqueza…Tu Salud…Tu Éxito. ¡Estás más cerca de un cambio radical de lo que nunca has estado…!

1. Cambia Lo Que Has Decidido Magnificar. "Mas buscad primeramente el reino de Dios y Su justicia, y todas estas cosas os serán añadidas", (Mateo 6:33). "Yo entonces dije: ¿Quién eres, Señor? Y el Señor dijo: Yo soy Jesús, a quien tú persigues. Pero levántate, y ponte sobre tus pies; porque para esto he aparecido a ti, para ponerte por ministro y testigo de las cosas que has visto, y de aquellas en que me apareceré a ti, librándote de tu pueblo, y de los gentiles, a quienes ahora te envío, para que abras sus ojos, para que se conviertan de las tinieblas a la luz, y de la potestad de satanás a Dios; para que reciban, por la fe que es en mí, perdón de pecados y herencia entre los santificados", (Hechos 26:15-18). "…porque raíz de todos los males es el amor al dinero, el cual codiciando algunos, se extraviaron de la fe, y fueron traspasados de muchos dolores", (1 Timoteo 6:10). "Con Cristo estoy juntamente crucificado, y ya no vivo yo, mas vive Cristo en mí; y lo que ahora vivo en la carne, lo vivo en la fe del Hijo de Dios, el cual me amó y se entregó a Sí Mismo por mí", (Gálatas 2:20). "Hermanos, yo mismo no pretendo haberlo ya alcanzado; pero una cosa hago: olvidando ciertamente lo que queda atrás, y extendiéndome a lo que está delante, prosigo a la meta, al premio del supremo llamamiento de Dios en Cristo Jesús", (Filipenses 3:13-14).

2. Decide El Favor de Quién Es Más Importante. "No hay otro mayor que yo en esta casa, y ninguna cosa me ha reservado sino a ti, por cuanto tú eres su mujer; ¿cómo, pues, haría yo este grande mal, y pecaría contra Dios? Hablando ella a José cada día, y no escuchándola él para acostarse al lado de ella, para estar con ella", (Génesis 39:9-10). "Hijo mío, no te olvides de mi ley, Y tu corazón guarde mis mandamientos; Porque largura de días y años de vida Y paz te aumentarán. Nunca se aparten de ti la misericordia y la verdad; Átalas a tu cuello, Escríbelas en la tabla de tu corazón; Y hallarás gracia y buena opinión ante los ojos de Dios y de los hombres", (Proverbios 3:1-4).

3. Cambia La Música Y Los Sonidos En Tu Ambiente.

"Asimismo dijo David a los principales de los levitas, que designasen de sus hermanos a cantores con instrumentos de música, con salterios y arpas y címbalos, que resonasen y alzasen la voz con alegría", (1 Crónicas 15:16). "…cuando sonaban, pues, las trompetas, y cantaban todos a una, para alabar y dar gracias a Jehová, y a medida que alzaban la voz con trompetas y címbalos y otros instrumentos de música, y alababan a Jehová, diciendo: Porque Él es bueno, porque Su misericordia es para siempre; entonces la casa se llenó de una nube, la casa de Jehová", (2 Crónicas 5:13). "Y los sacerdotes desempeñaban su ministerio; también los levitas, con los instrumentos de música de Jehová, los cuales había hecho el rey David para alabar a Jehová porque Su misericordia es para siempre, cuando David alababa por medio de ellos. Asimismo los sacerdotes tocaban trompetas delante de ellos, y todo Israel estaba en pie", (2 Crónicas 7:6).

4. Disfruta Las Pequeñas Cosas.
"Más vale un puño lleno con descanso, que ambos puños llenos con trabajo y aflicción de espíritu", (Eclesiastés 4:6). "Porque los que menospreciaron el día de las pequeñeces se alegrarán", (Zacarías 4:10). "Él le dijo: Está bien, buen siervo; por cuanto en lo poco has sido fiel, tendrás autoridad sobre diez ciudades", (Lucas 19:17).

5. Delega Tres Tareas Pequeñas A Otros.
"Josué hijo de Nun envió desde Sitim dos espías secretamente, diciéndoles", (Josué 2:1). "Y al oír Juan, en la cárcel, los hechos de Cristo, le envió dos de sus discípulos", (Mateo 11:2). "…designó el Señor también a otros setenta, a quienes envió de dos en dos delante de Él", (Lucas 10:1). "…esto encarga a hombres fieles", (2 Timoteo 2:2).

6. Decide Tres Cosas Que Dejarás de Hacer.
"Todo tiene su tiempo, y todo lo que se quiere debajo del cielo tiene su hora", (Eclesiastés 3:1). "Cuando yo era niño, hablaba como niño, pensaba como niño, juzgaba como niño; mas cuando ya fui hombre, dejé lo que era de niño", (1 Corintios 13:11). "No negué a mis ojos ninguna cosa que desearan, ni aparté mi corazón

de placer alguno, porque mi corazón gozó de todo mi trabajo; y esta fue mi parte de toda mi faena. Miré yo luego todas las obras que habían hecho mis manos, y el trabajo que tomé para hacerlas; y he aquí, todo era vanidad y aflicción de espíritu, y sin provecho debajo del sol. Después volví yo a mirar para ver la Sabiduría y los desvaríos y la necedad; porque ¿qué podrá hacer el hombre que venga después del rey? Nada, sino lo que ya ha sido hecho", (Eclesiastés 2:10-12). "...pero una cosa hago", (Filipenses 3:13).

7. Acerca A Ti Al Que Es Digno de Confianza. "La discreción te guardará", (Proverbios 2:11). "Y dijo Faraón a José: Pues que Dios te ha hecho saber todo esto, no hay entendido ni sabio como tú. Tú estarás sobre mi casa, y por tu palabra se gobernará todo mi pueblo; solamente en el trono seré yo mayor que tú", (Génesis 41:39-40).

53

7 Secretos Que Mi Madre Me Enseñó

Tu Futuro Está Decidido Por La Voz En Que Confías.

Las madres deciden lo que los niños recuerdan. El Mentor más efectivo que he tenido en mi vida fue mi madre. Ella nunca mintió, engañó ni permitió que ninguna mentira se quedara sin ser confrontada. Cualquiera de los triunfos y logros que hayan podido ocurrir en mi vida ocurrieron gracias a las Convicciones plantadas en mí por medio de mi madre. ¡Esta enseñanza creará una mejoría inmediata en tu vida!

1. Ella Dio A Luz En Mi Interior La Pasión Y El Apetito Por El Conocimiento. "El principio de la Sabiduría es el temor de Jehová; Los insensatos desprecian la Sabiduría y la enseñanza", (Proverbios 1:7). "Si clamares a la inteligencia, Y a la prudencia dieres tu voz; Si como a la plata la buscares, Y la escudriñares como a tesoros, Entonces entenderás el temor de Jehová, Y hallarás el conocimiento de Dios. Porque Jehová da la Sabiduría, Y de Su boca viene el conocimiento y la inteligencia", (Proverbios 2:3-6). "Los sabios guardan la Sabiduría; Mas la boca del necio es calamidad cercana", (Proverbios 10:14). "Mi pueblo fue destruido, porque le faltó conocimiento. Por cuanto desechaste el conocimiento, Yo te echaré del sacerdocio; y porque olvidaste la ley de tu Dios, también Yo me olvidaré de tus hijos", (Oseas 4:6).

2. Ella Infundió En Mí Una Confianza Inamovible de Que La Integridad Es La Conquistadora Final. "El labio veraz permanecerá para siempre; Mas la lengua mentirosa sólo por un momento", (Proverbios 12:19). "Los labios mentirosos son abominación a Jehová; Pero los que hacen verdad son su contentamiento", (Proverbios 12:22). "El justo aborrece la palabra de mentira; Mas el impío se hace odioso e infame", (Proverbios 13:5). "Camina en su integridad el justo; Sus hijos son dichosos después de él", (Proverbios 20:7). "De más estima es el buen nombre que las muchas riquezas, Y la buena fama más que la plata y el oro", (Proverbios 22:1). "No seas sin causa testigo contra tu prójimo, Y no lisonjees con tus labios", (Proverbios 24:28).

3. Dios Responde Las Oraciones Que Salen Verdaderamente del Corazón. "Buscad a Jehová y Su poder; Buscad Su rostro continuamente", (1 Crónicas 16:11). "…si se humillare Mi pueblo, sobre el cual Mi nombre es invocado, y oraren, y buscaren Mi rostro, y se convirtieren de sus malos caminos; entonces Yo oiré desde los cielos, y perdonaré sus pecados, y sanaré su tierra", (2 Crónicas 7:14). "Perseverad en la oración, velando en ella con acción de gracias", (Colosenses 4:2). "La oración eficaz del justo puede mucho", (Santiago 5:16).

4. Ella Demostró Con Su Propia Vida Que Las Recompensas de Paz Exceden Siempre Los Beneficios de Hacer Las Cosas A Tu Manera. "En paz me acostaré, y asimismo dormiré; Porque solo Tú, Jehová, me haces vivir confiado", (Salmos 4:8). "Mucha paz tienen los que aman Tu ley, Y no hay para ellos tropiezo", (Salmos 119:165). "Tú guardarás en completa paz a aquel cuyo pensamiento en Ti persevera; porque en Ti ha confiado", (Isaías 26:3). "Jehová, Tú nos darás paz, porque también hiciste en nosotros todas nuestras obras", (Isaías 26:12). "Si es posible, en cuanto dependa de vosotros, estad en paz con todos los hombres", (Romanos 12:18).

5. Ella Tenía Una Profunda Convicción de Que La Palabra de Dios Tenía La Respuesta A Cada Problema En La Vida. "La ley de su Dios está en su corazón; Por tanto, sus pies no resbalarán", (Salmos 37:31). "En mi corazón he guardado tus dichos, Para no pecar contra Ti…Me has hecho más sabio que mis enemigos con Tus mandamientos, Porque siempre están conmigo…Más que los viejos he entendido, Porque he guardado Tus mandamientos", (Salmos 119:11, 98, 100). "Toda la Escritura es inspirada por Dios, y útil para enseñar, para redargüir, para corregir, para instruir en justicia", (2 Timoteo 3:16).

6. Ella Insistía En Que Memorizáramos Las Escrituras Durante La Oración Matutina…Cada Día. "Y las repetirás a tus hijos, y hablarás de ellas estando en tu casa, y andando por el camino, y al acostarte, y cuando te levantes. Y las atarás como una señal en tu mano, y estarán como frontales entre tus ojos; y las escribirás en los postes de tu casa, y en tus puertas", (Deuteronomio 6:7-9). "…y que desde la niñez has sabido las Sagradas Escrituras, las cuales te pueden hacer sabio para la salvación por la fe que es en Cristo Jesús", (2 Timoteo 3:15). "En mi corazón he guardado Tus dichos, Para no pecar contra Ti", (Salmos 119:11).

7. Ella Aceptó La Responsabilidad Absoluta de Llevar Constantemente A Sus Hijos A La Presencia de Dios.

"Porque yo sé que mandará a sus hijos y a su casa después de sí, que guarden el camino de Jehová", (Génesis 18:19). "Me mostrarás la senda de la vida; En Tu presencia hay plenitud de gozo; Delicias a Tu diestra para siempre", (Salmos 16:11). "…Venid ante Su presencia con regocijo", (Salmos 100:2). "Alabanza y magnificencia delante de Él; Poder y alegría en Su morada", (1 Crónicas 16:27).

54

7 Secretos de Abraham Sobre Las Relaciones

Abraham, El Amigo de Dios Dominó El Arte de La Hospitalidad.

Abraham dominó el arte de nutrir relaciones pacíficas. ¡Los Secretos escondidos en las Escrituras pueden cambiar las Estaciones de tu vida para siempre…!

1. Abraham Intercedió Como Un Mediador Ante Dios Por Otros.

"Entonces Abraham oró a Dios; y Dios sanó a Abimelec y a su mujer, y a sus siervas, y tuvieron hijos", (Génesis 20:17). "Y Abraham replicó y dijo: He aquí ahora que he comenzado a hablar a mi Señor, aunque soy polvo y ceniza…Y dijo: He aquí ahora que he emprendido el hablar a mi Señor: quizá se hallarán allí veinte. No la destruiré, respondió, por amor a los veinte. Y volvió a decir: No se enoje ahora mi Señor, si hablare solamente una vez: quizá se hallarán allí diez. No la destruiré, respondió, por amor a los diez", (Génesis 18:27, 31-32).

2. Abraham Supo Cuándo Salir Y Cuándo Entrar Al Ámbito de Una Relación.

"Pero Jehová había dicho a Abram: Vete de tu tierra y de tu parentela, y de la casa de tu padre, a la tierra que te mostraré…Y se fue Abram, como Jehová le dijo; y Lot fue con él. Y era Abram de edad de setenta y cinco años cuando salió de Harán", (Génesis 12:1, 4). "Y hubo contienda entre los pastores del ganado de Abram y los pastores del ganado de Lot; y el cananeo y el ferezeo habitaban entonces en la tierra… ¿No está toda la tierra delante de ti? Yo te ruego que te apartes de mí. Si fueres a la mano izquierda, yo iré a la derecha; y si tú a la derecha, yo iré a la izquierda…Entonces Lot escogió para sí toda la llanura del Jordán; y se fue Lot hacia el oriente, y se apartaron el uno del otro", (Génesis 13:7, 9, 11). "Que desde un hilo hasta una correa de calzado, nada tomaré de todo lo que es tuyo, para que no digas: Yo enriquecí a Abram; excepto solamente lo que comieron los jóvenes, y la parte de los varones que fueron conmigo, Aner, Escol y Mamre, los cuales tomarán su parte", (Génesis 14:23-24).

3. Abraham Creó Un Jardín de Recuerdos Haciendo Un

Memorial de Las Ocasiones Especiales. "Y apareció Jehová a Abram, y le dijo: A tu descendencia daré esta tierra. Y edificó allí un altar a Jehová, quien le había aparecido", (Génesis 12:7). "Y plantó Abraham un árbol tamarisco en Beerseba, e invocó allí el nombre de Jehová Dios eterno", (Génesis 21:33). "Porque este Melquisedec, rey de Salem, sacerdote del Dios Altísimo, que salió a recibir a Abraham que volvía de la derrota de los reyes, y le bendijo, a quien asimismo dio Abraham los diezmos de todo; cuyo nombre significa primeramente Rey de justicia, y también Rey de Salem, esto es, Rey de paz", (Hebreos 7:1-2).

4. Abraham Registraba Cada Hecho Memorable de Logro En Las Vidas de Sus Hijos. "Y creció el niño, y fue destetado; e hizo Abraham gran banquete el día que fue destetado Isaac", (Génesis 21:8). "Entonces dijo Sara: Dios me ha hecho reír, y cualquiera que lo oyere, se reirá conmigo. Y añadió: ¿Quién dijera a Abraham que Sara habría de dar de mamar a hijos? Pues le he dado un hijo en su vejez", (Génesis 21:6-7).

5. Abraham Evaluaba Continuamente La Profundidad Espiritual de Aquellos A Su Alrededor. "Y Abraham respondió: Porque dije para mí: Ciertamente no hay temor de Dios en este lugar, y me matarán por causa de mi mujer", (Génesis 20:11). "Y respondió Abraham: Dios se proveerá de cordero para el holocausto, hijo mío. E iban juntos", (Génesis 22:8). "Entonces Abram dijo a Lot: No haya ahora altercado entre nosotros dos, entre mis pastores y los tuyos, porque somos hermanos", (Génesis 13:8).

6. Abraham Nunca Invirtió Confianza Ni Tiempo En Relaciones Engañosas. "Y Abraham respondió: Porque dije para mí: Ciertamente no hay temor de Dios en este lugar, y me matarán por causa de mi mujer", (Génesis 20:11). "Y se acercó Abraham y dijo: ¿Destruirás también al justo con el impío?", (Génesis 18:23). "El criado le respondió: Quizá la mujer no querrá venir en pos de mí a esta tierra. ¿Volveré, pues, tu hijo a la tierra de donde saliste? Y Abraham le dijo: Guárdate que no vuelvas a mi hijo allá", (Génesis 24:5-6).

7. Abraham Hizo Todo Esfuerzo Imaginable Para Evitar El Conflicto Y La Confrontación Con Alguien, Fuera Santo O Impío. "¿No está toda la tierra delante de ti? Yo te ruego que te apartes de mí. Si fueres a la mano izquierda, yo iré a la derecha; y si tú a la derecha, yo iré a la izquierda", (Génesis 13:9). "Y tomó Abraham ovejas y vacas, y dio a Abimelec; e hicieron ambos pacto", (Génesis 21:27). "Y volvió a decir: No se enoje ahora mi Señor, si hablare solamente una vez: quizá se hallarán allí diez. No la destruiré, respondió, por amor a los diez", (Génesis 18:32).

1.   Predicando en Brasil, uno de mis lugares favoritos en la tierra donde los ministros tienen más amor que en cualquier otro lugar que haya estado.

2.   Ministrando para el Dr. Lester Sumrall en la Tierra Santa…extraño a este gran mentor de la fe.

3.   Hablar por medio de un traductor es una de las cosas más difíciles que hago—es mentalmente extenuante, y muchas cosas humorísticas para mi, no se pueden comunicar. En ocasiones, he dicho algo que pienso que es sumamente gracioso, la gente en EE.UU se ríe conmigo, pero la gente en el extranjero no sólo no se rí…sino que se me quedan viendo. Es ahí cuando me doy cuenta que lo que estoy hablando no les está haciendo mucho sentido. ¡Pero…el evangelio tiene que ser predicado!

4.   Ministerio Televisivo…es tan poderoso. Puedes estar en la casa de alguien que nunca ha soñado ir a la iglesia, sin embargo te escuchan explicar principios de la vida en la privacidad de su propio ambiente. Satanás es el príncipe del aire…y tiene pavor de todo hombre o mujer de Dios que se atreve a invertir en el evangelismo mundial a través de la televisión. Si ha existido un tiempo en el que necesitamos orar por los ministerios de la televisión, es hoy. Son el blanco número uno de satanás a silenciar.

5.   Hace muchos años, sentado aquí en mi casa con mi querida madre…mi mejor amiga, mi confidente favorita…y la mentora maestra que liberó una pasión por aprender. Te extraño madre, demasiado para siquiera hablar de ti…

6.   Predicando con un intérprete; nunca importa lo que digo…sino lo que la gente recuerda. No hablo para provocar una reacción en la gente—siempre hablo para que haya entendimiento.

7.   Cantando al piano en la estación de televisión "Trinity Broadcasting" hace muchos años…parece que tenía unos 33 años…

8.   En la aldea de los Masai…a 241 kilómetros de Nairobi. En mis seis viajes a Kenia, Dios ha puesto en mi corazón un profundo amor y aprecio por la preciosa gente de allá…Abrí la primera campaña en el Centro Cristiano de Nairobi durante cinco semanas…con un amigo misionero de toda la vida: Morris Plotts.

9.   Cargando una de las muchas aves que he tenido…un hermoso faisán. Amo a los animales y he tenido muchas clases diferentes como mascotas en mi casa, el león africano 'Kei Kei',…cebras…camellos…monos…llamas,

caballos, perros, etc.

10.   Dr. Jerry Grillo es uno de los amigos más apreciados que Dios ha puesto cerca de mi. Su revelación sobre la Ley del Favor es profunda. Sus libros han ido por todo el mundo. Es uno de los Miembros de la Junta de Consejo del Wisdom Center así como Pastor del Centro del Favor en Hickory, Carolina del Norte.

11.   Predicando al aire libre en alguna parte del mundo…

12.   Mi padre compartiendo sus maravillosas palabras de Sabiduría conmigo.

13.   Mi padre, John, mi hermano mayor y mi hermano menor David…Dios me ha dado una preciosa familia que cree en el llamamiento de mi vida. Mi padre hoy tiene 92 años…y todavía ora conmigo cada día, mi hermano John apoya mi ministerio y mi hermano David todavía es parte de nuestra familia en la iglesia aquí en el Wisdom Center.

14.   La pasión…se me da fácilmente. Nunca podría invertir un momento en algo que no creyera con todo mi corazón. Para mí, estar en lo correcto es más importante que cualquier cosa sobre la Tierra.

15.   Aquí estoy en Sudáfrica en la Casa de la Esperanza Mike Murdock…nuestro lugar especial para los niños…pequeñitos cuyas madres y padres han muerto de SIDA. Gracias a la fidelidad de mis socios para ofrendar, podemos patrocinar su vida, su comida y su atención médica. Este ministerio es de alto impacto.

16.   Estoy en algún lugar del mundo…a mis 62 años de edad…43 años de ministerio me han llevado a más de 40 países a ministrar.

17.   Hablando con mis preciosos madre y padre…cuyas vidas santas se convirtieron en el patrón de mis propias convicciones. Papi, gracias por tu increíble vida de oración y enfoque en Dios; Madre, gracias por enseñarme que la integridad es más perdurable que cualquier regalo en nuestra vida.

18.   Aquí estoy sentado en la plataforma, hablando con todos los niños durante un servicio en The Wisdom Center que el Señor me guió a fundar y pastorear. Mi familia aquí es muy importante para mi…ese es el por qué siempre vuelo de regreso a casa para estar con mi familia cada domingo en la mañana.

19.   Conozco esa mirada…Debo decir que estudio y escudriño todo lo que se me acerca; tengo un gran temor de estar equivocado; he tenido experiencias extremadamente dolorosas por haber confiado en la gente errónea. En mi propia vida, el 90 por ciento de todo mi dolor ha sido a través

de una confianza mal puesta y por gente engañadora. Frecuentemente me he preguntado por qué un hombre que ha amado tanto a Dios…podría estar tan equivocado acerca de la gente. Pero, nuestro enfoque nos ciega frecuentemente. Cuando estás totalmente enfocado en Dios, es fácil pasar por alto el engaño cercano a ti.

20. Los niños están confiando…y eso nos hace increíblemente responsables. Oro por los niños aquí en The Wisdom Center y por otros cada día…que Dios los guarde de toda mano de violencia, y exponga toda voz engañosa y trampa en su vida. Los niños son regalos de Dios para nosotros…¡qué responsabilidad!

21. El sonriente Mike…lo creas o no, cuando era niño mis hermanos y primos me llamaban "niño risueño"…porque me reía muchísimo. Aquellos días han cambiado un poquito…¡no sé si es madurez, tristeza…o carga de trabajo!

22. Mi querido padre, severo, demandante y muy obediente a la voz de El Espíritu Santo. Él fundó siete iglesias…crió siete hijos…y ni una sola vez estuvo indeciso en su dedicación a la voz de Dios. Una vez le pregunté: "¿Qué es lo más importante que existe en la vida?". Él respondió: "Conocer la voz de El Espíritu".

23. Leer es esforzarse por lograr. Yo me esfuerzo…en todo momento de mi vida en mi ambiente…en la gente…para extraer lo que necesito. La Palabra de Dios ha sido mi vida misma. Cuando tenía 23 años, me di cuenta que podía leer la Biblia completa, fácilmente, cada 30 días…con sólo leer 40 capítulos al día. Así que empecé a leer toda la Biblia cada mes. Ha hecho una diferencia radical en mis convicciones más profundas. Las palabras de Dios son fuerza…depositada en tu espíritu. Tu fuerza siempre será proporcional a tu conocimiento.

24. Brasil ha sido uno de los placeres más profundos de mi vida. Los líderes espirituales en este país han abierto sus puertas…sus corazones…para recibir lo que Dios ha puesto en mi corazón. Les agradezco inmensamente su inversión de amor en mi propio ministerio y las puertas abiertas.

25. Diecisiete años de edad…parado frente a la iglesia: "Tabernacle Calcasieu, donde mi padre pastoreaba. Mis hermanas, Flo, Deborah y Kaydonna y mi hermano, David Earl. Mi hermanita Deborah, en la esquina inferior derecha…hoy, es mi mejor amiga. Hablo con ella más que con cualquier humano en la tierra…y ella es la razón por la que escribo tantos libros. Ella me dice, "Querido, si tú lo dices, yo lo imprimo y lo publico y lo

mando alrededor del mundo". Ella trabaja de 16 a 18 horas constantes cada día…sin parar, fuera de su casa…orquestando la impresión de millones de libros, de cada una de las cartas, y de todo lo que Dios me dice. Ella lo manda alrededor del mundo". ¡Mi preciosa y dulce Hermana, eres el genio en nuestra familia! Mi hermana, Flo, trabaja conmigo cada día aquí en mi casa, cuidando mi mundo personal y las tareas de mi casa…tanto ella como su esposo cuidan a mi padre y son una de las parejas que encabezan El Wisdom Center acá. Ella es una estupenda música y cantante y ama verdaderamente la obra de Dios.

26.   Amar a la gente….es la Asignación del creyente. La única y verdadera Asignación Divina que Dios nos ha dado a cada uno de nosotros…es amar.

27.   ¡Nigeria está llena de gente increíble! He estado ahí muchas veces…¡y siempre me sorprende la pasión que tienen por el conocimiento! Ellos se sientan por horas y horas mientras enseño la Palabra de Dios. Esto fue con mi amigo de toda la vida, el Obispo Matthew Ashimolowo.

28.   Mi madre…mi crítica número uno. No puedo decir que ella fue mi mejor porrista, pero con toda seguridad ella fue mi mentora más efectiva ¡y nunca dejó de buscar oportunidades para corregirme!

29.   Dos de mis lobos que crié desde cachorritos. Los lobos se parecen mucho a los perros, pero su naturaleza es un tanto salvaje…y creativa. Tan adorables. ¡Me recuerdan a mi zorro con el que tuve problemas frecuentemente!

30.   Enseñando a nuestros niños en The Wisdom Center sobre "las leyes del protocolo". Enseñándoles a presentarse con la gente…cómo hablar…cómo conversar con Dios. Es muy fácil amar a los niños…

31.   Mi padre en su atuendo de trabajo…como lo mencioné, él mismo construyó siete iglesias…con muy poca ayuda. Él es un buen constructor así como un intercesor de tiempo completo. Tengo una pala en la mano…pero es sólo de pose.

32.   Yo y mi hermanita genio, Deborah Faith Murdock Johnson, hablando con mi papá en la plataforma aquí en The Wisdom Center. Ella tiene la pasión de ayudarme a llevar la Sabiduría de Dios por toda la Tierra y ese es el por qué imprimimos tantos libros en otros idiomas.

33.   Yo con mi venadito bebé a unas cuantas horas de haber nacido. Este soy yo, en su primer día…de nacido en la Villa, mi casa donde he vivido por cerca de 27 años.

34.   ¡Uno de mis preciosos, preciosos jóvenes recibiendo enseñanza sobre el Señor en mi ministerio…!

35. A veces, predico hasta cinco veces al día…en cinco ciudades diferentes. Mi jet personal hace posible que yo esté en muchos lugares el mismo día. De hecho, un día hablé en cinco estados diferentes…¡en el mismo día!

36. Mi madre y mi padre al poco tiempo de haberse casado, ya con dos hijos…¡qué pioneros del evangelio nos han ayudado a hacer hoy la obra de Dios! Gracias…patriarcas que han peleado batallas antes que nosotros…¡y nos han facilitado el entendimiento de las leyes de Dios!

37. A mi padre le gustan las aves…mi hermano John y yo le dimos una pajarera.

38. ¡Hablando con alguien…!

39. Hablando con el pastor Silas…uno de los grandes ministros de la televisión en Brasil que se ha asociado conmigo para publicar mis libros y llevarlos a toda esa parte del mundo. ¡Qué hombre tan precioso y apasionado…!

40. Hay impartición…que los mentores espirituales pueden impartir a los aprendices, quienes como Eliseo, quieren un toque especial del Señor. Me siento muy humilde, y profundamente reflexivo después de los servicios donde alguien ha buscado una oración especial. Cuando dos de nosotros oramos, suceden los milagros. No hay duda de esto.

41. ¡Una de nuestras grandes reuniones en los estadios en el extranjero…! ¡Qué privilegio representar a Dios en la tierra! Qué honor…pasar toda tu vida hablando acerca de la Palabra de Dios y de la Sabiduría de Dios cambiando tu vida. No puedo pensar en ningún trabajo, ninguna compañía o ninguna posición…donde haya habido más oportunidad de hacer que tu vida cuente. Mientras veo esta foto ahora mismo, pienso en la canción que escribí (la favorita de mi madre)—"¡Haz que mi vida cuente, Señor!" La eternidad revelará…

42. Pastor Font…de Puerto Rico, ¡ha construido una increíble obra de Dios! Este joven está siendo verdaderamente usado por Dios para tocar a miles. ¡Si alguna vez vas a Puerto Rico, debes ir a su increíble obra allá!

43. Dos de mis hermanas, Flo y Bárbara (quien ya se fue con el Señor). Ambas son extraordinarias compositoras, pianistas y cantantes. Me da tanto gusto que ellas hayan sido salvas a edad temprana, porque eran de carácter fuerte y, después, se habría requerido de un milagro. Las amo, mis dulces hermanas.

44. ¡Mi padre y yo en las Cataratas del Niágara, durante una de mis reuniones allá en Canadá!

45.   Diecisiete años de edad…con mi hermana Flo, éramos casi inseparables en esos tiempos. Nos llevábamos 3 1/2 años de diferencia. No puedo creer que me viera así…¡pero las fotografías lo prueban!

46.   Ministerio de televisión, desde nuestro set de TV aquí en The Wisdom Center…

47.   Mi bebé mono, que me enseñó rápidamente…que tener un mono era muy parecido a tener un niño…¡pero sin ninguna esperanza de cambio! ¡Después de tenerles que cambiar su pañal cada dos horas, tu sentir hacia los monos cambia por completo! ¡Pero fue divertido ser muy amado!

48.   Uno de los días más felices de mi vida fue cuando Dios puso al Pastor Toye Ademola en mi vida y en mi corazón. Nadie en la tierra ha plantado más Semillas en mi vida personal, demostrado honor, y buscado la Sabiduría con tanta pasión. Él y su esposa, Wumi, han dado nacimiento a una poderosa iglesia en Houston, Texas, Dominion International Center, donde doy conferencias cada año.

49.   Mi hermano, David, conmigo en Brasil. Él es un compositor, autor y excelente músico. ¡Él es un poquito demasiado bien parecido para estar en el ministerio creo yo! (¡Sonríe, Hermano!) Una de sus más grandes características es su confiabilidad y responsabilidad. Su integridad es una de sus áreas más atesoradas de nuestra familia…

50.   Un pastor impresionante en Brasil, Marco Peixoto, a quien yo he ministrado en varias ocasiones; de personalidad gentil, un gigante en el entendimiento espiritual. "¡Sus libros realmente han tocado esa nación!"

51.   Yo con mi cachorro de león y mi hijo, Jason,…después de que salió de su cercado. Muy juguetón, pero peligroso. Si alguna vez has tenido un león…¡jamás volverás a tener miedo de un perro! A Jason le gusta la música y sigue haciendo pistas y música…y tiene una disposición preciosa y muy dulce.

52.   Aquí estoy en una clase de la Escuela Dominical, en la primera fila. ¡Soy el adorable…en la camisa blanca!

53.   Mi precioso y atesorado amigo, Absalón Myakusa…quien pastorea el Centro Cristiano de Nairobi bajo Delmar Kingswriter. Absalón fue mi primer intérprete de todas las cinco semanas cuando abrí la Campaña allá, construido por el afamado misionero evangelista Morris Plotts. Él era de Tanzania, tenía seis niños y encabezaba la Escuela Bíblica en Arusha, y daba la impresión de ser uno de los hombres más dulces que jamás he conocido en toda mi vida. Después, lo traje de regreso conmigo a Estados Unidos por

varias semanas.

54.   El Obispo David Oyedepo y su esposa, Faith, durante una de nuestras varias reuniones en su gran iglesia allá en Lagos, Nigeria. Qué líder tan extraordinario es él. ¡Su iglesia tiene capacidad para 52,000…! Él me dijo tanto en privado como públicamente que mi libro, Semillas de Sueños, había cambiado su ministerio en 1986.

55.   Absalón, un pastor de Tanzania, me mostró la necesidad que había en la Escuela Bíblica de tener colchones para todos los estudiantes. ¡Nos dio muchísimo gusto haber comprado todos los colchones de la Escuela Bíblica…!

56.   El personaje de un león, conmigo. Nos visitó en navidad en The Wisdom Center para deleite de todos los niños.

57.   Cantando en la televisión con mi amiga, ya por 42 años, Nancy Harmon. ¡Nadie irradia más amor en el ministerio hoy que Nancy!

58.   15 años de edad…escribiendo canciones y predicando en los meses de mi verano para diferentes ministerios como el de los pastores Howard y Jackie Holton. Esta fue una foto de mí durante este tiempo.

59.   ¡El Pastor Silas Malafaia, el Pastor Fadi Faraj y el Pastor Marco Peixoto durante mis servicios en Brasil, en una conferencia de liderazgo! ¡El pastor Silas es el número uno en la televisión de Brasil, publica mis libros en Brasil y los coloca en las librerías de allá! Un verdadero caballero, todos ellos son amigos muy preciados…

60.   Ministrando con el Dr. Morris Cerullo…afamado misionero evangelista que ha dado nacimiento a muchos predicadores en todo el mundo. ¡Su pasión por Dios me sorprende, considerando que está a punto de celebrar su 80º. Cumpleaños…!

61.   Mi hermana, Deborah, con ella hablo más que con cualquier humano en la Tierra. Ella es única en su obsesión por publicar mis libros y llevarlos por todo el mundo. Le he dicho a mucha gente: "¡Si no hubiera sido por Deborah, no estaría escribiendo libros hoy!". Ella hace su vida en torno a este ministerio, al lado de su irremplazable esposo, Robert.

62.   Yo a una edad muy joven…¡No recuerdo mucho sobre esta foto!

63.   Mi primer caballo Árabe, Bendición. Había deseado tener caballos toda mi vida, ¡pero no fue sino hasta los 36, 37 años que pude tener mi primer caballo propio!

64.   Mi hermana Flo, cantando en su hermoso estilo! Ella trabaja cada día en mi casa, viendo por la salud de mi padre, y procesando transacciones de

negocios conmigo. Su talento como compositora de canciones y pianista…¡ha bendecido a nuestra familia más de lo que se puede decir con palabras!

65.   Mis queridos amigos: Andrae Crouch y su hermana gemela, Sandra, en el viaje que hicimos juntos frente al Palacio de Buckingham en Londres, Inglaterra. Con toda su fama, habilidades y talentos, ellos son dos de las personas más humildes que jamás haya recibido en mi casa y vida personal. Hemos viajado miles de kilómetros juntos…y hemos disfrutado cada momento.

66.   Tocando el acordeón a los 26 años con mis queridos amigos, los pastores Paul y Betty Wells. Esto fue en su iglesia en Santa Paula, California. Paul y Betty me ayudaron a que nacieran ciertas áreas de mi ministerio que se convertirían en un activo para mí en los años por venir.

67.   En mis tempranos 20's, cargando mi tráiler viajero Airstream para dirigirme a otra campaña.

68.   Enseñando en el programa con mi amigo de toda la vida, Richard Roberts. Qué unción tan grande fluye a través de él y de su esposa Lindsay.

69.   Estoy tan orgulloso de mi hijo Jason.

70.   Aquí estoy con Oral Roberts, Evelyn y Richard Roberts con Lindsay. Ellos me confirieron el maravilloso honor de dedicar a su preciosa bebita, Jordan…quien ha crecido para ser una hermosa comunicadora para Dios.

71.   Enseñando por televisión en los Estudios PTL con Jim Bakker. Tenía quizá unos 36 años.

72.   Presumiendo mi hermoso caballo Árabe, Bendición. Bendición era muy brioso, de temperamento caprichoso y terco.

73.   Disfrutando una maravillosa convivencia con dos amigos de toda la vida: Dodie Osteen y Paula White. Dodie y John Osteen fueron amigos míos cuando tenía tan sólo 32 años…predicando para ellos en su iglesia Lakewood en Houston. Tiempo después tuve el privilegio de ministrar para su hijo Joel Osteen ahí. Paula White , es una de las más grandes entrenadoras de vida en el mundo hoy. Qué privilegio continuar ministrando con ella como su invitado a través de la televisión.

74.   Mi preciosa hermana, Kaydonna, con mi papá y conmigo.

75.   Sólo yo. ¡Me veo muy serio! La obra de Dios es muy importante para mi. Tengo pasión por conocer la verdad. Mi mayor temor es el temor de creer una mentira. Toda palabra, importa, para mí…¡y esa ha sido una fuente de gran molestia para mucha gente!

76.   Dos de los hombres más extraordinarios que he conocido en toda mi

vida…Gidalti y Jabes Alençar. Estos pastores brasileños han edificado ministerios relevantes para Dios y han mostrado un honor sin paralelo a la vida y el ministerio. Ellos me han enseñado sobre el amor entre los ministros, como nunca antes lo he visto en toda mi vida. He aprendido mucho de ellos.

77.   La pastora Mónica Melgar, nuestra pastora en español aquí en The Wisdom Center cuya lealtad ha sido de indescriptible fuerza para mí personalmente. ¡Ella ha trabajado conmigo en el ministerio aquí por más de 17 años! ¡Nadie más ha sido capaz de durar ese tiempo, así que la considero irremplazable!

78.   Mi padre desatando la bendición del patriarca sobre nuestra familia reunida alrededor de él aquí en The Wisdom Center. Él tiene 92 años, y sigue ministrándonos incluso con su presencia. Presencia en el ministerio, por supuesto.

79.   Mi precioso y dulce hermano, John, es el segundo mayor de la familia. Él siempre me ha apoyado, amado y creído en mi diferencia y en el ministerio. Actualmente él está retirado, pero es un hombre exitoso de negocios que maneja su negocio con su familia. Él es un excelente músico, pero más importante, un hombre de verdadera integridad.

80.   ¡Yo con mi dulce y afectuoso hijo, Jason! ¡Él es un gran amante de la música y le auguro que sus talentos le darán gran éxito personal!

81.   ¿Me veo enojado? Sí, estaba poniendo cara de ferocidad…quizá a la edad de 6 ó 7. ¡Todavía me enojo en estos días!

82.   ¡Mi guapísimo hermanito menor, David! Él es todo un músico…y continuamente le digo que ¡sólo espero que siga siendo humilde con todo lo guapo que es!

83.   Mi querido amigo, el evangelista Jimmy Swaggart y su hijo, Donnie…quien me ayudó tremendamente cuando yo apenas comenzaba en el evangelismo. Prediqué para su padre cuando yo tenía 17 años y lo conocí a la edad de 18. Su bondad abrió muchas puertas para mí, para mi ministerio. Verdaderamente uno de los más grandes evangelistas de la historia cuya pasión por Dios me impactó grandemente en mi juventud. Uno de mis recuerdos fue al despertar muy temprano una mañana, como invitado en su casa. Él estaba gimiendo en oración de intercesión antes de que alguno de nosotros se hubiera levantado.

84.   El pastor Kenneth Davis, ¡uno de nuestros apreciados líderes espirituales aquí, que nos ha traído mucho gozo a todos nosotros!

85.   Parado aquí con uno de los miembros de mi Junta de Consejo y

apreciado aprendiz, el Dr. Todd Coontz…en The Wisdom Center.

86. Parado aquí con mi padre de 92 años; con los pastores Howard y Jackie Holton, de 80 años. Ellos son los dos ministros que más han impactado mi vida desde mi niñez. El pastor Holton predicó una de sus primeras reuniones como adolescente, a los 19 años de edad para mi padre quien tenía 31 en ese entonces. Después, cuando yo tenía 15 años, él ayudó a que naciera mi ministerio abriendo puertas para mí. Relaciones dignas de toda confianza que han sido una cimentación sólida en mi vida. La calidad de mis amigos de toda la vida me ha dado mucho consuelo durante estaciones turbulentas de mi vida.

87. Mi padre con el Dr. Robb Thompson, uno de mis amigos más cercanos en el ministerio que he tenido. Nadie ha invertido tanto en mi vida personal, ni me ha dado más generosamente…y enseñado tanto de la vida de excelencia Su Sabiduría en las relaciones ha abierto mis ojos en muchas ocasiones.

88. Viendo hacia delante…a los 35 años de edad. Pensaba que mi vida se había terminado, y comencé a escribir canciones…nacidas de mi dolor. El Espíritu Santo me ensenó a ver hacia mi mañana…en vez de permanecer en la cercanía del Pozo de la Desilusión.

89. Presentación de Día del Padre para mi especial padre.

90. Mi confidente favorita, y atesorada hermana, Deborah y su indispensable esposo, Robert. Consideramos a Deborah la genio de nuestra familia. Gracias a ella, mis libros están llegando a todo el mundo…ella trabaja muy duro de 16 a 18 horas diariamente.

91. Frente a mi casa, con el auto que más disfruto…cargando a mi cachorrito. ¡He vivido en la misma casa por más de 26 años…en las afueras de la ciudad donde la soledad es el placer!

92. Cantando en Nigeria…¡cómo amo a mi familia de amigos y socios allá! Sabiendo que mis libros fueron distribuidos muchos años antes de que yo tuviera el privilegio de ir allá…

93. ¡Mi mejor amigo por muchos años, el evangelista Bob Gass! ¡Ningún predicador es más brillante que él! Lo podría oír predicar por siempre…también hemos viajado los caminos de Irlanda juntos. Su predicación irlandesa ha bendecido a millones alrededor del mundo…

94. La mirada Murdock…cuando trato intensamente de discernir a través del Espíritu lo que mi mente no me reportará.

95. Mi talentosa hermana, Flo con su esposo, Lee, uno de nuestros pastores

aquí en The Wisdom Center.

96. ¡Qué increíble mujer, Dodie Osteen! Ella es una guerrera de primera clase, una amante apasionada de la gente. Ella y su esposo John Osteen, fueron una ayuda maravillosa para mí en el año más difícil de toda mi vida…

97. ¡Cinco personas que hacen mi vida feliz…En viajes largos alrededor del mundo! Paul Nyamweya, Jefe Editorial de todas nuestras ediciones aquí en The Wisdom Center…Andreza, una hermosa abogada joven y socia de nuestro ministerio que nos ayuda en Brasil…la pastora Mónica Melgar…Alonzo… ¡mencionados antes en otras fotos! (Ms. Tai Igene, quien pastorea una iglesia aquí en Dallas, Texas con su esposo. Ella es una asistente personal…y ¡líder de adoración!)

98. Sólo un vistazo…a mi cebra, ¡que me enseñó mucho sobre los espíritus demoníacos! Si alguna vez te preguntaste a dónde fueron los demonios después de que dejaron a los cerdos en los días de Jesús, ellos se metieron en las cebras.

99. Tres miembros valiosos de mi equipo de trabajo en el Amazonas: la pastora Mónica Melgar, Andreza Souza, Alonzo Seymour. La pastora Mónica Melgar es la pastora en español aquí en The Wisdom Center, y ha estado conmigo 17 años preciosos. Andreza es una abogada en Brasil que es una aprendiz, y maravilloso contacto como ayuda para publicar mis libros en Brasil. Alonzo es mi escudero que ha viajado miles de millas conmigo, un fiel amigo y hombre de Dios.

100. Dos jóvenes irremplazables que me han traído gran gozo y que han viajado miles de millas conmigo: Alonzo Seymour (a la izquierda) y Paul Nyamweya, jefe editorial de nuestras publicaciones aquí en The Wisdom Center.

101. ¡El Jefe de la Policía de Indianápolis haciéndome Diputado Honorario Jefe de la Policía de Indianápolis…! ¡Un poco de diversión y gozo! ¡Especialmente, me gusta presumir la insignia, al pasar por los puestos de seguridad en los aeropuertos!

102. Dr. Mike Smalley, uno de los miembros de la Junta de Consejo y poderoso misionero evangelista alrededor del mundo…¡enseñando aquí en una de nuestras conferencias! Su presencia en mi vida me ha traído tremenda fortaleza.

103. Parte del Gran Wisdom Center aquí en Fort Worth, Texas, donde Dios nos ha dado una atesorada familia en la iglesia como intercesores de nuestro ministerio de alcance global.

104. Dentro de parte del santuario, ¡adentro del Wisdom Center!

105. Sólo sigue mis instrucciones para la pizca de algodón...! (¡Oh, cómo me trae recuerdos de mis sentimientos a través de los años!)

106. Enseñando en mi programa diario y semanal de televisión, Llaves de Sabiduría con Mike Murdock. La T.V. es de tan poderoso alcance...donde tú puedes llegar a miles de casas, cada día introduciendo la presencia de Dios. Mis socios de la Llave de Sabiduría 3000...¡Han hecho esto posible!

107. Dos personas muy importantes en mi mundo privado, Mauricio y Yolanda Álvarez. Mauricio supervisa mi propiedad privada en casa todos los días y es un hombre fiel de integridad impecable. Su presencia es un estabilizador en mi propio ambiente todos los días. Yolanda es la cabeza de la hospitalidad aquí, derramando su vida y totalmente dedicada a mejorar nuestro mundo aquí en The Wisdom Center. ¡Ellos son padres de nuestra pastora hispana, Mónica Melgar...!

108. Quiero mucho a mi león, Kei Kei...He dicho muchas veces que si alguna vez tienes tu propio león africano como yo, ¡jamás temerás a un perro por el resto de tu vida! Un hombre me dijo un día que con sólo un zarpazo, me podía arrancar el brazo...¡nunca podría volver a tocar el piano otra vez! Así que, se lo di a un joven por aquí cerca que crió a otros 22 leones para nuestros zoológicos...

109. ¡Hermosas caras jóvenes de los niños aquí en The Wisdom Center...que nunca me he cansado de ver! Qué responsabilidad tenemos de dar nacimiento a la pasión por el Espíritu Santo...en los corazones de nuestros niños. Su futuro requerirá una convicción total de que la vida de El Espíritu Santo es la única vida para vivir.

110. El Centro de Entrenamiento de la Sabiduría...sólo hace unos cuántos años, nuestro primer edificio en las afueras de la ciudad en un pequeño pueblo aquí en Dallas, Texas. Yo vivo a cinco y medio kilómetros de este pequeño edificio...donde vimos ocurrir muchas cosas buenas. Recuerdo la noche en que tomé la decisión de comprar este edificio para entrenar predicadores jóvenes. ¡Estaba eufórico!

111. Mi padre con el pastor Dean Holsinger y su esposa, Brenda. El pastor Dean fue mi compañero de cuarto en el Colegio Bíblico cuando tenía 18 años. Tiempo después él pastoreó, y se jubiló de la fuerza policíaca aquí en Dallas, Texas. Él y su hermosa esposa son líderes aquí en The Wisdom Center. Él es el perfecto Jonatán, del que oyes en la vida de David. A él podría confiarle mi vida.

112. Dos personas sobresalientes, mi padre J.E. Murdock y Laura Thurman, que es el ejemplo más grande como sierva que haya conocido jamás. Ella es una bendición rara y atesorada para todos nosotros aquí en The Wisdom Center...y nunca deja de derramar su vida en la obra de Dios aquí...

113. La adolescente más lista que he conocido en mis 62 años de vida... Ammy Lira. Su padre Carlos, aceptó a Cristo en mis reuniones en California hace 37 años...cuando sólo tenía 12 años de edad. Ammy, tiene 16 años y es jefe practicante en capacitación aquí en The Wisdom Center...Ella es brillante, apasionada y completamente obsesionada con la Sabiduría de Dios! ¡Te amamos, Ammy!

114. Mike Simons, un amigo de toda la vida que me ha ayudado tremendamente a llevar mi mensaje a través de su trabajo de alcance en la televisión. Gracias, mi querido hermano Mike, por inversiones tan generosas en mi vida.

115. Mi padre...¡en un raro momento de carcajadas! Muy agradecido por haber capturado esta fotografía con una cámara...¡ya que su cinturón ha creado un recuerdo duradero!

116. Dos voces poderosas de influencia en mi vida...Dr. Rob Thompson de Chicago, Illinois, y el Dr. David Sumrall...Pastor de la Gran Obra en Manila, Filipinas. Pude conseguir esta foto mientras estaba de compras en Hong Kong...¡donde ellos me bendijeron maravillosamente con algunas prendas de vestir extraordinarias! Es imposible explicar cuán eficaces han sido sus palabras en mi corazón a través de los años.

117. La habitación del hotel...¡Un lugar cotidiano durante los últimos 43 años de mi vida! La cama no se tiende, lo cual es siempre que estoy viajando. ¿Por qué razón tenderías una cama...a la que te vas a meter en unas cuantas horas? No me veo feliz...¡pero es posiblemente un retraso en el servicio a mi habitación!

118. La aprendiz más seria y enfocada que Dios ha traído a mi ministerio: ¡ella ha vaciado toda su vida en mi visión y ministerio aquí en The Wisdom Center...por más de 17 años! Pocos han durado tanto. Ella es la personificación de la lealtad y la pasión por Dios. ¡Eres irremplazable, pastora Mónica!

119. Scott Thomas, uno de mis pastores favoritos en el mundo y amigo de mucho tiempo. Él y su esposa, Cindy, son dos de las personas más confiables que jamás haya conocido.

¡Petición de Permiso Para Citar de Este Libro!

Recibimos muchas peticiones de permiso para citar parte de alguno de los muchos libros escritos por el Dr. Mike Murdock. ¡Tu deseo de compartir estas Llaves de Sabiduría con otros es importante y apreciado…! Como tú sabes, estas citas no pueden ser usadas o publicadas sin autorización oficial, por esta razón hemos creado este formato de petición para tu facilidad y conveniencia.

Por favor llénala y envíanosla de regreso. Generalmente, recibirás nuestra autorización dentro de los 14 días siguientes.

¡Muchas gracias por amar La Sabiduría de Dios…!

Si, quiero permiso de citar de este libro, *1,001 Llaves de Sabiduría de Mike Murdock.*
Fecha de Petición:_____
Números de las Llaves de Sabiduría:_____
Anote el Propósito, Dónde y Cómo serán usadas Las Llaves de Sabiduría:_____
_____
_____
_____

Nombre:_____

Dirección:_____

Ciudad:_____Estado:_____Código Postal:_____

Teléfono:_____Correo electrónico:_____

Envía la forma a: The Wisdom Center
4051 Denton Highway
Fort Worth, TX 76117
Atención: Permission Request
¡Te Enamorarás de Nuestro Website…! www.WisdomOnline.com

DECISIÓN

¿Aceptarás A Jesús Como Salvador De Tu Vida Hoy?

La Biblia dice, "Que si confesares con tu boca que Jesús es el Señor, y creyeres en tu corazón que Dios le levantó de los muertos, serás salvo", (Romanos 10:9).

¡Por favor haz esta oración con tu corazón ahora mismo!

"Querido Jesús, yo creo que Tú moriste por mí y que resucitaste al tercer día. Confieso que soy un pecador...Yo necesito Tu amor y Tu perdón. Entra a mi corazón. Perdona mis pecados. Yo recibo Tu vida eterna. Confirma Tu amor dándome paz, gozo y amor sobrenatural por los demás. Amén".

Corta y Envía

☐ ¡Sí, Mike! Hoy tomé la decisión de aceptar a Cristo como mi Salvador personal. Por favor envíame tu libro de obsequio: *31 Llaves Para Un Nuevo Comíenzo* para ayudarme con mi nueva vida en Cristo.

NOMBRE   CUMPLEAÑOS

DIRECCIÓN

CIUDAD   ESTADO   CÓDIGO POSTAL

TELÉFONO   CORREO ELECTRÓNICO

Envíalo por correo a:
The Wisdom Center
4051 Denton Hwy. · Ft. Worth, TX 76117
Teléfono: 1-817-759-0300
Sitio Web: www.WisdomOnline.com

DR. MIKE MURDOCK

1 Ha abrazado la Asignación de Perseguir...Proclamar...y Publicar la Sabiduría de Dios para ayudar a la gente a lograr sus sueños y metas.

2 Predicó su primer sermón a la edad de 8 años.

3 Predicó en su primera campaña evangelística a los 15 años de edad.

4 Se inició en evangelismo de tiempo completo a la edad de 19 años y lo ha hecho continuamente desde 1966.

5 Ha viajado y hablado a más de 17,000 audiencias en 100 países, incluyendo el Este y Oeste de África, el Oriente, Europa y Sudamérica.

6 Connotado autor de más de 200 libros, incluyendo los best seller: *Sabiduría Para Triunfar, Semillas de Sueños, El Principio Del Doble Diamante, La Ley del Reconocimiento y El Manual del Espíritu Santo.*

7 Él creó la popular Biblia Temática en las series para Hombres de Negocios, Madres, Padres, Adolescentes, además de *La Biblia de Bolsillo de Un Minuto* y de las series *La Vida Fuera de Lo Común.*

8 Es el creador del Programa Maestro de Mentoría Master 7.

9 Ha compuesto miles de canciones, entre ellas: "I Am Blessed", "You Can Make It", "Holy Spirit This Is Your House" y "Jesus, Just The Mention of Your Name", mismas que han sido grabadas por diversos artistas de música cristiana 'gospel'.

10 Es Fundador y Pastor Titular de: The Wisdom Center (El Centro de Sabiduría), en Fort Worth, Texas...una iglesia con un Ministerio Internacional alrededor del mundo.

11 Es anfitrión del programa semanal de televisión *Llaves de Sabiduría con Mike Murdock,* visto internacionalmente.

12 Se ha presentado frecuentemente en programas de las televisoras cristianas TBN, CBN, BET, Daystar, Inspirational Network, LeSea Broadcasting y otros programas televisivos.

EL MINISTERIO

1 **Libros de Sabiduría & Literatura -** Más de 250 Libros de Sabiduría y 70 series de enseñanza en audio.

2 **Campañas En Las Iglesias -** Multitud de personas son ministradas en las campañas y seminarios en los Estados Unidos, en la "Conferencia de Sabiduría Fuera de Lo Común". Conocido como un hombre que ama a los pastores, se ha enfocado a participar en campañas en iglesias durante 43 años.

3 **Ministerio de Música -** Millones de personas han sido bendecidas con la unción en las composiciones y el canto de Mike Murdock, quien ha producido más de 15 álbumes de música, disponibles en CD.

4 **Televisión -** *Llaves de Sabiduría con Mike Murdock,* es el programa semanal de televisión que se transmite a nivel nacional.

5 **The Wisdom Center -** Oficinas del Ministerio e Iglesia, lugar donde el Dr. Murdock habla cada semana sobre Sabiduría para La Vida Fuera de lo Común.

6 **Escuelas Del Espíritu Santo -** Mike Murdock es el anfitrión de Escuelas Del Espíritu Santo en cuantiosas iglesias, para dar mentoría a los creyentes acerca de la Persona y Compañerismo Del Espíritu Santo.

7 **Escuelas de Sabiduría -** En muchas de las principales ciudades, Mike Murdock presenta Escuelas de Sabiduría para quienes desean una capacitación avanzada para alcanzar "El Sueño Fuera de lo Común".

8 **Ministerio De Misiones -** Las misiones de alcance en ultramar a 100 países que realiza el Dr. Mike Murdock, incluyen campañas en el Este y Oeste de África, Sudamérica, Oriente y Europa.

Mi Regalo de Aprecio...
El Comentario A La Sabiduría 1

EDICIÓN DE COLECCIÓN DE MIKE MURDOCK

El Comentario A La Sabiduría 1 incluye 52 temas...para que enseñes a tu familia cada semana del año.

Estos temas incluyen:

- Las Habilidades
- Los Logros
- La Unción
- La Asignación
- La Amargura
- La Bendición
- La Profesión
- El Cambio
- Los Niños
- El Noviazgo
- La Depresión
- La Disciplina
- El Divorcio
- Los Sueños y Los Objetivos
- El Enemigo
- El Entusiasmo
- El Favor
- Las Finanzas
- Los Necios

- El Dar
- El Establecimiento de Metas
- Dios
- La Felicidad
- El Espíritu Santo
- Las Ideas
- La Intercesión
- Los Empleos
- La Soledad
- El Amor
- La Mentoría
- Los Ministros
- Los Milagros
- Los Errores
- El Dinero
- La Negociación
- La Oración
- La Resolución de Problemas

- Los Protegidos
- Satanás
- El Lugar Secreto
- La Semilla de Fe
- La Confianza En Sí Mismo
- La Lucha
- El Éxito
- La Administración Del Tiempo
- El Entendimiento
- La Victoria
- Las Debilidades
- La Sabiduría
- La Palabra de Dios
- Las Palabras
- El Trabajo

COMENTARIO A LA SABIDURÍA 1

SB-136

OBSEQUIO DE APRECIO
Por Tu Semilla de Patrocinio de $100 Dólares o Más
SB-136
OBSEQUIO DE APRECIO

Mas 20% Por Gastos de Envío

¡Mi Regalo de Aprecio Para Mis Patrocinadores...!

El "Comentario A La Sabiduría" es mi Regalo de Aprecio por tu Semilla de Patrocinio de $100USD...¡Sé un Patrocinador! Te enamorarás de este Volumen 1, del "Comentario A La Sabiduría". Es Mi Regalo de Aprecio para quienes paticipen conmigo en la realización de la obra de Dios.

¡Ordena Tu Co

Semillas de Sabiduría Biblia
Temática/SB-31/$15.00^{USD}

101 Llaves de Sabiduría
SB-45/$7.00^{USD}

31 Llaves Para Un Nuevo Comienzo
SB-48/$7.00^{USD}

Manual Del Espíritu Santo
SB-100/$15.00^{USD}

La Ley Del Reconocimiento
SB-114/$15.00^{USD}

Donde Nacen Los Milagros
SB-115/$7.00^{USD}

El Día Más Grandioso de Mi Vida
SB-116/$7.00^{USD}

Comentario A La Sabiduría 1
SB-136PB/$25.00^{USD}

31 Escrituras Que Cada Niño Debe
Memorizar/SB-140/$5.00^{USD}

La Llave de la Sabiduría Devocional
SB-165/$10.00^{USD}

El Ministro Fuera de Lo Común
SB-241/$35.00^{USD}

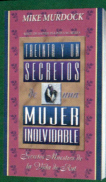

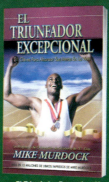

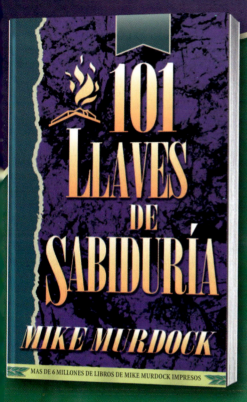

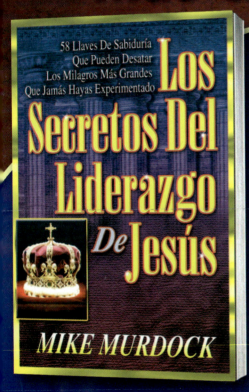

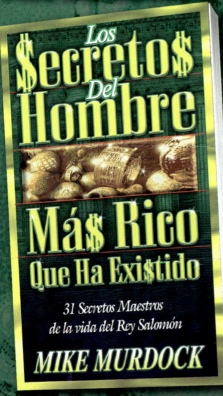

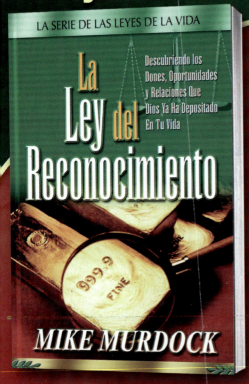